U0462646

一頁 folio

始 于 一 页 ， 抵 达 世 界

中华文明访谈录

张泉 著

当代世界出版社
THE CONTEMPORARY WORLD PRESS

图书在版编目（ＣＩＰ）数据

中华文明访谈录 / 张泉著 . -- 北京：当代
世界出版社 , 2021.12
ISBN 978-7-5090-1634-3

Ⅰ . ①中… Ⅱ . ①张… Ⅲ . ①中国历史—通俗读物
Ⅳ . ① K209

中国版本图书馆 CIP 数据核字 (2021) 第 194397 号

书　　名：中华文明访谈录
出版发行：当代世界出版社
地　　址：北京市东城区地安门东大街 70-9 号
网　　址：http://www.worldpress.org.cn
邮　　箱：ddsjchubanshe@163.com
编务电话：（010）83907528
发行电话：（010）64284815
经　　销：新华书店
印　　刷：北京中科印刷有限公司
开　　本：880 毫米 × 1230 毫米　　1/32
印　　张：11.75
字　　数：250 千字
版　　次：2021 年 12 月第 1 版
印　　次：2021 年 12 月第 1 次
书　　号：978-7-5090-1634-3
定　　价：69.00 元

目　录

自序　　　　　　　　　　　　　　　　　　　　　　　　i

I 古代的幻象与真相

中华帝国的开端　　　　　　[美国] 柯马丁　　　　　003

唐朝是现代人的异乡　　　　[美国] 宇文所安　　　　021

在世界寻找敦煌　　　　　　荣新江　　　　　　　　032

宋代文人的革新之路　　　　[美国] 艾朗诺　　　　　053

风雅精神走向民间　　　　　[日本] 大木康　　　　　065

庄严的欲望　　　　　　　　[意大利] 史华罗　　　　082

突破史学危机　　　　　　　[美国] 艾尔曼　　　　　093

萌动的秩序　　　　　　　　[日本] 夫马进　　　　　105

每当中国变幻时　　　　　　[瑞典] 罗多弼　　　　　117

走出"空山"　　　　　　　[德国] 顾彬　　　　　　128

II 知识分子与现代之路

"五四运动"还未终结　　　[美国] 舒衡哲　　　　　145

不断地与鲁迅相遇　　　　　钱理群　　　　　　　　161

重寻人间傅斯年   王汎森   185

谒问"文化的幽魂"   黄进兴   200

启来轸以通途   林庆彰   213

重建礼教世界   叶国良   224

III 跨文化想象

从相对论到现代化   陈方正   241

古今中西，一场精神的漫游   [美国] 巫鸿   251

跨越文化的边界   张隆溪   277

精神动荡的世纪   [美国] 费乐仁   291

思想史的性别问题   [日本] 坂元弘子   301

不同文明间的关联   [日本] 板垣雄三   310

拓荒"华美文学"   单德兴   323

零时差对话   王宁   345

后记   362

自序

一

灯光正远远近近亮起来。从芝加哥大学北京中心俯瞰，这座古老而又年轻的城市在雾霾中缓缓铺开，如同一轴模糊的泼墨长卷。灰黑色的屋顶，宽阔却拥挤的道路，车流像鸟阵一般浩荡。倘若天气好，能望见远方一线山峦，此时空气里却氤氲着变幻的色泽，迷离而又令人忧虑。一个多世纪以前，莫奈就是在伦敦相似的光线里画下印象派名作《伦敦·印象》。

这已不是巫鸿记忆中的北京。

巫鸿讲话时很少掺杂英文单词，除非希望更准确地表达某个学术概念或者某种感受，但他言谈间带有浓烈的英语语感，偶尔冒出大舌音，仿佛外国人在说中文。不过，坐出租车时，敏锐的老司机还是能迅速捕捉到一些转瞬即逝的北京口音。巫鸿去美国时三十五岁，如今，又过去了三十五年。

我们站在桌前喝咖啡，一块迅猛龙骸骨化石从墙角微微探头，窥视着我们。它是巫鸿的同事在中国发掘的。在斯皮尔伯格监制的电影《侏罗纪世界》里，智商极高的迅猛龙是主角之一。芝加哥大学的考古学与经济学都在各自领域成就卓著，形成了影响世界的学派。这也是巫鸿当年辞去哈佛大学终身教授职位，前往芝加哥大学任教的原因之一。

巫鸿教授是八年来我访问的最后一位学者。

这是 2015 年年末，对他的第二次采访，我们从下午聊到天黑，我问了最后一个问题。

巫鸿的父亲巫宝三先生是经济学家，民国时期在哈佛大学获得博士学位。1980 年，巫鸿申请攻读哈佛大学博士学位，收到录取通知书时，饱经沧桑的父亲比他还要激动。父亲不厌其烦地告诉他自己记忆里的哈佛，该去哪里买书，去哪里吃饭。当时父亲离开哈佛已经四十多年，巫鸿不相信那些餐厅还开着。不料，后来在哈佛广场上，他发现有一家居然真的还在。

"那家餐厅究竟叫什么名字？"

二

2007 年的 11 月和 12 月，我往返于广州、上海和香港之间，拜访了五位汉学家——宇文所安（Stephen Owen）、史华罗（Paolo Santangelo）、艾尔曼（Benjamin A. Elman）、夫马进（Susumu Fuma）和顾彬（Wolfgang Kubin）。编辑这组访谈的过程中，我决定寻找一条潜在的逻辑线索，来贯穿整个专题。我找到的线索是通过他们各自研究的不同领域来探寻中国的时代变迁，从唐朝到明清及至现当代，从文学、思想、心理到制度、科学，希望透过"他者"的眼睛，勾勒出中国嬗变的一部分轨迹。

那时的我认为，这个系列访谈完全可以将时间跨度继续拉大，涉及更广的领域，或许最终能形成一张思想的拼图，让我们用另一个视角去看中国既熟悉又陌生的一面。

但我并没有急于推进这个访谈计划，它一直在庞杂的阅读中酝酿着，在缓慢的寻访中累积着，有时会与我的几个写作计划相互重叠，有时又会唤起新的兴趣。

我努力寻找我能找到的一切资料，阅读学者们的专著、论文，以及关于他们的访谈、评论，谋面之前，其实都神交已久。我熟知他们公开的人生经历、讲话的方式与应对问题的策略。与此同时，这也为提问增加了难度，许多问题不再有问的必要——这迫使我进一步阅读和思考，并因此更注重追问细节，希望最终的还原不仅准确，而且生动。

就这样，转瞬即是八年。

三

从 2007 年到 2015 年年末，我陆续拜访了数十位中外学者，本书选取了其中的一部分访谈。

他们是我们这个时代杰出的思想者，来自不同的国度，专注于不同的领域，拥有各自或曲折或传奇的人生，却与中国保持着隐秘的精神关联。他们的研究横跨古今，从秦、汉、唐、宋、明、清、民国直至当代，领域则涉及文学、思想、历史、考古学、人类学、文献学、神学、法学、社会学、政治学、伦理学、心理学、艺术等等。每一次交谈，一片异常广袤的世界便在面前绵延展开，思想如同暗夜荒原上闪烁的星火，在远方诱人移步向前。

他们或优雅，或激烈，或严肃，或有些黑色幽默。我拜访时，他们的年纪从五十多岁到八十多岁不等，然而，回顾起数十年前的某个学术发现，一种孩子般的兴奋与狡黠仍会浮现在脸上。

在这些访谈中，他们更正了诸多沿袭千年的谬误，也会反复推敲现代化之路带来的困惑与抉择、荣耀与代价。我们在对话中探讨学术的发展脉络，也希望重新理解知识分子的命运与担当，既感慨于历史转折的微妙时刻，也试图缓解彼此对一些现实问题的焦虑。

来自中国的学者从书籍的残页中捕获思想的片羽，以及历史进程的曲折与经验，最终让中国思想重返世界。来自欧美和日本的学者则不仅从各自的新视角阐释中国的变迁，也分享着他们聚焦中国的因缘，有时是一首诗或一本书，有时是一尊塑像或一个电视节目。冥冥之中的关联总是引人遐想，它不期而至，又仿佛等候已久。

四

这本访谈录依据中华文明的演进，从中华帝国的开端，直至当代，希望在不同领域内，透过学者的眼睛，寻找遗失的真相，重新发现中国的传承与转折、兴衰与浮沉。当然，它对中国的扫描不可能是全面和系统的，而且许多学者的研究并不限于一个时段或一个领域，因此本书所取的是其最具代表性或最新的研究，或是在访谈中较多侧重的内容。

全书分为三个部分。第一部分解读古代中国的真相，追随学者的脚步，走出历史的迷宫。第二部分集中于晚清民国知识分子的抉择与现代化的代价，曾经的阵痛也许至今仍在发作。第三部分更关注当下与未来，在这个全球化的时代，文化多元，理论多变，中国该如何自处，又该如何与世界相处。希望学者们跨文化探索的经验以及他们对时代的观察，能够对当下有所裨益。

阿兰·罗伯-格里耶（Alain Robbe-Grillet）觉得，采访"代表了文本最根本的血肉的缺失"。这也是我在这些年的访谈中不断地感到自我怀疑的一点——问答和简短的引文，是否足以描绘出一位学者的肖像？我希望在正文中呈现更丰富的细节，相对生动地还原一段精神的历程。因此，访谈正文主要通过两条相互交错的线索展开，一是学者的个人命运与学术之路，二是他们观察到的中国的变迁。

在我十几年的记者和编辑生涯中，对学者的访谈往往会带来最奇特的体验。有时它不只是访问者与受访者两个人之间的对话，更是一种跨越时空的相遇，是古老的年代、受访者走过的时代与当下的交错，是受访者、受访者讲述的人物与访问者之间的交集，如同约翰·伯格（John Berger）所写的："你是在聆听。你处在故事当中。你处在讲故事的人的语言之中。你不再是孤零零一人；因为故事的缘故，你已经成了与故事相关的人。"时间仿佛停止，又汹涌奔波。那些瞬间，如今仍然历历在目，让我心生感触、兴奋，并心怀感激。

我相信，对话会触发对话，思想会开启思想。我无意以普罗米修斯自喻，但我愿意把这些对话看作盗来的火种。如果它们能被一些读者发现、采撷、点燃，重新放出光芒，引发好奇、触动、启迪、反思、想象，甚至是怀疑与反对，那么它们将具有新的意义。

I

古代的幻象与真相

中华帝国的开端

[美国] 柯马丁*

> 从秦始皇开始，帝国成为一种理想，需要追求统一，要将一切都纳入自己的版图，而这忽略了文化的多样性。

一

四十岁以后，皇帝变成了一个内心孤独的漫游者。车骑一寸寸碾过他所征服的六国土地，有时他还会不辞辛苦地登上山巅，试图与神灵对话。在峄山、泰山、琅琊、之罘、之罘东观、碣石、会稽，他立起七块石碑，刻文颂扬秦德，偶尔也会严词训诫某些心怀叵测的遗民。

两千多年后，当柯马丁在拓片上努力辨认这些古老而斑驳的字迹时，七块石刻几乎都已不复存在。存世最久的琅琊石刻，在 20 世纪初的一次暴风雨中坠落悬崖，沉入海底，只打捞回一些残片。有

---

* 柯马丁（Martin Kern），1962 年生于德国，1996 年在科隆大学获得汉学博士学位，此后前往美国，曾任教于哥伦比亚大学，现为普林斯顿大学东亚系主任，讲座教授，美国哲学学会院士，国际汉学界最负盛名的学术刊物《通报》（*T'oung Pao*）主编之一。代表性作品有《秦始皇石刻：早期中国的文本与仪式》和《剑桥中国文学史》第一章《先秦西汉文学》。

些学者以为，这些石刻既无史学意义，也缺乏文学价值，不过是秦始皇好大喜功的一生所留下的又一个例证罢了，但柯马丁却从中发现了早期中国文化嬗变的轨迹。

在《秦始皇石刻：早期中国的文本与仪式》中，柯马丁将秦始皇石刻纳入周代以降的宗教、礼仪与文学的传统中进行考察，阐释其传承与演变；同时，他从文化史、社会史等角度梳理秦朝文本在汉朝所遭遇的阐释与重塑。这让他越来越相信，如今对秦朝的一些认知与判断，绝非确信无疑。

七篇石刻铭文，短则一百零八字，长则二百八十八字，却引导柯马丁重返中华帝国的开端，重拾久违的真相。

二

柯马丁的人生与绝大多数汉学家不同。

1962 年，他在德国出生，那时，不断蔓延的柏林墙正将这个国家一分为二，他生活在西边。高中毕业后，他做了四年记者，当他决定继续读大学时，已经二十三岁。

在科隆大学，北岛和顾城的诗歌让他对中国产生了兴趣，起初他阅读的是马汉茂（Helmut Martin）翻译的版本，后来开始自己学习中文。

1987 年，他到北大留学，在袁行霈教授的指导下，开始注意到魏晋南北朝文学的价值。1989 年秋，他回到德国，继续审视这个国家古老的传统与崭新的现实，它们似乎始终息息相关。

回到科隆大学后，柯马丁一度被唐代文学吸引，曾研究李白的

《天马歌》，但他最终决定集中关注早期中国文学。1996 年，凭借对汉代郊祀歌的深入研究，他在科隆大学获得了汉学博士学位。毕业后，他没有留在德国，而是选择前往美国。在西雅图华盛顿大学访问期间，康达维（David R. Knechtges）教授的提示，使他对秦始皇石刻产生了浓厚的兴趣，并把它当作新的研究方向。此后，他接到哥伦比亚大学的聘书，前往纽约任教。孜孜不倦的研究与写作，引起普林斯顿大学的注意，他随即应邀南下，如今已是讲座教授及东亚系主任。

德国与早期中国文学的渊源由来已久，歌德曾对"道德哲学家"孔子满怀好奇，卫礼贤（Richard Wilhelm）曾广泛译介先秦诸子的著作，海德格尔则与《道德经》相遇，擦出思想的火花。柯马丁对中国的兴趣，却是从现代启程，逆着时间流逝的方向，不断地向更为久远的古代中国跋涉。

从商周到秦汉，他逐渐揭开的，不只是一个古老国家的青春记忆，更是那些被时光掩埋的历史片段。

三

中国人记忆中的秦始皇，与两个无比恢宏的意象密切相关——长城与兵马俑。直到 2008 年北京奥运会开幕式时，人们仍然愿意用秦始皇时代的古老意象来喻示中国的崛起。吊诡的是，它们被视为民族的骄傲、文明的象征，但许多人却还是把秦始皇本人当成"暴君"——"焚书坑儒"，穷兵黩武，徭役沉重，法令森严。

秦始皇巡游中国时并不知道，有一个楚国的年轻人曾遥望他的车驾,宣称"彼可取而代之也"。只不过,最终"取而代之"的不是项羽,甚至也不是汉高祖刘邦,而是汉朝的儒生们,他们重塑了秦始皇的形象乃至秦朝的历史。

柯马丁认为,"焚书坑儒"只是汉代儒生编造的无数个故事中流传甚广的一个。秦始皇确实曾经坑杀过两名"方士",但并不是儒生。遍寻早期文本,从中找不到一个被坑杀的儒生的名字。恰恰相反,像伏胜、叔孙通这些儒生在秦朝的处境甚至还不错。柯马丁又对比了出土的秦汉前后的一些儒家文献,发现并没有明显的差别。仔细排查历史,在司马迁之前,也不存在对秦始皇"坑儒"的"指控",而司马迁在《史记》中讲的只是"焚诗书,坑术士"。直到公元 317 年面世的伪造的孔安国本《尚书》中,才第一次出现"焚书坑儒"这个词。柯马丁提出,是汉朝的儒生篡改了这一切,他们通过编造"焚书坑儒"的悲剧传说,为儒生阶层建立起道德优越感,也形成了儒生的身份认同,又通过修订乃至篡改先秦文本,确立了汉朝的合法性。与秦长达五百多年的漫长历史相比,新生的汉朝没有历史可循,身份低微的汉高祖刘邦更是与贵族传统格格不入。怎样创造汉朝的历史,确立新政权的合法性,就成为交给汉代儒生的一个紧迫的命题。显然,他们完成得相当"出色"。

回溯秦始皇的人生,柯马丁意识到,秦始皇与中国绝大多数王朝的开国皇帝都不同。他出身王族,自幼就受过严格规范的礼仪训练,在统一六国、成为皇帝之前,他已经做了二十六年秦王。他是挟世袭王权之力登上权力巅峰的;而后来许多王朝的开国皇帝,大多出身草莽,或是以将相身份篡位。

我们显然需要重新看待这个所谓的"暴君"和"破坏者"。柯马丁认为，秦始皇不但没有破坏传统，反而在追寻传统，并控制传统。秦始皇巡游，其实是在效仿舜，度量自己的帝国，重建天下的秩序。对文化的态度亦是如此，正是在秦始皇的时代，完成了"五经"的经典化，柯马丁说，"他还是在强调经典，不是破坏经典。汉代的儒生正好把这个故事反过来说了"。

四

两千年前的往事，遥远得仿若神话。其实不只是秦始皇，孔丘、李耳、庄周、屈原、司马迁等人都被光阴之手涂成了亦真亦幻的模糊身影。中国人对他们无比熟悉，其实又无比陌生。

时至今日，我们都习惯于用当代的知识结构与判断标准来揣测历史，王汎森曾用"后见之明"来形容这种历史认知的困境，柯马丁常用的词则是"时代错置"（anachronistic）。谬误代代相传，有时也会被当成真理。回归真实的历史语境，就显得尤为重要。

2003年，哈佛大学的宇文所安与耶鲁大学的孙康宜主持《剑桥中国文学史》的编撰，邀请柯马丁写第一章。原编撰计划是写先秦诗歌，却被柯马丁断然拒绝，他既不想只写先秦，也不想只写诗歌。他认为，诗歌并不能代表早期中国文学，必须从汉字、铭文到诗、赋，对早期文学的发展脉络进行整体观照；此外，早期中国文学从商周到先秦直至西汉，是一个完整的延续与演变过程，直到东汉才真正出现新的局面，因此先秦绝非断点，更不是终点。

这部中国文学史起笔就与众不同。柯马丁从汉字出发，解读中国文学传统。他提出，尽管汉字在早期并不稳定，但是进入中华帝国时期以后，文学传统由基本趋于稳定的汉字所书写。书写系统（writing system）的稳定性相应造成了语言、文化同样稳定的幻象，形成令人敬畏的漫长传统，这种幻象甚至反作用于人们对先秦的认知，误以为先秦文学也是稳定的。"自前帝国时期以来，这一现象已经产生了一种永恒的文学共同语（koine），它随着时间而渐变，但始终坚守其基本的同一性与连续性，囊括了不断扩大的文本世界。"

柯马丁对早期中国文学的许多洞察都是颠覆性的。

"天命"在《诗经》《尚书》中频繁出现，在西周早期的青铜器铭文中却几乎找不到，到西周中后期才开始变成一种重要的概念；"天子"的称呼到西周中期开始变得普遍，西周末年才大量涌现。种种证据让柯马丁相信，《诗经》和《尚书》反映了西周中后期乃至春秋时期的人们对西周早期的记忆，而《诗经》的颂诗、《尚书》的王室演说以及青铜器铭文对西周初年的描述，并非意在记录历史，而是为了表达对失落的黄金时代的记忆。

《论语》在战国时其实毫不起眼，直到西汉被纳入太学教学才真正引起关注。孔子也并不是《春秋》的作者，甚至包括孟子、庄子、墨子等人在内，以他们的名字命名的著作，都是经过后世不断口传、书写、编撰过的文本。经过详细的考证，以及深入分析文本的语言风格，柯马丁推测，《荀子》或许才是第一个主要由一位作者（荀况）完成的文本。而所有这些战国时代的文本，其实都经过了汉代宫廷学者的修订与重塑。

他甚至认为，所谓的"百家争鸣"，"最好视之为与某些杰出大师有关的思想、故事汇集"，因为他无法从文本中找到诸子相互引用、争论或应和的痕迹。

他也试图从音乐的角度来考察文学，认为楚地出土的管乐器、弦乐器与中原出土的钟、鼓、磬演奏的音乐效果完全不同，也造成了《楚辞》与《诗经》不同的语言风格。

早期中国经典的命运，在汉代发生了重大转折。当柯马丁试图解读其间的因果关系时，他发现，"帝国倡导的传统学问，塑造了一个由数以千计的学者组成的新的社会阶层"，儒生帮助帝国建立起政治秩序和历史话语，与此同时也树立了自身的权威，不到两百年，这个新生阶层就成为帝国的核心，甚至尝试与帝王分享权力。这一格局从此再未改变。

作为汉学家，柯马丁谙熟中国经典，但又站在中国漫长而沉重的传统之外，跨文化的身份让他拥有了更加敏锐的视角与更加多元的观察。

五

自从吉德炜（David N. Keightley）教授在 1975 年创办《早期中国》（*Early China*）杂志以来，早期中国研究在西方学界渐成气候。如今，柯马丁已是这一领域的领军人物之一。

翻开古籍与拓片，他便进入另一个世界：有时穿梭于淮南王刘安的宴饮现场；有时则循着屈原的脚步，在汨罗江边游荡；有时会重返西周，从盛满祭品的青铜鼎里寻找那些向神灵、祖先祈祷的神秘字符；有时则与司马迁一道在中国的大地上漫游……他对古代史料的谙熟程度甚至超过许多中国学者。有一次，一位北大教授与他讨论问题，提及一段史料，柯马丁竟不假思索地说出了它的出处——在某本书的某一页。

柯马丁离开德国已近十八年，他精通英文、德文、法文、中文、日文，长年置身于不同文化之间，让他对中国文学研究的整体现状备感忧虑。他希望中国学者能拓宽视野，站在世界文明的高度来观察中国文学，而不是闭门造车，故步自封。

这个寒冷的冬夜，我们一直聊到茶室打烊，服务员一边客气地道歉，一边迅速熄掉了所有的灯。我们在黑暗里又聊了很久。柯马丁原本有些疲倦，后来，他谈起一个新的话题，他说，如果重写《剑桥中国文学史》第一章，他会写得更加"极端"，更具颠覆性。他讲述着最新的思考与研究，而这些将成为有力的证据。黑暗中，他的眼睛猛然又绽开光芒。

※

全球化时代的文学研究

问：中国诗歌有许多言外之意，翻译时很难表达，顾彬教授翻译中国诗歌时经常会添加很多注释。你有没有遇到这样的问题？

答：我没有集中地做过翻译，我翻译的主要是早期中国文学的一些内容，它们与唐宋文学、中国现代文学非常不同。当然，我也会注意诗歌的节奏、押韵这些问题，也加了大量的注释。但是，对我来说，翻译不是最终的目标，而是一种研究的工具。

问：你的文化背景很复杂，在德国长大，在美国任教，又研究中国古代文学，三种语言经常需要相互转化吧？

答：中文是我的第四门外语，首先是英文，其次是拉丁文，然后是法文，第四门才是中文，最后是日文。

我离开德国接近十八年了，一直生活在英语的环境里，德文对我来说已经有些陌生。前段时间我用德文写一篇论文，感到有些困难。

事实上，可能并不存在完全正确的翻译。与原文相比，在翻译的过程中，我们会得到更多，还是失去更多？

即便在同一种文化内部、同一种语言里，由于时代不同了，内容也会有很大的差异。再举一个例子，作者写完一部作品，交给读者，每个读者的理解不同，也会出现不同的"翻译"。我在普林斯顿大学开设了一门课，就是讲"翻译"的问题。

"世界文学"（英文 World Literature，德文 Weltliteratur）的概念，是从德国起源的。1827 年歌德对"世界文学"的倡导，使这个概念更加深入人心。以前欧洲人所谓的"世界文学"就是欧洲文学，歌德开始关注伊朗文学，当然还有中国文学，当时他提出，"世界文学的时代已快来临了"。

"世界文学"在当下又有了新的含义，变成了"全球文学"（Global Literature）。以前我们会区分英国文学、德国文学、法国文学，而现在是一个全球化的时代。北岛一定是中国文学吗？村上春树一定是日本文学吗？本土文学受到全球化的影响，很多外语词汇和思维方式已经在原文里有所体现。在这种情况下，"翻译"又意味着什么？甚至是否还需要"翻译"？这些问题很值得思考。

在"翻译"背后，还有更重要的命题——文化认同。在全球化的过程中，我们需要注意到不同文化之间的差异，历史的差异、宗教的差异、生活方式的差异，要允许多元文化的存在。我觉得我们不应该过度强调文化的陌生感，当然，也不能没有陌生感。我们需要超越自身所处的时代。

问：你在《秦始皇石刻：早期中国的文本与仪式》中提到，秦始皇在中国东部竖立石刻，意在宣示对该地区臣民与神灵的征服。这让我想起特洛伊之战，希腊人和特洛伊人都在寻求神灵庇护，诸神也分成不同的阵营参战。在你看来，在春秋战国时期，各诸侯国是否存在不同的神灵世界？

答：我没有专门研究过这个问题。我觉得比较有意思的是——当然，这是我的推测——秦始皇竖立石刻的地方，除了碣石，都在山上，是传说中可以与上天、神灵沟通的地方，对当地的臣民而言，它们则具有独特的象征意义。秦始皇要控制不同地区的宗教认同，这也是他统一帝国的一种形式。

从秦始皇开始，帝国成为一种理想，需要追求统一，要将一切都纳入自己的版图，而这忽略了文化的多样性。

真正的帝国意识是什么样的？当年英国自称"日不落帝国"，整个世界都是英国的，但是在不同的地区仍然保留着不同的文化。中国却并非如此。一个很简单的例子是，中国的版图非常大，时区却只有一个。

问：作为一个大国，文化心态很重要。

答：我现在经常来中国，每年起码要来五六次，在中国也有很多同事和朋友。我觉得，中国文学研究缺乏一种比较性的方法。2015 年 9 月，我和艾朗诺（Ronald Egan）、田晓菲、商伟他们一起到北京参加一个中国古典文学的学术会议，谈论各自的学术研究方法。会议结束前，我对在座的中国学者说，我有三个请求。

第一，汉语是我的第四门外语，我尽力地用第四门外语与中国学者讨论问题，中国学者愿不愿意学习一门外语，起码是英语？

第二，我一直在尽力地读中国学者的新文章和新著作，就在那次研讨会上，我的论文还引用了一篇文章，是一位北大学者一年前在日本的杂志上发表的，很多中国学者都没有注意到。所以，我请求中国学者，愿不愿意也读一读我们的文章，愿不愿意接受另一个角度的研究方法？

第三，我虽然集中研究中国文学，其实还有大半的时间在读古希腊、古罗马、古埃及等其他文明的文章。如果只了解一种文化，那你其实什么都不了解。如果没有比较的视角，就不知道什么是共同的，什么是特殊的。当然，这是你们的选择。如果你们不愿意这么做，你们所做的中国研究，对研究其他古代文明的学者而言，没有任何意义。因为这样的研究没有"护照"。

很多中国学者觉得，西方人不懂中国，中国古代的思想在西方没有影响力。这个问题其实很容易回答。如果你希望你对古代中国的研究能够被世界学界所接受，甚至对其他古代文明研究产生影响，你就必须接纳其他古代文明研究，让它们可以进入你的研究系统，并对你的研究产生影响。

问：在一个全球化的时代，没有哪种文化可以孤立存在。

答：现在也有一种所谓"例外性"的概念，认为自己是特殊的，只有自己的理论才能解释自己的历史和文学，外国人的解释都不对。

儒生阶层与经典重塑

问：西汉时，刘歆曾强调文化衰落的三个阶段：最初，古人在外交场合赋《诗》是为了施加道德影响，表达个人观点；后来秩序崩坏，到了屈原、荀况的时代，诗歌让位于表达个人的苦闷，但仍不失其政治劝诫的作用；而到了宋玉、景差等人的时代，"竞为侈丽闳衍之词，没其风谕之义"。他以道德感的高低来判断文学与文化的高低，这种道德标准从何而来？

答：汉朝是一个特殊的朝代，这和秦朝不同。在秦始皇统一六国之前，秦国已经有五百多年的历史，而汉朝的开国皇帝刘邦就像是一个从原始森林里走出来的人物。汉朝没有历史，需要创造自己的历史，从而回答一个王朝的终极问题，确立自身的历史记忆与文化认同。

汉朝的帝王有这样的需要，于是官学、太学兴起，这其中儒生起到了很大的作用。我认为，汉朝的儒生伪造了秦始皇"焚书坑儒"的说法，是为了质疑秦朝的合法性，同时他们也证明，汉朝同样拥有自身的历史与传统。

刘歆生活在西汉末年，那是一个国家走向衰落的时期，在这样的时刻，王朝更加需要历史。

问：刘歆的时代也是"灾异论"盛行的时代。

答：这是政治话语中最有说服力的表达方式。"灾异论"的形成意味着国家出现了危机。西汉后期的皇帝都比较软弱，国家走向了衰落，也出现了阴阳五行学说，形成了汉代的宇宙观，建立起了新的阐释体系和秩序。

儒生们也利用"灾异论"树立起自身的权威，形成一个文化阶层。汉代的儒生基本都是政治家。他们标榜一种道德感，但事实上他们自身并没有道德感，只是一种政治策略。这也一直是中国儒生的问题，他们一面依附于帝王，一面又不断地批评帝王。

问：伏尔泰也遭遇过相似的处境。

答：是的，但在伏尔泰之后，法国很快就不是帝国了。还有一件值得注意的事情。法国哲学家萨特和总统戴高乐的思想可以说水火不容，有人认为，萨特晚年有些言行是在犯罪，但是戴高乐说，我们不能逮捕萨特。

问：最初是什么契机让你认为"焚书坑儒"是伪造的？

答：汉代人说秦始皇破坏传统，但其实秦国一直到商鞅变法之前的五百多年，都是一个非常保守和传统的诸侯国，一直在模仿西周。

我研究石刻文的时候发现，这些石刻文都是非常传统的政治话语，如果发生了"焚书坑儒"，为什么还会继续使用这样的语言？这太矛盾了，这个问题我们回答不了。我就去看更多的早期资料，看究竟什么时候开始出现"焚书坑儒"的说法。西汉初年，贾谊写

《过秦论》，分析秦朝的过失，但其中根本就没有"焚书坑儒"这样的说法。西汉初年对秦代的评论与东汉不同，基本上还是赞成秦始皇，批评秦二世。后来之所以出现"焚书坑儒"的说法，是因为一些汉代儒生要建立自己的地位和权威。

我相信"焚书"确实发生过，确实焚烧过一部分书，但对"坑儒"则持怀疑态度。因为我们找不到证据，一个被坑杀的儒生的名字也找不到，反而有一些典型的案例，比如儒生伏胜、叔孙通，他们都是秦朝宫廷的"博士"，后来又进入汉朝。

我觉得秦始皇并不是在破坏传统，而是在控制传统。他没有破坏《尚书》《诗经》，而是找了"博士"编撰，进行经典化，形成所谓的"五经"。

我认为，"五经"的经典化是秦朝的事情。如果你要创造一个经典，就要先说明什么不是经典，需要丢掉。秦始皇破坏的是他所认为的经典以外的东西。这是"五经"的思路，也是《四库全书》的思路。汉武帝其实也是如此，"罢黜百家，独尊儒术"，在这方面，他和秦始皇是完全一致的。

秦始皇是在强调经典，不是破坏经典。汉代的儒生正好把这个故事反过来说了。

如果重写中国文学史

问：前面讲到的许多问题都意味着，汉代是特别重要的时代，它直接影响了后世对汉代以前的经典的认知，但是它并未受到足够的重视。

答：我想是的，不仅是政治意识形态的问题，汉代的经典化、文本化（textualization）也都非常重要。我在《剑桥中国文学史》中也比较强调这一点。

问：《剑桥中国文学史》第一章你写到西汉为止，因此从东汉开始，书面文本（written text）越来越重要。

答：我是这样认为的。开始孙康宜问我要不要写先秦诗歌这一部分，我说：第一，我不写先秦，如果写先秦，必须也要写西汉；第二，我不写诗歌，要写就写整个早期文学的发展过程。所以他们后来改变了整个结构。

从西汉到东汉，最大的变化发生在西汉末期王莽时代。在儒家思想经典化的过程中，王莽时代特别重要，如果没有王莽，我们的经典肯定很不一样。当然，后来的中国知识分子把这件事情也反过来说了。

此外，西汉末年的文本系统已经存在，东汉时还出现了一个非常重要的发明，就是纸。它带来了巨大的改变。所以，我觉得，东汉文学和西汉文学完全不一样，西汉文学基本还是战国末期的延续，东汉则开启了一个新的时代。

问：宇文所安和艾朗诺对唐宋文学的断代也很有创见，不是以960年北宋建立来断代，而是以1020年。

答：是的，很有意思。现在来看，我觉得我写得还是太保守，如果今天重新写，肯定会极端得多。

问：怎么极端呢？

答：我继续研究《诗经》。越来越不相信《诗经》是三百首独立的诗。这些诗有长有短，有些长诗很明显不是一首诗，而是一种合成文（composite text），有些看起来是一首诗，其实有散文或者今文散文的成分。另外，有一些短诗也不是独立的，尤其是《周颂》。所以，我现在看《诗经》，不是一篇一篇的诗，而是一组一组的题目。很难说某一首诗是从哪里开始的，或者在"毛诗"之前这些诗的形式到底是什么样的。

"清华简"的《耆夜》里，有首诗叫《蟋蟀》，"毛诗"里也有，但两者很不一样，正好 50% 的字和词是一致的，还有 50% 完全不一样。现在中国学者在讨论的第一个问题是：这是一首诗还是两首诗。他们大多认为是一首诗。他们讨论的第二个问题是：哪一首早，哪一首晚？哪一首真，哪一首假？哪一首好，哪一首不好？我觉得这些推测都不对。其实并不存在原文，有的只是一个题目、一个意象或者一个故事，叫《蟋蟀》。比如，有一天晚上你和朋友喝酒，你开始用你的词汇和方法唱《蟋蟀》，第二天我唱我的《蟋蟀》，选择我的词汇和方法。哪一个才是原文？我把这些诗看作一个题目之下的不同的具体的实现方式，不存在原文，而是有很多种可能性。如果现在研究《诗经》，我会这样写。

我和宇文所安有一个计划，2016 年我们会写一本书，研究《离骚》。我们的基本概念是，《离骚》不是一首诗，也是一种合成文，是被编起来的，有两种不同的传统在里面汇合：《九歌》的传统和《九章》的传统。这两种语言很不一样，在《离骚》中有一部分非常像《九歌》，另一部分非常像《九章》，而且这两个部分确实是分开的。所以《离骚》的文本是被创造的。

问：这两种传统是否都来自南方？你分析过南方的管弦乐和北方的钟磬乐如何影响到语言，从而让《楚辞》和《诗经》变得非常不同。

答：是否来自南方，这很难说，现在资料不够，还得不出这个结论。我推测都是南方的，或者说就是楚国的。

我觉得，《离骚》经典化的文本，恐怕是淮南王刘安宫廷中的文人们汇编的，淮南国的国都寿春，以前也是楚国的国都。我推测，屈原原来应该是楚国的政治神话人物——我不是说屈原不存在，而是说他变成了楚国的象征。后来，楚国变成汉帝国的一部分，屈原的故事变成国家的故事（national story）。你看司马迁写的《史记·屈原贾生列传》，屈原认为，"秦，虎狼之国，不可信"，他就被放逐了。到了汉代，屈原对秦国的批评，就变成了汉朝对秦朝的批评。只有到了汉代，屈原才变成一个"国家的英雄"（national hero），在汉代之前，并不存在这样的文本与评价。

有意思的是，到了汉代，尤其在司马迁笔下，屈原变成了《离骚》的作者。我认为，屈原是《离骚》的题目，不是《离骚》的作者。

问：这太有颠覆性了。

答：如果重写文学史，我可能会谈到这些新想法。当然，《剑桥中国文学史》基本的意义并不是介绍作者自己特殊的概念和最新的研究，而是综合性地呈现大家都基本同意的内容，所以肯定会比较保守。

我现在做的研究，无论是《诗经》还是《离骚》，都可能会与其他人不同，很有意思，肯定也会引起很大的讨论。可是我觉得，我们的一些观点是可以讲通的。我们也会把《离骚》的编纂过程与一些西方经典进行对比，比如《荷马史诗》。我们会进行比较文学的研究，来支持我们的观点，发现新的问题。

采访时间：2015 年

唐朝是现代人的异乡

[美国] 宇文所安 *

对现代人来说，唐朝是异乡，远比美国更陌生，更充满异国情调。

一

"宇文所安"在一家逼仄的书店拐角处等着我。书架如同一排排凸起的高墙，将天光遮得更暗，墙角的监视器也像我一样，怔怔地盯着书脊上这个引人遐想的名字。

他的《迷楼》和《追忆》被摆在一排分类名为"留学"的书架上，一旁是费正清的《美国与中国》。刘亦婷的哈佛生活，琳琅满目的托福、GRE"速成手册"和"考试攻略"，将它们团团围住。

那是 2003 年，宇文所安的系列作品中译本由三联书店陆续出

---

* 宇文所安（Stephen Owen），1946 年生于美国密苏里州圣路易斯市。美国著名汉学家。1972 年在耶鲁大学东亚系获得博士学位，随后执教于耶鲁大学，二十年后前往哈佛大学任教。宇文所安的中国文学研究在国际汉学界享有盛誉，2006 年被授予"梅隆奖"。主要著作包括《初唐诗》《盛唐诗》《中国"中世纪"的终结：中唐文学文化论集》《晚唐：九世纪中叶的中国诗歌》《追忆：中国古典文学中的往事再现》《迷楼：诗与欲望的迷宫》《中国文论：英译与评论》等，并主编《诺顿中国文学作品选》《剑桥中国文学史》。

版或再版，随即成为年度盛事。大量标榜时尚的杂志、报纸推波助澜，宇文所安突然像村上春树、卡尔维诺、米兰·昆德拉一样，成为一个流行符号。仿佛不读宇文所安就跟不上潮流，如同不去绍兴路听戏，不到新天地喝一杯，就会被时代无情遗弃。

事实上，早在上个世纪，宇文所安就已"风卷华夏学界"。这是诗人柏桦的记忆，他甚至动用了"雄姿英发"这个奢侈的词来形容这位来自美国的大胡子学者。1987 年和 1992 年，宇文所安的《初唐诗》和《盛唐诗》被译介到中国，程千帆、王运熙、周勋初、傅璇琮等中国学人读后一致首肯，认为他带来了新的研究视野与思路，但在当时，他在中国的影响力基本只限于学术界，封面上的名字也还是斯蒂芬·欧文。谁也无从预想，世纪转折之际，这位名满国际汉学界的哈佛教授，竟突然赢得了中国民众姗姗来迟的赞誉。

思想进入民间，原本未尝不是好事。然而有一天，我听到一个头发梳得油光可鉴的男人向朋友推荐宇文所安的作品："宇文所安你们都不知道？太落伍了吧！他分析《说唐》分析得太深刻了。"

想必，《说唐》里宇文成都的那杆凤翅镏金镗，照耀了他整个童年。

二

许多年轻人正是在这种复杂的情境下开始阅读宇文所安，就如同一场精神的历险，沿着中国古典文学起伏跌宕的脉络，在古诗的字里行间搜寻蛛丝马迹，重返业已失落的历史现场。

与其说作者书写的是诗史，毋宁说其本身也是一种史诗。当大多数学者仍然执着于诗人的生卒年月，进行年谱式的线性描述，或者对逝者的艺术成就继续总结陈词，宇文所安却在重构整个历史时空。他将诗人置于变革的时代中考察，观照个体的真实处境、写作与命运、交游与抉择。他的洞察力与叙述技巧同样引人入胜，完全是以诗人的语言和思维方式在与从前的诗人对话，为那些逝去的时代掸去浮尘。当然，这也得益于他所擅长并始终遵守的文本分析。出于语言文化的差异以及教学的需要，他养成了扫雷式翻译、排查、辨析的习惯。学术敏感来自勤奋的阅读与思考，他因此得以抵达自己预期的目标——同时兼顾"新问题的提出"和"对旧问题的新回答"，学术研究因拒绝循规蹈矩而获得了持久的生命力。

对宇文所安的阅读，因此会带来意想不到的结果。如果你习惯于在阅读时画一些叹号来提醒自己，以便日后快速唤醒记忆，宇文所安会让这个习惯变得毫无意义——你必须重读全文，因为叹号出现得实在太过频繁。

我不知道，面对中国古典文学时，宇文所安是否也曾在心中画下无数个同样的叹号。四十多年前，在巴尔的摩公立图书馆，十四岁的宇文所安第一次读到唐诗，震惊不已，竟从此决定了一生的方向。他在耶鲁大学学习中国语言和中国文学，其间到日本留学一年，师从唐诗专家吉川幸次郎。他的博士论文原本是一个极为宏大的计划，试图书写唐代的编年诗史，但他随即发现，这是一个几乎无法完成的工作。1972 年，他在耶鲁大学东亚系获得博士学位，论文题为《韩愈和孟郊的诗歌》，他相信，韩愈和孟郊在诗歌史上的地位被严重低估了。

他此后的执教生涯极其简单，只在美国新英格兰地区最传奇的两所大学任教过——耶鲁与哈佛。

三

《初唐诗》原本是一个意外的产儿。

学界对初唐早有定论，普遍认为初唐诗略显枯燥乏味，历史价值也不突出。宇文所安更感兴趣的也是盛唐，细读初唐诗只是出于学者的谨慎，以便为主体研究做好铺垫。然而，当他从时代背景来考察初唐诗时，他突然意识到，初唐诗人的文学实践，实则形成了盛唐的"隐蔽背景"，"当我们确实在阅读中补充了这样的背景，初唐诗就不再仅仅是盛唐的注脚，而呈现出了自己特殊的美"。这促使宇文所安开始反思，"文学传统成了真正的负担，不再是解放的手段"。循着这一思路，他逐层剥离那些人云亦云的定论，重新梳理整个唐代诗史的凌乱线索，寻找其中起承转合的关节，将研究重心从盛唐诗转向全唐诗史。

这是一个充满野心，也注定饱含艰辛的写作计划，1977年，《初唐诗》由耶鲁大学出版社出版，他将所有的历史悬念都埋藏在这本书中，期待日后逐一解开。

四年后，《盛唐诗》出版，他驳斥了"盛唐神话"。这个"文化繁荣与文学天才幸运地巧合的时刻"，因遭到过度渲染而在后世形成巨大的文化敬畏，导致人们对盛唐的理解始终存在偏差——"切断其内在发展历程，[将其]变成一个光辉灿烂、多姿多彩的瞬间"。于是，宇文所安将《初唐诗》的思路层层递进：由于初唐时京城诗人改革宫廷风格，制订了新的诗歌规则，诗歌变成一种"权力"，严格地限定并约束着诗歌创作的社会范围。京城诗人用它来与外界相互区分，而在盛唐，这种情况更加稳固。通过细致入微的文本分析，宇文所安发现，"如果我们撇开盛唐神话，就会发现李白和杜甫并不是这一时代的典型代表"。他进一步考证，不仅是李、杜，甚至包括陈子昂、孟浩然、岑参等人，在他们各自生活的时代，光芒也完全被京城诗人掩盖。直到多年以后，他们才被不断阐释，被赋予不同的价值。这些曾经徘徊于时代主流之外的诗人，才得以脱离在世时的苦恼，赢得身后的声名，形成定论并沿用至今。与此同时，后世阐释者的审美原则与价值标准也附着在他们身上，导致人们距离真相越来越远。这个属于接受史范畴的命题，最终成为宇文所安回归历史现场的有力证据。

《盛唐诗》开启了人们对中唐诗史长达十五年的期待，不料，宇文所安却将视线转向其他领域。十五年间，他接连出版学术论文集，《迷楼：诗与欲望的迷宫》和《追忆：中国古典文学中的往事再现》如同一曲曲托卡塔，依然不遵循惯常的乐谱，让人难以捉摸，却又倍受震撼。1992年，他在耶鲁大学讲授中国文论的讲义也结集出版，成为哈佛大学东亚系和比较文学系的权威教材。这部致力于研究观念史的大部头《中国文论：英译与评论》问世后便成为汉学界的经典读本。1996年，《中国"中世纪"的终结：中唐文学文化论集》终于出版。他没有把中唐诗写成系统的历史，因为他发现，中唐的意义在于"个人"价值的凸显，以及对盛唐作出的"创造性的重新阐释"。他从中唐的生活趣味开始论证，"自我"的生成结束了中国的"中世纪"，文学同样呈现出丰富性与多样化，以至很难找到共同特征。中唐诗史因此无法完成，诗史的使命留待《晚唐》来承担，他从"回瞻"与"迷恋"的角度聚焦诗人的创作与情感世界，通过文本的保存与流传，探讨晚唐的意义。

他也仍对杜甫情有独钟，致力于翻译和研究杜甫的诗歌。由于杜甫晚年经常修订自己的诗，后世学者时常会在杜诗中见到一些预言式的句子。宇文所安有充分的证据相信，杜甫并没有预言"安史之乱"，有一些诗句或许只是"后见之明"。当然，这丝毫不影响杜甫的价值。与此同时，他的兴趣也变得更加广泛，除了全唐诗史，他也关注宋代文学，乃至现当代中国文学。

"我们的目标不是用主要天才来界定时代，而是用那一时代的实际标准来理解其最伟大的诗人。"这是宇文所安带来的启迪。我们时常浪漫化地认为，诗歌史是诸多辉煌的瞬间，是诗人与缪斯不期而遇的时刻，他们从茫茫人海中抽身而出，摘下普通人的面具，回归诗人的真身。然而，事实上，许多诗人在生前身后经历过漫长的涅槃与颠覆，种种峰回路转，需要仔细地甄别、开解。

通过几十年的研究与实践，宇文所安将文学史的书写引入新的境界。他希望中国的学者也能够卸下唐诗的历史负担，"对现代人来说，唐朝是异乡，远比美国更陌生，更充满异国情调"。

这种心态、视角与方法，不应当只是汉学家的"特权"。

四

走廊的尽头，走来一个留着络腮胡子的大个子。我匆忙起身，要将面前这个人与书脊上的名字重合在一处。

四年过去了。

摄影师在一面镜子前为宇文所安和田晓菲夫妇拍下肖像——户外太冷，镜子前是室内光线最好的地方。宇文所安没有带烟斗——

环保烟斗是他的标志，哈佛大学特许他可以在办公室里吞云吐雾。他的鬓角已有分明的白发，眼眶深陷，有些疲倦。

宇文所安曾满怀踌躇地自我期许，"我回忆过去，是为了将来被人回忆"。然而，对大多数研究中国古代文学的汉学家而言，这是一个注定寂寞的身份，他们不仅要跨越文化的边界，更要与逝去的时代沟通，需要更多的时间阅读、沉潜、思考，却未必能获得公众的关注。然而，宇文所安和田晓菲夫妇的中国之行，媒体的热情却似乎比学院还要高涨。尽管他们一向行事低调，潜心书斋，却还是被人为地赋予了大量的猎奇点：他只在耶鲁和哈佛任教过；他从前评论北岛的言论被误读后引起争议；他美丽而传奇的中国妻子田晓菲十三岁上北大，哈佛博士，因学术成就突出，获得连续破格提升，尤其在提升正教授时，哈佛老校长德里克·伯克甚至提出，不必召开评审会，她因此成为哈佛东亚系历史上最年轻的正教授……这些问题被不厌其烦地问起。

我们离开时，有人将宇文所安夫妇拉到楼梯角落的暗处，背光按下一梭子照片，相机咔咔作响，显然已调到连拍模式。为什么要在暗处拍摄？为什么要背光拍摄？这不是摄影大忌吗？

次日，一些报纸配发了一张照片，草率粗暴地将照片背景的亮度调到正常，宇文所安夫妇的脸却因此变得失真。看到那张照片，我马上明白了那位摄影师的用意，因为在那个角落，有几根人造的竹子可以用来充当背景。

问题在于，我们需要的究竟是宇文所安的思想，还是那几根人造的竹子？

※

被忽略的"时刻"

问：谈到韩愈时，你说，"开端只有在事后的反省当中才会呈现出它的全部意义；你必须首先知道自己所开始的是什么"。你最初对中国产生兴趣时，想象中的中国是怎样的？

答：我在大学的时候，对很多东西有强烈的兴趣，中国诗歌是我的众多爱好之一。在开始的时候，我对"中国"并不是特别感兴趣，对中国的兴趣来自我对中国诗的喜好，是后起的。

在西方，很多汉学家都是先对"中国"感兴趣，之后才选定中国的某一方面进行专门研究；我则正好相反。而这大概和治欧洲文学的学者的兴趣过程比较相像：研究意大利诗歌的学者，对法国诗歌或者德国诗歌的兴趣，往往会远远超过他们对意大利这个国家的兴趣。

问：论述文学史时，你经常使用"时刻"这个词。对漫长的历史而言，"时刻"究竟意味着什么？

答：人们生活在"时刻"当中，哪怕现下的时刻充满对未来的展望或者对过去的追忆。如果只想到漫长的历史时期，我们往往会忽视一首诗最鲜活、最有生命力的地方，有时还会完全误读。把一首诗作为一个特定时刻的产物进行阅读，只是解读活动的一部分，但这往往是最容易被学者忽略的部分。

问：你非常重视文本，身体力行并获得成功。你从什么时候开始意识到文本的价值的？如此重视文本的原因是什么？是教学的需要，不同的历史语境带来的阐释自由，还是形式主义、新批评、解构主义对你的影响？

答：研究者常常并不仔细阅读文本，只给出对文本的大概印象。有时这种大概印象只是重复他人的意见，有时甚至是研究者借诗人之口说自己心事。

文本是诗人给我们的礼物。读者当然也重要，但读者不应该是唯一在场的人。这不过是对诗人表示尊重，如此而已。过去半个世纪以来的文学批评活动也大半是以文本为中心的。

问：你认为，"对一个文学研究者来说，最艰巨的任务就是忘记我们相信自己早已知道的东西，并带着一些基本的问题重新审视文学的过去"。那么，是什么造成了中国学者对传统的敬畏之心？

答：这和前一个问题有密切关系。人们常常先是听说到很多关于杜甫的议论，比如，他是个什么样的人，他的价值观，他的伟大之处，然后才读到他的诗，而在读诗的时候，他们又往往拿一点点有限的阅读去印证自己已经知道的那些东西。

这个过程应该反过来。应该先读诗，而且要读一个作家所有的诗，读他的全集，然后再得出结论。这时，你就会发现，诗人比那些老生常谈的概括要复杂得多。

问：关于唐代文论，你在《中国文论》中仅论述了《二十四诗品》，这是否意味着，唐代，特别是盛唐，相对缺乏系统自省的传统？你在《盛唐诗》中论述过杜甫的《戏为六绝句》，它是否具有文论价值？

答：这个问题很大，可以作出很长、很复杂的回答。这里容我给你一个短小的回答。

在欧洲文学传统里，在印度文学传统里，冷静、客观、系统化的论文具有很大的权威性。中国传统则不同。就拿《论语》来说吧。《论语》是中国文化传统中最富有权威性的文本之一，在这一文本里，我们看到一个对人生社会作出过很多思考的人，对某一种当前的情势，或者说一个现下的时刻，作出言简意赅的回应。这是中国文学思想传统中至为重要的一部分，它和欧洲或者印度传统中的系统化论文同样有效和有力。

换句话说，欧洲或者印度的文论传统，与中国文学史上偏爱简短评论的倾向，二者不存在孰优孰劣的问题，只能说它们是不同的。

黄金时代总是后设的

问：中国诗歌已经很难再造唐代的辉煌。是什么造成了诗歌力量的磨损？中国诗歌的出路又在哪里？

答：谁说中国诗不能再造唐代的辉煌？我们怎么知道一百年后的人们回顾今天，不会把 21 世纪视为中国诗的黄金时代？黄金时代总是后设的。

诗人应该读唐诗、喜爱唐诗，但是唐诗不应当成为一种心理负担。诗人应该把唐诗视为来自另一个国度的美妙作品，因为对现代人来说，唐朝是异乡，远比美国更陌生，更充满异国情调。

问：唐诗曾对西方作家的文学创作产生过影响。现在，这种影响是否在继续？大致情况是怎样的？

答：每个国家的作家都会受到其他国家作家的影响，只要有机会接触到他们的作品。这是由写作的性质决定的。这好比遗传基因的多样化，可以增强体质。

现在的美国诗人当然也有受到中国诗影响的，但是无论在美国还是中国，发生最大改变的是"文坛"本身。五十年前那些受到过唐诗影响的诗人是当时在文坛上具有"领导地位"的诗人，现在则有很多诗人和很多流派，这些诗人和流派各有不同的兴趣，因此，很难说任何一派在文坛上具有领导地位。

问：你经常写诗，能否和我们分享一下你得意的一首诗或几段诗句？

答：我已经很长时间没有写诗了——自从我发现我写的散文比诗好得多。

采访时间：2007 年

在世界寻找敦煌

荣新江 *

如今，敦煌学相当于获得新生。不管是研究妇女史、性别史，还是研究民族史、宗教史，几乎都可以在敦煌找到线索。

一

"敦煌者，吾国学术之伤心史也。"**1930年代弥漫于中国学界的

---

* 荣新江，1960 年生于天津，1978 年考入北京大学历史系，现为北京大学历史系古代史研究中心教授、中国唐史研究会副会长、中国敦煌吐鲁番学会常务理事、《唐研究》主编、《敦煌吐鲁番研究》编委。主要从事隋唐史、西域史、中外关系史、敦煌学研究。著有《归义军史研究》《中古中国与外来文明》《中国中古史研究十论》《隋唐长安：性别、记忆及其他》等，主编《唐研究》（1—16 卷）、《唐代宗教信仰与社会》、《吐鲁番文书总目（欧美收藏卷）》、《新获吐鲁番出土文献》、《向达先生敦煌遗墨》等。

** 这句脍炙人口的话，出自陈寅恪在 1930 年为陈垣的《敦煌劫余录》所写序言，原文如下："或曰，敦煌者，吾国学术之伤心史也。其发见之佳品，不流入于异国，即秘藏于私家。兹国有之八千余轴，盖当时垂弃之剩余，精华已去，糟粕空存，则此残篇故纸，未必实有系于学术之轻重者在。今日之编斯录也，不过聊以寄其愤慨之思耳！是说也，寅恪有以知其不然，请举数例以明之……"可见，"敦煌者，吾国学术之伤心史也"是陈寅恪引用或假托时人说法，他本人并不赞同，他更愿意相信"今后斯录既出，国人获兹凭藉，宜益能取用材料以研求问题，勉作敦煌学之预流。庶几内可以不负此历劫仅存之国宝，外有以襄进世界之学术于将来……"不过，对后世的中国敦煌学者而言，敦煌文献的散佚确实是一个很难解决的问题，甚至带来学术史上的耻辱。陈寅恪时代一些人心中的"伤心史"，到后来无疑又是另一段"伤心史"。

沉痛喟叹，半个世纪后依然梦魇般如影随形。

1979 年，北大历史系大二学生荣新江在课堂上聆听了关于敦煌的另一段"伤心史"。唐长孺教授正上着课，突然唏嘘不已，说中国学者曾在 1950 年代编写《敦煌资料》，由于许多敦煌卷子散佚在欧洲，无法看到，一些细节是通过考证推测的。后来，日本学者池田温前往欧洲，对照英、法等国收藏的敦煌原卷，给《敦煌资料》挑出了三百多处错误。他后来发表在《东方学报》上的文章造成了爆炸式的影响，许多中国学者一边读，一边痛哭流涕。他们誓言一雪前耻，要让中国成为敦煌学研究的中心。然而，在那个自身尚且难保的时代，一切注定只是奢望。

北京大学与敦煌学渊源极深，半个多世纪以来名家辈出。"文革"结束后，从劫难中幸存下来的一代学人，试图完成前辈未竟的心愿。经过周一良、邓广铭、季羡林等人建言，北大开辟了一间专门的图书室，从北大图书馆大库里调集了五百多种古籍以及大量缩微胶卷。图书室的钥匙，就在荣新江手里，他是班里的学习委员。

老先生们来查阅材料，荣新江帮他们摇动缩微阅读机，找出相应编号的胶片。老先生们离开后，他依然把自己关在图书室里，直到天黑。各种端庄的文字与迷离的符号，沿着胶卷沉默流淌——那是一条绵延万里、横亘千年的时光之河，从中国的西北边陲向中亚腹地延伸，千年以降，无数使节、商队与探险家走过的古道，无数画师、僧人、居士虔诚而菲薄的心愿，在胶卷上隐隐浮现。

这些缩微胶卷，荣新江前前后后看了三遍。

二

荣新江的许多故事，早已成为学界的传奇。

大二时，他就发表了关于于阗的学术论文，很快被译成法文，引介到欧洲。

大三时，他跟随老师张广达拜访季羡林，成为季羡林组织的"西域研究读书班"中最年轻的一员。

研究生二年级时，他前往荷兰莱顿大学交流访问，师从汉学名宿许理和（Erik Zürcher），遍访欧洲，寻找散佚于各国图书馆和博物馆的于阗、敦煌、吐鲁番卷宗。

他对唐代典籍了如指掌。踢足球时不小心摔倒了，同学们就会开玩笑说，荣新江比一般人更难掌握好平衡，因为他的脑子里压着一部《唐六典》。

曾带给中国学界莫大刺激的日本前辈学人池田温访问北大时，对两位学者的书房印象深刻，荣新江的"三升斋"就是其中之一。这间书房也是海内外敦煌学者每次到北京都会频频流连的图书室。书斋的名字出自《汉书·食货志》："治田勤谨，则田益三升，不勤，则损亦如之。"

事实上，人生的传奇，正来自"勤"与"谨"。

三

1985 年，二十四岁的荣新江开始构想一个近乎疯狂的计划。

对照着一本《欧洲、北美的东方写本》（*Oriental Manuscripts in*

Europe and North America），荣新江展开一张欧洲地图，那些收藏着于阗、敦煌、吐鲁番典籍文献的图书馆和研究所，都是他的目的地。一张欧洲铁路联营票，使他得以穿梭于伦敦、巴黎、柏林、不来梅、哥本哈根……没有相机，没有扫描仪，全部依靠手抄，许多几乎无人问津的古老典籍，在他的笔下重获新生。

许理和在推荐信里将二十四岁的荣新江称为"Professor Rong Xinjiang"，各国海关官员大多用狐疑的目光打量过荣新江，但他们还是往护照上盖了章。在欧洲，Professor 不仅意味着学识，也象征着另一种权力。

那时欧盟还没有成立，中国护照也只有薄薄的五六页纸，很快就用完了。更换护照流程太复杂，中国大使馆就在荣新江的护照后面粘上一长条白纸。年末，护照的长卷上已经盖满欧洲各国的印章。带着这本很可能空前绝后的护照，背着沉重的手抄笔记，荣新江回到北京，换回了户口簿：他看到自己那一页标注着"（户口）从荷兰迁入"。

研究于阗、敦煌、吐鲁番与中外关系史，原本就需要进行大量的实地考察，而散佚于世界各地的原始档案资料，也敦促着荣新江不仅要在书斋里皓首穷经，也要在行走中勘察真相。

学者与行者的双重人生，让他乐此不疲。

多年间，荣新江的足迹遍及世界各地。在德国国家图书馆，善本部只有八个座位，他从上午九点坐到下午三点，一直抄录，不敢外出吃饭，生怕回来就失去了座位。在列宁格勒东方研究所，查询时间被严格限定，他只带一块巧克力，从开馆待到闭馆。许多尘封已久的研究资料，正是这样一点点被发掘出来。发现带来的惊喜，不断消解着来自饥饿的侵袭。

如今，又是几十年过去，曾困扰几代中国学人的喟叹，早已成为历史的回声。时至今日，敦煌学的研究中心已经回归中国，敦煌学本身也成为跨国、跨领域的学科。一个学科的兴衰浮沉，正是百年国运跌宕的明证，而每一个个体所做的努力，更值得铭记与敬重。

荣新江将自己视为"杂家"。从唐史、于阗，到敦煌、吐鲁番，再到长安研究，他的学术轨迹看似庞杂，实则一以贯之。归义军研究是荣新江研究敦煌学的起点之一，多年前他就兴奋地意识到，依靠敦煌遗书，自己这一代学者将摆脱旧史家的束缚，更独立地观察历史；也可以根据原始资料，写出前人没能写过的历史。

在很年轻的时候，就可以自己书写历史，是一件何其迷人的事情。只不过，勇气与雄心往往倏忽即逝，必须代之以耐心与坚忍，去迎接更为漫长的时光。

※

敦煌学的复兴与隐忧

问：1978 年，你考入北京大学，为什么会选历史专业？有家学渊源吗？

答：我是在"文革"期间上的小学和中学，只在 1976 年到 1978 年读了两年书，其他时间除了玩，都在学工、学农，每天去工厂劳动。我家在天津新港，挨着码头，我们去码头边，往船上扛东西。有时候船坏了，我就跟着管工的师傅一起修船。

问：有书看吗？"天祥"的旧书摊当时还有吗？

答：那时找不到多少书，能找到的书也是没头没尾的。我们那里是工业区，只有一个练武的人家里有很多小人书，有时候到他家偷偷地看，"文革"时都给烧了，扔了，没人敢留书。

我看过一本书，没头没尾，书脊上只留一个"集"字。上大学才知道，是吴晗的《灯下集》。那时候只要找到纸片就看，很多其实也看不懂。

到了1976年我又开始学习，看过一本和敦煌有关的书，讲藏经洞的故事。我研究敦煌，可能和这本小册子也有关系吧。

那时接触最多的其实是科技史。我们中学的图书馆馆员把书都扔了，但是科技史的书他觉得没有问题，都留着。我看了李约瑟的《中国科技史》，是当时翻译的数学、天文学和地学卷。我后来研究中外关系史，可能也是那个时代种下的基因。

问：大学时代开始接触敦煌学？

答：1980年代，北大想要夺回敦煌学中心，有一种爱国主义热情在推动着。当年周一良、邓广铭、季羡林这些老先生向北大图书馆要求，从图书馆大库里调了五百多种书，还有所有的缩微胶卷，专门开辟了一个小屋子，都放在里面。

北大收藏的敦煌学的老典籍，比中国国家图书馆都多。因为北大图书馆是燕京、北大和中法三个大学的图书馆合并的，老燕京的图书馆是汉学图书馆，各种探险队的书都有，还有一些后来也都回溯着买了，比较集中，比如《西域文化研究》《敦煌画之研究》。《西域文化研究》一套有七本，现在在日本发现了一本，开价八万。

北大有两套。

我当时是学习委员，拿着那个屋的钥匙。老先生们要看哪个卷子，我来帮他们找。有一个手摇的缩微阅读机，他们说要看多少号，我摇到那里给他们看。记得有一次宿白先生要看"2551李义碑"，结果摇到那里，他一看，一个字也没有。怎么回事？其实是因为用淡朱笔写的，缩微胶卷是黑白的，不显示。所以，后来英藏中国文献遇到这些地方，都会用不同的镜头来拍摄。

我看着这些东西，平时就在那个屋里，大概摇了三遍，所以我对敦煌卷子非常熟。我有一本《敦煌遗书总目索引》，摇出来看到哪个卷子，就在本子上记下来。后来左景权先生来北大讲学，看到我记的内容，他说，还挺专业的。

北大一直有研究敦煌学的传统，现在有点渐行渐远。现在中心只有我一位真正做敦煌学研究的。如果老先生们看到这种情况，他们会很伤心的。当然，现在的情况也不一样了，我们已经夺回了敦煌学中心，最大的中心就在敦煌研究院。

问：据说你读大二的时候，有一位老师上课，讲到中国1950年代出版的《敦煌资料》，被国外的专家挑了三百多处错误。

答：是唐长孺先生给我们上课时讲的。日本的池田温先生在《东方学报》上写的书评，中国学者们一边念一边哭。《敦煌资料》是贺昌群先生他们做的，都是高手，不能怪这些老先生。当时中国学者没有条件出国去看敦煌卷子，而池田温到伦敦、巴黎去看了原件，很多问题就出现了。

比如敦煌卷子的护脊背面的纸缝里一般都写着字，上面写时间，下面写县和乡的名字。有了这些信息，就可以判断是哪一年、哪个县、哪个乡辑的。但是当年和尚抄经的时候，这些字会影响抄经，他们就裁掉再粘起来，这些重要的信息都被粘到里面去了。中国学者看不到原件，只能通过考证来判断，而日本学者到了欧洲的博物馆里，拿灯一照，哪年哪月哪个县，都看得清清楚楚。

其实直到今天，虽然我们也经常出国考察，但也没有日本学术投入得这么多。像高田时雄他们，想到哪里查材料就去哪里，我们在教育上的投入差远了。

西方的敦煌学研究已经没落，殖民时代过去了，他们不重视，也不太关心。在法国国家图书馆，敦煌学已经不是一个组，而是被并入东亚研究组。法国国家图书馆要把所有的汉籍（敦煌卷子除外）都搬到郊外储存，但是把日本学者的书全都留下了。在英国国家图书馆，魏泓（Susan Whitfield）在做 IDP（国际敦煌项目），但是 IDP 不等于敦煌，不能取代一切。

我们研究敦煌，必须亲手摸那些卷子，魏泓却限制中国学者去看。

问：实物和影像完全不一样。

答：当然不一样，实物中包含了很多信息，我们还要测纸的厚度。郝春文去伦敦，一天限他看七个卷子。胡平生去看汉简，很多汉简已经出版过了，我们不用看，我们要看的都是很短的、他们没整理的那些汉简。像胡平生这样的高手，可能五分钟、十分钟就能看一个，每天看七个就不给看了，那还怎么做研究？

敦煌资料上网是对的，但魏泓的理念和我们研究者的是有冲突的。她上次申请时，我建议，把第三次斯坦因探险的内容先发到网上，她答应了，结果现在点进去看，很多还是空的。

中国开通 IDP 的时候，我就提出：第一，IDP 不能包揽一切，我们研究敦煌学的人一定要看敦煌原卷；第二，中国的 IDP 应该从中国上传，不能拿到英国去上传，原始数据一定要保持独立性，这是国家战略，必须保留这些权益。现在，英国国家图书馆网络要维修，连中国国家图书馆藏的敦煌卷子都看不到了。

如果说现在中国的敦煌学又落后了一步，那就是在网络上落后了。

自己书写历史

问：1983 年，你第一次去敦煌，还考察过古长城。

答：1983 年那次运气特别好。一路都有人关照。从西安开始，到麦积山、炳灵寺、武威、张掖、酒泉，我们被一直送到敦煌，还派车送我们去玉门关和阳关，当时去玉门关、阳关完全没有路。

到了敦煌研究院，老先生们每个人拎着一串钥匙，张广达先生说想看哪个窟就看哪个窟。我们住了三四天，大概看了一百多个窟，老先生们讲解得非常详细。

问：那次对莫高窟的直观印象怎样？

答：当时真是看热闹，还没有太多美术史的根基。当然，我已经看过很多图片，而且当时已经在研究于阗，看过不少资料，所以也没有特别激动。

但我知道莫高窟是一个"无底洞"，里面的内容多得很。当时让我爬上台子看231窟，因为在底下看不见窟顶。现在不可能让人上去了。

问：你曾提出"敦煌"这个词可能不是汉语，而是大月氏语？

答："敦大煌盛"，肯定是后世给的意思。敦煌地区的原始居民是大月氏人，我们能在史料上看到。当时那里应该还没有汉人，张骞出使西域，传回了"敦煌"这个名字，应该是大月氏话。当然，也不排除大月氏旁边的乌孙人告诉张骞那里叫"敦煌"。

现在一般认为"敦煌"是大月氏话，而国际上认为大月氏就是吐火罗，所以相当于吐火罗语的一个词，再去吐火罗语的文献里找对应。

国际上有很多这样的探索。当然还是推测。

问：归义军研究算是你研究敦煌学的一个起点吧。你当时特别讲到两个重要的探索价值：一个是可以把前人的成见推翻，另一个是可以发掘很多新的材料，写出新的文章。

答：当年跟着张广达先生做研究，有点像杂家。我最早研究于阗，但是，如果没有敦煌的内容，怎么研究于阗？我做于阗的世袭，都是先把敦煌的世袭排出来，看他们的联姻关系，然后再把于阗的世袭构建起来。实际上也是同时在做敦煌。但是，我研究于阗的时候，是和老师合写的文章，后来他离开了，我才正式把归义军的历史梳理了一遍。

我比较早就到世界各地找资料，遇到一些新的内容，也会写一些文章，或者和别人合作，比如《瑶池新咏》，就是和徐俊合写的。有的时候，就干脆把材料交给相关的研究者。

归义军研究最过瘾的是，我们可以自己写历史。像《资治通鉴》《新唐书》和《旧唐书》，都是史家写好的，你始终还是在他们设定的框架里，没有新的档案可以做。研究归义军，我是从原始档案入手，直接写，直接看出问题来。虽然这个题目相对于整个历史来说还是很小的，但是很过瘾。这是我们自己写的历史。

问：自己书写历史，也有很大的难度，包括前期材料的收集和整理。

答：对。我们那时候做敦煌研究，收集资料花的力量太多了。如果能像现在一样，英藏、法藏、俄藏的敦煌卷子都能看到，那该省多少时间、多少资金？我们就能做出更多的成果。但是每个时代总是有每个时代的问题。我们还想生在王国维的时代呢，那是一个新学术时代开始的时候，更加过瘾。

在世界发现敦煌

问：1985 年，你去荷兰莱顿大学交流的时候，到欧洲很多国家查询了大量文献资料。

答：那时是探宝式的查找，能抄多少就抄多少。当时我关注的不只是敦煌，还包括吐鲁番、楼兰、于阗、龟兹，只要哪里有相关资料，我就在地图上点一个点。

我在荷兰莱顿大学交流时的老师是许理和，他是欧洲非常著名的汉学家，和谢和耐（Jacques Gernet）同坐第一把交椅。他写信让对方邀请我。后来我发现，当时我受到的待遇比十年后要好得多。我十年后再到德国国家图书馆，每天要争着去坐善本部的那八张椅子，早上进去，中午如果吃顿饭回来，椅子就没了。所以只能饿着，每天从早上九点到下午三点，不吃饭，一直抄。

而在1985年，因为有许理和先生的信，德国国家图书馆给了我一间屋子，专门安排了一位工作人员，一辆推车。因为那些文件都是镶在大玻璃板里面的，很沉，得一趟一趟地运给我看。

那时候是我读研究生的第二年和第三年，还不到二十五岁，可以买欧洲铁路联营票，东到伊斯坦布尔，西到海岸线，南到卡萨布兰卡，北到赫尔辛基，所有的火车，不论班次，不论时间，一个月内随便坐。但是联营票不包括所驻国，我在荷兰，先要花十五荷兰盾坐车到边界，联营票开始生效。联营票三百多荷兰盾，当时一荷兰盾折合人民币七毛三，也就是说，二百多块钱就可以在欧洲到处跑。

许理和给我写的推荐信是"请你们邀请 Professor Rong Xinjiang"，我说我不是 Professor，他说，Professor 在欧洲是特等阶级，你办签证至少会比一般人快一个月。我到瑞典的时候，海关的人说，你是 Professor 吗？我说，你看我像吗？他说，不太像。可还是喔的敲上一个章。

当时中国护照只有五六页空白，欧洲也没有申根签证，很快就盖满章了。大使馆就给我接了很长的一串纸，在纸缝上盖上章，就像敦煌文书一样。到了一个国家的海关，人家说，你这有法律效力吗？算了，还是给你盖上吧！又给我盖上章。

那本护照绝对是敦煌学史上的文物。可是我回来以后必须交到北京外国语学院的留学生中心，才能把户口簿换回来。当时也没有数码相机或者扫描仪，可惜啊。

我现在的户口簿上写的还是，1985 年某月某日从荷兰迁入，简直是一个归国华侨。

问：当时是怎么找到那么多线索的？

答：联合国教科文组织资助了詹姆斯·道格拉斯·皮尔逊（James Douglas Pearson），他跑了欧洲和北美的三百多家图书馆，编了一本书叫《欧洲、北美的东方写本》。这个手册里会注明，在某个图书馆里，敦煌写本有多少件，西藏写本有多少件，《永乐大典》有多少本等信息。

这本书对我帮助很大。虽然它收录的主要还是阿拉伯文、波斯文的内容，但是，只要查到与敦煌、吐鲁番、和阗等相关的信息，我就请许理和先生写一封信，我去找。就这样一站一站地跑。

当时只有赫尔辛基大学没有答应，因为日本学者抢了先。赫尔辛基大学的负责人让我联系百济康义，这反而成了我和日本敦煌学界联系上的第一条线。后来我第一次去日本访问，就是百济康义邀请的。

问：访书的过程会有许多意外的惊喜吧。

答：是的。比如《永乐大典》，上海辞书出版社出版的《永乐大典》，说是海外留学生帮忙找到的，其实就是我找到的。

就是靠着《欧洲、北美的东方写本》这本书，我在切斯特·比替图书馆发现了九本《永乐大典》。当年爱尔兰给了切斯特·比替一个"荣誉公民"的头衔，他就把他的收藏都搬到都柏林，建了私人博物馆，只对学者开放。他主要收集阿拉伯、埃及的东西，其中最著名的是北非的摩尼教写卷。

切斯特·比替图书馆也有敦煌卷子，但可能是假的。不过，我却发现了九本《永乐大典》。我就和英国国家图书馆的吴芳思（Frances Wood）说了这件事。过了不久她也去了一趟，她告诉我，这些《永乐大典》都是真的。

1991年，我到英国国家图书馆整理编目，突然看到他们的简讯（Newsletter）上写着，去年中文部最大的收获是买到了一本《永乐大典》。吴芳思告诉我，当年八国联军侵华，英国兵和爱尔兰兵住在翰林院旁边，拿了很多古籍，都在家里放着。等到老兵去世很多年之后，家里人虽然不知道这些古籍是什么，但是知道它们有价值，就拿到英国国家图书馆，英国国家图书馆就出高价买下来。

我又去看大英图书馆的登记本，发现在1960年代以后有五条关于《永乐大典》的记录。我马上请张忱石把《永乐大典史话》寄给我，他那里有《永乐大典》的现存表。当年中国以为已经全部调查清楚了，全都影印了，谁知道英国还在不断地收到新的。我在切斯特·比替图书馆找到九本，在大英图书馆找到五本，后来是我代中华书局跟两个图书馆签的字。他们免费提供缩微胶卷，我们印出来之后再整套给他们两套。可惜后来因为种种原因，放到上海辞书出版社出版了。总之，不管是谁印的，只要印出来就好了。

问：听说当年你在列宁格勒查资料，每天只吃一块巧克力？

答：巧克力本来是要送人的，但是到了那里，没吃的。我借了一批资料，如果出去一趟回来再借又要花一个小时。我就干脆不出去了。

现在我们在调查俄国的斯卡切科夫的藏书，他 1849 年到的北京，是俄国公使馆的气象测量员。他住在喇嘛庙，就是当时的俄国公使馆。1848 年，徐松去世，徐松的很多藏书被他买走了。《永乐大典》的"站赤"条就是徐松抄的。1915 年，日本的羽田亨跑到圣彼得堡抄录，抄回来写了《蒙元驿传杂考》，后来他才发现，自己其实白费了功夫，因为"东亚文库"已经买了这一卷的原本。但是羽田亨说，他看到的版本上有徐松的校勘。我们去年去圣彼得堡看了，校勘的内容不多。

斯卡切科夫的收藏可是一个大宝藏，很多文献不对外公开，那里收藏的敦煌卷子也是很晚才开放的。

新史学的训练场

问：在《学术训练与学术规范：中国古代史研究入门》这本书中，你特别强调图像学的重要性。这种学术观念与敦煌研究有关系吗？

答：当然有关系。虽然我不是专门做美术史、考古学研究的，但是我当年在北大读书时，考古专业还在历史系，我们上宿白先生的课，从魏晋南北朝考古一直到宋元考古，以及丝绸之路考古学、东西交涉考古学、佛教石窟考古学，这些课我都听过。

我的专业是隋唐史，但是我研究于阗史、粟特史，都要用到图像资料。不过，我做图像资料和研究美术史的学者不太一样，我更多地还是把图像作为文本（text）来研究历史。其实，研究西域、敦煌，并没有很多的史料，而图像本身就是一个文本。我接触的肯定比一般的研究中国历史的学者要多得多。像虞弘墓、安伽墓、史君墓的发掘，都有我的文章跟着考古报告发表。

我为什么会强调图像学？因为大家以前都在追踪考古挖掘出来的东西，它们经常会被放大，但其实在古代的图像、历史文献里，早就有这些东西存在，要用平常心来看待它们。

问：你和张广达先生都曾论述过王国维的"二重证据法"，所谓"纸上之材料"和"地下之新材料"。图像学可以独立出来成为另一重证据吗？

答：美术史本来是一个独立学科，1950年代中国学苏联，把美术史专业拆分了，一部分分到美术学，一部分分到考古学，直到现在也没能整合出合适的美术史。

北大要创建世界一流大学，怎么能没有美术史系呢？中国也非常需要美术史。但是现在很难协调。

敦煌研究院的赵声良先生他们办的《敦煌研究》，可能在创办的时候都想象不到现在能起到这么大的作用，是一个领头兵，不仅是敦煌研究，只要是和石窟寺、佛教艺术有关的研究论文，几乎都在《敦煌研究》上刊登。通过这本杂志，绝对能看出几十年的学术史的脉络。

从整个中国美术史的角度来说，过去日本学者松本荣一通过伯希和的照片和斯坦因的敦煌绢画，构建出经变画、尊像图、经变图、佛传图这几大块主体，但是真正把它们全部完善起来的，是敦煌研究院的学者们。松本荣一做出一个大纲，几十年来，敦煌研究院的学者们对每一个经变都做了详细的考证。人们把时代的贡献给了松本荣一，但如果现在有人要做经变研究，就必须在敦煌研究院的先生们的基础上来做。这是敦煌研究院对艺术史非常大的贡献。

问：你曾写过一篇文章，谈到 21 世纪敦煌学的前途在哪里，讲了几个未来的可能性，比如佛教、道教的研究。

答：那时候的眼界其实还是不够的。敦煌还有许多细部可以做。现在讲莫高窟的历史，基本上还是讲汉族的历史。我一直觉得，不止如此。比如，于阗和敦煌有那么密切的关系，可是我们还没有真正找到于阗文的题记，能没有吗？不可能。就得全部普查一遍，专门看有没有婆罗米字母。绝对有。我们调查过龟兹地区的石窟，研究四年了，一个窟一个窟地查，吐火罗的内容现在发现了四百多条。有的汉字被毁掉了，但是婆罗米字母不像汉文，很多人都不认识，就保存下来了，有相当丰富的内容。

莫高窟是很多民族共同供养的地方。像回鹘文研究，现在做得非常丰富，西夏文进行过系统的调查，藏文有人注意过，但没有系统调查过。粟特文我相信绝对也有，都要慢慢查。

文书也非常值得研究。现在国际上受后现代影响，非常流行研究书写（writing）、印刷（printing）、邮寄（remitting）。现在不是从物质文化的角度去讲书籍史，而是把物质文化和印刷史、社会史结合起来讲。我们都说宋代就有了印刷书，实际上现在学界认为，到了明代，印刷书才真正替代了写本书。

问：对国际学术界来说，敦煌学也会带来一些新的刺激。

答：现在美国研究唐代文学的人，人手一本徐俊的《敦煌诗集残卷辑考》。徐俊整理敦煌卷子，其中涉及很多历史的内容，比如，这个人是谁？他在哪一年做了什么事情？我花了一个月，帮他改了很多内容。我跟他是铁交。

这本书为什么受到欢迎？他是以一个卷为单位来整理的。过去王重民先生他们都是非常好的文献学家，就把它们切割成经史子集，比如《白居易集》《韦庄集》《陈子昂集》，等等。但是，唐人的诗集是这样的吗？其实，唐人的诗集大部分是混抄的。我和徐俊合写过一篇文章，讲的是，以前有一个很长的写本，被人们称为《白香山集》或者《白居易集》，但俄藏敦煌卷子出版以后，我们发现，有一首《盐商妇》，跟它严丝合缝的下面那一首，却是李季兰的诗，那这个卷子就不能叫《白香山集》了。过去对唐人诗集的界定，其实都是受到后代人观念的侵入。唐人的诗集，实际上就是敦煌卷子呈现出来的样子。

问：这些新角度的观照，对敦煌学的发展也是一个新的契机。

答：是的，敦煌学也相当于获得新生。不管是妇女史、性别史研究，还是民族史、宗教史研究，几乎都可以在敦煌找到线索。

像地域社会史研究，包弼德（Peter Bol）他们到金华一带考察，以为那就是南宋了，实际上是有问题的。过去我们研究唐朝，没法像研究宋以后的地方社会那样详细，但是我们可以研究敦煌、吐鲁番，有些内容甚至比明清还要详细。

敦煌学绝对还能不断生发出新的东西来。

问：让敦煌学成为一个现代学科，建立学术规范，还有哪些方面的事情需要去做？

答：我也担心，敦煌学如果走得太细也不行，还是要和其他学科结合，才会更有生命力。我现在带学生，就希望他们多做一些这样的努力，开拓一些新的领域。我有一个读书班，带着学生一个坊一个坊地读长安，也会用到敦煌洞窟的内容。

问：这个读书班和当年季羡林先生组织的"西域研究读书班"相似吗？

答：和季羡林先生的读书班不太一样，他一般不会持续读一个内容，而是大家每个月聚一次，有分工，英文、法文、德文好的人，各看几种西文的东方学刊物，然后大家交流。另外，如果谁写了文章，要投出去之前，先到读书班批评一番，像林梅村写的《疏勒语考》，还有季先生的学生王邦维在博士论文答辩之前，也先到读书班批评一遍，只批评，不夸奖。有时来了外国学者，当时没有正规的讲演，也让他们在读书班和大家见面。

问：有点像 seminar（研讨班）。

答：对。就是季先生在德国接受的教育。我带的读书班，主要是受日本学者影响，我带着学生，一行一行地读一类文献。

比如我们读过吐鲁番的八块碑。一学期只读了不到五块，一个字一个字地读。比如《且渠安周造寺功德碑》，除了认字，还要释义，要查内典、外典的说法，给它最贴切的解读。现在的吐鲁番研究，主要看文书、墓志，碑被忘了。其实碑更重要。

我们读得更多的，是长安。我们一个坊一个坊地读。住在坊里的人、坊里的寺庙、寺庙里的和尚，我们把资料都收集起来。如果这个坊进行过考古发掘，比如何家村的金银器，我们也会结合来读。

问：其中涉及很多社会生活史的考察，这也是近年来国际学术界非常关注的方向。

答：长安研究主要有几类：考古学者进行考古发掘，历史地理领域的学者研究坊里人物、交通道路等，更多的我戏称为"录鬼簿"——发现一个人，看他住在哪个坊，就补一条。

我和他们不一样，我是带着学生，把长安作为一个新史学的训练场。我们会根据学生的研究方向，研究佛教、道教、民间宗教、王府、制度等等。

长安比敦煌大多了，相当于一百零八个敦煌，一个坊就相当于一个敦煌城。我们要研究的是动态的内容。比如说，有的坊就是一座寺，如果有美术史的同学加入，我就交代他研究这个坊的壁画，我们再和他讨论。再比如说，有的坊住着韦家，我们就把韦氏家族在长安的整个分布都研究一遍。

我先让学生们给长安列出前后三百年的顺序，谁生活在前，谁生活在后，有些人可能还是邻居，这样就会慢慢地还原出一个生活圈来。比如通过权德舆文集里的行状和墓志铭，找到他主要接触的人，如果以他为圆心画一个圆，就会发现他主要的活动范围在三个坊里，并没有多远的交游。白居易的活动范围，有人研究过了，他怎样从东面搬到西面，有很多诗可以印证。

也有人研究鬼，研究怪。唐朝的小说还没有完全虚构，地名都是真的。比如，有一个鬼骗一个人说，回来我就嫁给你，那个人跑到坊门那里等鬼回来，坊门关了，他等了一夜，第二天再看，却是一间空宅。但是，小说里写到的那些地点都是真的，把地点画出来，很多事情就出来了，很好玩。

我们陆陆续续地读，已经有好几个学生做了硕士、博士论文，像蒙曼，她就是做长安城里的禁军研究，禁军发动政变时怎样往对方那里安插密探，都可以研究出来。

我们也会借助敦煌的图像，比如我写长安的甲第（也就是长安的豪宅），就借助了敦煌的净土变里画的楼阁，楼阁上面可以跑马，楼和楼之间是相通的。敦煌壁画可以帮助我们想象当时的长安。

采访时间：2014 年

宋代文人的革新之路

[美国] 艾朗诺 *

真正的具有唐五代风格的文学作品，并不是随着宋朝统治的开始就马上发生改变的。其实，过了半个多世纪以后，一种新的文风才慢慢出现、成形。

一

1979 年暮春，美国迎来了一位神秘的中国老人。

这个戴着黑框眼镜的老人隐匿在中国社会科学院代表团里，其貌不扬，却语惊四座。他的演讲在不同语言之间从容地切换，对诸多偏门的材料如数家珍，甚至连不同的谐音、双关语都信手拈来。在耶鲁大学，他把"耶鲁大学在场的老外都吓坏了"（费景汉[John C.H.Fei] 这样形容）；在哥伦比亚大学，他的"表演"让夏志清的洋同事们面面相觑；在哈佛大学，艾朗诺和他的同事们同样目瞪

* 艾朗诺（Ronald Egan），1948 年生于美国，1976 年在哈佛大学东亚系获得博士学位，曾任教于哈佛大学，后担任加州大学圣巴巴拉分校东亚系主任，现为斯坦福大学东亚系汉学教授、《哈佛亚洲研究》执行主编。主要研究领域为中国传统诗歌、美学及唐宋士人文化。主要著作有《美的焦虑：北宋士大夫的审美思想与追求》《苏轼的言、象、行》《欧阳修的文学作品》以及《剑桥中国文学史》的北宋部分。译有钱锺书《管锥编》。

口呆。

那是艾朗诺第一次见到钱钟书。那时，钱钟书以作家的身份蜚声海外。在《中国现代小说史》中，夏志清对钱钟书、沈从文、张爱玲、张天翼激赏备至。不过，许多美国学者都以为钱钟书已经死了，甚至夏志清的一篇饱含深情的祭文早已广为流传。谁知，祭文的主角却一朝"复活"，震动了美国汉学界。

正因为如此，钱钟书在哈佛见到久违的朋友方志彤时，说的第一句话，就是引用马克·吐温的句子："The reports of my death are greatly exaggerated."（对我死亡的报道实在太夸张了。）

方志彤和钱钟书，早年就读清华时是知交，而艾朗诺是方志彤的得意门生。

在写给朋友的信中，方志彤这样描述钱钟书的到来："一场语言的盛宴。老钱两个小时滔滔不绝，没怎么吃饭。"*艾朗诺也在席间作陪。钱钟书留给艾朗诺的记忆，显得非常戏剧化，就像一场表演，老人仿佛要将压抑了数十年的激情与抱负通通释放出来。艾朗诺觉得，钱钟书似乎很享受这样的时刻。

钱钟书离开美国，他的皇皇巨著又远渡重洋而来。这一年，《管锥编》由中华书局出版。在方志彤的建议下，艾朗诺开始阅读《管锥编》，但他没有料到，自己将与这本书结下长达十几年的缘分。一个藏匿在《围城》之外的思想者，就这样与他狭路相逢。

即便是对许多中国古典文学学者来说，读这本书都是极大的挑战。而此时，艾朗诺学习中文只不过十年出头。

---

* 1979 年 5 月 2 日，方志彤致信伊丽莎白·赫芙（Elizabeth Huff）。

二

1967 年，白先勇在美国加州大学圣巴巴拉分校开设中国文学课，十九岁的艾朗诺第一次读到中文诗歌，是唐代诗人王维的《鹿柴》："空山不见人，但闻人语响。返景入深林，复照青苔上。"中国古典诗歌的空灵意境，与艾朗诺熟识的英文诗歌完全不同。当时，他是英国文学系的一名大二学生。

艾朗诺决定从"一"开始，学习中文。他的转行遭到家人的集体反对，当时中美两国相互隔绝，学中文听起来似乎毫无意义。此时，艾朗诺的同龄人正在街头的壁垒间呐喊，学生运动席卷欧洲，而美国的年轻人同样群情激愤，在加州大学伯克利分校，在哥伦比亚大学，学生们的抗议声此起彼伏。整日弥漫街头的是披头士的歌声："你说你需要一场革命 / 是的 / 我们知道 / 我们都需要改变这个世界。"而杰克·凯鲁亚克的句子也依然在年轻人中间传诵："乖孩子的路，疯子的路，五彩的路，浪荡子的路，任何的路。到底在什么地方，给什么人，怎么走呢？"

面对时代的喧哗与躁动，艾朗诺却开始一首一首地记诵白先勇送给他的《唐诗三百首》，也欣然接受了白先勇为他取的中文名字——"艾朗诺"。这个名字，他用了一生。

在那个令人不安的夏天，艾朗诺离开美国，随白先勇前往台北，趁暑期的机会进修中文。台湾大学中文系的三位年轻助教，汪其楣、李元贞、陈真玲，每周轮流给他上课。他们意外地发现艾朗诺对中国现代小说竟有独到见地——作家康芸薇的小说一向含蓄，艾朗诺刚学中文不久，却能领会《冷冷的月》《两记耳光》中蕴含的深意。这让白先勇颇感意外。在台北的蓝天咖啡厅，艾朗诺甚至还与康芸薇见了一面。不过，这段小小的插曲并没有让艾朗诺转而研究中国现代文学，他还是沉潜进中国古代的迷离烟雨之中。

1971 年，艾朗诺前往哈佛大学攻读博士学位，师从汉学名宿海陶玮（James Hightower）和方志彤，探索《左传》的叙述形式。当钱钟书的《管锥编》来到案头的时候，艾朗诺已经对欧阳修做过系统的研究，完成了《欧阳修的文学作品》。

三

《管锥编》让艾朗诺眼花缭乱，"它的语言很稠密，段落非常长，没有小标题，除引述了中国各朝代各体裁的文章外，还大量引用法文、德文、意大利文、西班牙文、希腊文、拉丁文，以及英文的材料"。

随着阅读的深入，艾朗诺逐渐从《管锥编》中发现了一条蜿蜒流转的学术传统。顾炎武的《日知录》、钱大昕的《十驾斋养新录》、王念孙的《读书杂志》、俞正燮的《癸巳类稿》和陈澧的《东塾读书记》，在钱钟书的思想火花中若隐若现。钱钟书承继了这条学术传统之路，又走出新路——他在中西之间从容穿梭，用一种非常"现代"的方法来表达他对文学、思想、政治、社会等领域的判断。

1990 年代，艾朗诺决定选译《管锥编》。通过张光直的引荐，艾朗诺给钱钟书写了一封信。不久，钱钟书用英文写的回信就搁在艾朗诺的桌前——钱钟书欣然应允。不过，他在信的结尾中写道："我只有一个条件，如果你在翻译中遇到任何困难，千万别来问我。"

艾朗诺用了整整五年选译《管锥编》。钱钟书在写给张光直的信中，将《管锥编》形容为"我那松弛不成形的庞然大物"。对于"松弛不成形"和"庞然大物"这两个词，艾朗诺或许最能感同身受。

《管锥编》之所以"松弛不成形"，是因为它采取了笔记体的写作方法，而这种中国的方法，与西方学术界强调的系统化的传统格格不入。艾朗诺不得不用很大的篇幅向西方读者们介绍钱钟书的学术见地，介绍这种方法的价值，同时，他特别选择了六个更能适应西方认知的角度来甄选文本——美学和批评，隐喻、意象和感知心理学，语义学和文学风格学，老子、道教与神秘主义，神与魔，社会与思想。让艾朗诺感到遗憾的是，《管锥编》在中国很有名，在国外却鲜为人知。他希望改变这种状况："我编选这本书有一个小小的初衷，就是为读者提供一部博大精深的《管锥编》的简明读本，所以，翻译的时候我竭力保持原作风格，以便使专业和非专业的读者都对它产生极大的兴趣。"

"庞然大物"则是对《管锥编》更确切的描述。钱钟书博闻强识，《管锥编》更是他学识与思想的集大成之作，仅仅针对《管锥编》中引文的出处和校勘，艾朗诺就耗费了巨大的精力。他把《管锥编》视为钱钟书与清代学者进行的一场漫长的对话，而这次翻译，其实也未尝不是艾朗诺与钱钟书、与那些逝去时代的对话。

1998年，《管锥编》选译的英译本由哈佛大学出版社出版，艾朗诺第一时间将它寄到中国。此时，钱钟书已经在北京医院卧病许久，杨绛在病床前为他读了英译本中的几段，钱钟书很高兴。

几个月后，钱钟书离世的消息传到美国。这一次，他真的去世了。

四

衬衫和西装，是艾朗诺不变的装束。讲话时，他习惯将一只手塞进兜里，西装下摆搁在身后，另一只手则举在空中，随着话语节奏变换着手势。

艾朗诺说话慢条斯理，温文尔雅，带有明显的台湾腔，这和他当年在台湾学习中文的经历有关，语言的轻柔感更增加了儒雅的感觉。不过，一旦触及某些重要的学术话题，他的声音就会不自觉地陡然提高，迫不及待地想要分享他的重大发现。

十年前，艾朗诺接受了一次新的挑战。

《剑桥中国文学史》由哈佛大学的宇文所安和耶鲁大学的孙康宜主编，参与这次写作的学者，是当今欧美汉学界的扛鼎一代。

唐代文学是宇文所安的专长，而北宋文学，艾朗诺则当仁不让，他对欧阳修和苏轼都有深入的研究，更有专著探讨《美的焦虑：北宋士大夫的审美思想与追求》。

《剑桥中国文学史》是一部独特的文学史，除了各种新颖的学术观点，断代也是它最大的特质之一。此前出版的几乎所有文学史，都会将唐、宋文学的分界线定在北宋开元的 960 年，而宇文所安和艾朗诺却决定以 1020 年作为各自写作的分界线。

艾朗诺认为，政治的变革和文学风貌的变化并不是同步的。北宋最初几十年的文学状况，是对唐代文学的延续，而艾朗诺心目中的宋代文学，是从欧阳修和范仲淹开始的。

这正是这一代汉学家给予中国学术界的刺激与激励，他们不仅打破了许多固有的成见，更带来全新的解读，有破亦有立。

近年来，艾朗诺还将视线投向李清照。因为他发现，如今传世的五十多首李清照的作品，只有二十三首能够确定是她在世时写的，另外三十多首都是在晚明时才归于李清照名下。艾朗诺相信，其中有很多是后世模仿"易安体"写成的。他进而意识到，晚明以来，在特殊的时代背景下，文人们对李清照进行了过度浪漫化的想象与理想化的重塑，许多名家为李清照"辩诬""雪耻"，却让人们距离事实越来越远。艾朗诺希望找回真实的李清照，也找回被时代尘封的真相。

※

文化现象与朝代更迭并不一致

问：你写作《剑桥中国文学史》的北宋部分，决定以欧阳修、范仲淹为起点，而不是从北宋政权建立之初的 960 年开始。这种分期方法，和以前按照朝代断代的传统中国文学史观非常不同。

答：真正的具有唐五代风格的文学作品，并不是随着宋朝统治的开始就马上发生改变的。其实，过了半个多世纪以后，一种新的文风才慢慢出现、成形。所以，我们采取了这样的方法来断代。

我们的方法有我们的逻辑。当然，中国国内一般的文学史根据朝代来断代也有其自身的逻辑。因为我们是外国人，在国外下功夫来做这些研究，就会比较容易产生与中国国内不同的想法。其实，为什么只能用一种方法呢？何必说只有一种看法是对的呢？

问：是的。权力的更迭、政治的变化，可能会在一夜之间发生，但是文学的改变却是慢慢发生的。

答：对，如果仔细想想，不只是文学领域，在其他领域里，我们一定也能找到例证。文化现象的出现与朝代的改变，是不一致的。

问：你在这部文学史中，对笔记这种文体也投入了很大的关注，这和中国传统的文学史相比也不太一样。

答：确实是这样的。这算是我个人的一种"偏见"吧。（笑）

问：这种关注和你翻译钱钟书的《管锥编》有关系吗？《管锥编》就是笔记体，钱钟书将它称为"木屑"。

答：这和我翻译《管锥编》的经历，也许并没有重要的关系。其实，很久以前我就在思考一个问题：什么是文学，什么不是文学？这个标准其实是在发生改变的。比如说，现在讲到宋代文学，最重要、最受欢迎的文体是词，所谓"宋词"嘛。但是，当时的情况又是怎样的呢？当时，词叫"小词"，当时的人根本不肯把词收入文集里。那么，我们要问，什么叫文学，什么不算文学？

我觉得，宋代文人走出了一条新路（不知道我的想法对不对，但我有这样一个假设）。一些以前不被看作文学的文体，包括笔记和尺牍，开始进入当时文人的视野。"书"（letters）原来就是收入文集里的，而尺牍却迟迟没有收入。但是，如果你看现在出版的《苏轼全集》，一共六册，其中差不多有一册全部是尺牍。苏轼花了那么多精力，倾注了那么多思想来写这类文体，而且我们会发现，一旦遭到贬斥，他写的尺牍就会特别多。为什么？因为他不敢再写诗。他的弟弟苏辙也常常写信劝他不要写诗，当有朋友写信来问他写了什么新诗，他就拿弟弟的话做借口，回信说，我弟弟让我千万不要再写诗了。但是，与此同时，他的尺牍写得越来越多。对这些以前不被当作文学的、比较不重要的文体，他开始感兴趣了。

问：尺牍有点类似于现在的推特（Twitter）。

答：是的。有一些完全是在讲很普遍、很日常的事情，比如请你送一些药给我。但是后人慢慢地也注意到，这么简单、这么短、这么普通的文体，其中也有美学价值。明代的文人就特别喜欢苏东坡的尺牍，甚至有人说，苏东坡最好的文章其实是他的尺牍。

所以，我在写作这部文学史的时候，提到了笔记、尺牍，还有题跋。你看，苏东坡、黄庭坚的题跋很多很多，它们对晚明的小品文影响也非常大。

我认为，苏东坡他们当时已经感觉到这些文体的独特价值了。

问：就像后来金圣叹的眉批，也许是随性的，但是其中也有丰富的文学化意义。

答：是的。其实我想研究一下这些从前地位比较低的散文文体，希望把范围放大一点，带来一点新的看法。

我以前也写过一些类似的文章。比如，从宋代开始，文人对植物非常感兴趣，像欧阳修就写了《洛阳牡丹记》，在他以后，则出现了一大批牡丹谱、芍药谱、梅谱、竹谱、兰谱……这些也是一种新的美学价值。在唐代，我们找不到这些东西。

而且，宋、元、明、清的笔记非常丰富，有一些笔记比较有学术性，还有一些则像诗歌一样表达自己的情感，比如叶梦得的《石林燕语》，就像在写诗一样，写他的住所、他和朋友的交往，以及他的情感，都是非常诗歌化的散文。

问：这种文体的出现，是否也意味着中国文学越来越自由。

答：是的。而且我们需要注意的一点是，正是因为那些非常有名望的人做出了先例，一些新的文体的影响力才变得越来越大。比如苏东坡，虽然他没有写出一部笔记，但他被贬斥以后，零零散散地写了一些类似笔记的内容，这就影响到他后面的几代人，像叶梦得他们，都会注意到这种情况，遂对笔记这种文体重视起来。

"辩诬"与"雪耻"

问：你对李清照也有新的解释，认为经过晚明到清代的重塑，李清照被过度地完美化和理想化了。当时的重塑过程是怎样的？

答：当时有两种现象同时存在。一方面，李清照在文学上的名望和地位越来越高，而且在晚明时期，女作家也越来越受欢迎，李清照被当成她们的先驱；但是，另一方面，从明朝到清朝，丈夫死后，女人不可以再嫁，而当年赵明诚死后，李清照是改嫁的，这让很多人对李清照产生了看法。

于是，在李清照身上形成了一种巨大的反差：她在文学史上越来越著名，而她的人生却越来越遭到诟病。这种冲突一定要解决，解决的方法，就是否认李清照曾经改嫁。

清代有许多很有地位的学者，下了很大的功夫来否认李清照曾改嫁，他们写的文章越来越长，越来越复杂，这种否定最终变成共同的意见。他们提出，李清照是才女，很有主见，她遇到不喜欢的人就会批判，因此得罪了人，这些人为了害她，才"捏造"出她改嫁的经历。所以他们提出，李清照不但一生痛苦，而且死后几百年在地下更痛苦，因为人们都以为她对赵明诚不忠诚。这么好的人，我们要把她救回来。于是，在否定改嫁的同时，他们也把李清照越来越理想化。

这个看法一直延续到 20 世纪，早期的中国文学史都还是这样写，胡适、郑振铎、唐圭璋统统都接受为她"辩诬"、为她"雪耻"的观点。如今，在中国有四座李清照纪念堂，三座在山东，一座在浙江，我们都能从中清楚地看到为李清照"雪耻"的思想。

问：这种情况在民国有新的发展吗？那也是一个女性觉醒和解放的时代。

答：1950 年代，一位名叫黄盛璋的年轻学者写了两篇很重要的文章，分别是《李清照事迹考辨》和《赵明诚、李清照夫妇年谱》。结果，许多很有声望的学者都批评黄盛璋，因为他们已经把李清照的形象写进中国文学史，他们无法接受黄盛璋的观点。这些论争直到最近十几年才发生改变。

我觉得这个故事很有趣，这是明清社会史、思想史的反映。以前人们读李清照的词，都以为她写到寂寞、难过的事情，是因为她在思念赵明诚，因为赵明诚不在家，或者赵明诚去世了。其实这样的解释很牵强，也非常不公平。

李清照这么大的才华，难道就不能写她自己的生活吗？苏东坡、黄庭坚写诗的时候，不是也经常用他们想象中的别人的声音来说话吗？

问：白先勇先生当年在加州任教时，曾在暑期把你带到台北，请几位老师教你中文。当时你读了康芸薇的小说，居然看出其中别有深意，也和作者见了面。有这么多机缘在，你为什么没有转向中国现代文学研究？

答：很多中国朋友听说我研究的是中国古代文学，还在大学里教文言文，都觉得很佩服。其实，对于一个不住在讲中文环境里的外国人，研究古代文学反而是比较容易的。

语言和文学是在不断发生改变的，如果我研究现代语言、现代文学，却不在现代中国的环境里长期生活，会很难。文言文则不存在这样的问题，虽然开始学的时候很困难，但是慢慢会好起来。

我从 1960 年代末开始学中文，当时中美两国之间还有很大的政治上的阻隔，那时我们根本不会想到，两个国家竟然可以很自由地往来。现在情况已经完全改变了。

采访时间：2012 年

风雅精神走向民间

[日本] 大木康 *

中间阶层的扩大，正是图书普及的巨大推动力。也是在这个背景下，图书出版在形态和技术上有了较大变化，并出现了类似于现代出版人的新型知识分子。

一

崇祯皇帝自缢的消息，时隔大约一个半月才从京城传到苏州，彼时暮春，此刻已是仲夏。

明王朝近三百年基业一夕坍塌，有人痛斥李自成"叛乱亡国"，也有人暗中"拍手称快"，七十岁的冯梦龙却从中嗅到一丝商机。

公元 1644 年春夏之交，帝都已是大顺朝永昌元年，南方仍是明崇祯十七年。江南人对北方的变故既好奇又迷惘，道听途说得来的都是些真假难辨的传闻。古稀之年的冯梦龙开始不断地拜访那些从北

---

* 大木康（Oki Yasushi），1959 年生于日本横滨，东京大学文学博士。曾任广岛大学文学部副教授、东京大学文学部副教授，现任东京大学东洋文化研究所教授。主要研究领域为中国明清文学、明清江南社会文化史。主要著作有《冯梦龙〈山歌〉研究》《风月秦淮：中国游里空间》《冒襄和〈影梅庵忆语〉研究》《明末江南的出版文化》《明清文人的小品世界》等。

方逃亡过来的人，候选进士彭遇颺、冯日新、布衣盛国芳、武进士张魁……他们所述的情形各有不同。后来，一个在五月十五日出京的商人带来最新的消息——清兵入关，李自成逃离北京，"燕京化为胡国"。

王朝更迭之际，冯梦龙将这些他人口述的记忆碎片迅速整理结集，刻书出版，《甲申纪闻》一时风靡江南。此后他又陆续刊刻了《甲申纪事》、《中兴伟略》和《中兴实录》等。在他传奇的出版生涯中，这几种书虽然不及"三言"那样著名，却代表了明代士人的新动向。

三百多年后，大木康读到冯梦龙晚年的这些著作，不禁拍案称奇："当时的冯梦龙宛如现在的新闻记者。"

二

冯梦龙不会知道，三百多年后，会有一位日本学者与他产生心灵的共鸣，并准备用自己一生的时间来研究他。

1959 年，大木康出生于日本横滨，这座城市在晚清时曾庇护过孙中山、梁启超这些流亡者。几十年后，时过境迁，流亡者的踪迹早已无从寻觅，中华街上的广东餐厅却依然生意兴隆。一家餐厅里供奉着关公塑像，香烟袅袅中，赤面长髯的中国将军横眉立目，持刀傲立。神像给少年时期的大木康带来的强烈冲击，甚至超过了广东点心留在舌尖的余味，让他至今都记忆犹新。也许，他对中国的钟情，就萌芽于少年时期的懵懂想象。

初识冯梦龙是在大学一年级，此前他痴迷的是李白、杜甫和陶渊明的诗句。东京大学的课外读书会上，一位老师讲起一个据说发生在南宋临安的故事，是关于卖油郎与名妓之间匪夷所思的爱情。这个故事翻开了大木康对中国文学认知的崭新一页——白话小说让他看到了一个不同于传统文人诗文的全新的文学天地。他注意到，《卖油郎独占花魁》出自《醒世恒言》，由明末人辑录，辑录者名叫冯梦龙。

"我的一生就是那个瞬间决定的。"三十多年后，大木康这样总结。这个说法并不夸张。

对冯梦龙的研究贯穿了大木康迄今为止的学术生涯。本科时，他综合考察冯梦龙一生的际遇，读硕士时集中关注"三言"，博士阶段则聚焦于冯梦龙辑录的《山歌》。

民间传唱的鄙俗歌谣原本不登大雅之堂，却在明代获得一些文人的青睐。从李梦阳、李贽到袁宏道、冯梦龙，都对民歌情有独钟。冯梦龙辑录出版了十卷本《山歌》，他提出，山歌是"民间性情之响"，与"诗坛之诗"不同——"诗坛之诗"可能会有虚情假意，山歌却都是表达真情实感的。然而，时代变迁，冯梦龙刊刻的《山歌》一度失传，直到民国时，其孤本才在安徽歙县重见天日，于1935年由顾颉刚校订并作序，重新出版。三年后，郑振铎在《中国俗文学史》中对《山歌》大加赞叹："以吴地的方言写儿女的私情，其成就极为伟大，这是吴语文学的最大的发现，也是我们文学史里很难得的好文章。"对《山歌》的价值评价，由此在民国知识界回潮，蔡元培、刘半农、胡适、鲁迅、周作人、顾颉刚等人都做过相关研究。在新的时代，古老的《山歌》获得重新阐释。然而，此后《山歌》再度沉寂，当大木康在1980年代开始研究《山歌》时，它在中国仍被视为黄色作品，而在日本，吴语方言也让学者们望而却步。

对日本汉学家而言，冯梦龙并不是一个陌生的名字。东京大学教授盐谷温（1878—1962）早就注意到"三言"的价值，他所写的《关于明代小说"三言"》让鲁迅颇为欣喜，鲁迅还特地在《中国小说史略》中提及，认为"在小说史上实为大事"。仓石武四郎（1897—1975）辑录一本中国词曲集时，也曾尝试收入《山歌》，但由于《山歌》是用吴语记录的，仓石武四郎最终知难而退。

1984年，大木康到复旦大学留学，师从江巨荣教授学习明清文学。师母是苏州人，她热心地用苏州话一字一句念《山歌》，并详细解释。

大木康也一次次前往苏州，切身感受这座养育了冯梦龙的城市。他沿着曲折的街巷漫步，在园林中穿梭，甚至到葑溪寻找冯梦龙曾经的居所。城市早已发生巨变，但在观前街，在评弹乐声里，他仿佛体会到明清时代的紫陌红尘之味，获得了情感的共鸣。

他还寻访了当今的山歌收集者与歌唱者。那时"吴歌王"钱阿福还在世。在无锡的家中，老人唱起吴歌，歌声不仅将大木康带入历史的情境，更让他意识到一些从未注意过的问题：钱阿福唱的歌大多是七言四句，如果遇到长句子，就会唱得很快。如果没有听过吴歌，只是依靠文本分析，大概无法获得这种认识。

依靠论文《冯梦龙〈山歌〉研究》，大木康在东京大学获得博士学位，并留校任教。他对《山歌》进行了详细的解读，并翻译为日语，由此探索明清文人的思想轨迹。他相信，《山歌》的问世，在一定程度上反映出当时文人的思想动向，折射出他们精神世界的一个侧面。

三

对大木康而言，冯梦龙不仅是学术研究的起点，更是最终的归结。

冯梦龙时常在青楼盘桓，"三言"和《山歌》中也有许多与妓女相关的内容。这让大木康对中国的青楼文化产生了好奇。他试图从这个新角度来走近明清文人。其实，在日本也有类似的情况。江户时代的文学和浮世绘，不少与青楼艺伎关系密切。曾有学者提出，要真正理解江户时代的日本文学，必须要了解当时的青楼文化。大木康相信，要理解冯梦龙时代的中国文人，青楼文化是一个不可忽视的切入点。《风月秦淮：中国游里空间》正是以冯梦龙为圆心画出的一个新的研究空间。

搜集有关青楼的资料时，他读到了冒襄的《影梅庵忆语》。作为明末"四公子"之一，冒襄与"秦淮八艳"之一董小宛的爱情，是名动一时的佳话。董小宛去世后，冒襄写下《影梅庵忆语》怀念亡妾，回顾那段既有波澜迭起，也有寻常平淡的爱情。它原本只是大木康研究青楼文化的一份素材，几年后却延展成新的研究课题——他通过《冒襄和〈影梅庵忆语〉》，追溯明末清初青楼文化的特质与文人的心路历程。

冯梦龙热心致力于出版业，除了最负盛名的"三言"，他还刊刻过大量不同门类的图书，其中既有小说、笑话、歌谣，也有科举考试指南等。《金瓶梅》的出版也有赖于冯梦龙的大力推动，甚至有人猜想，为《金瓶梅》作序的"东吴弄珠客"就是冯梦龙。明代出版业异常发达，《三国演义》《水浒传》《西游记》《金瓶梅》等

"四大奇书"，以及"三言二拍"等白话小说，开始爆发式出现。这也让这一代科举落第者找到了新的出路。依靠出版，他们也可以过上体面的生活，甚至影响自己的时代。为了更深入地理解冯梦龙，大木康希望厘清明代出版文化发展的来龙去脉。

大木康将这个时代称为"初期大众传媒社会"。在《明末江南的出版文化》中，他发现了出版文化的许多新动向。明代流行的科举指南，其实基本上由一些落第的书生拼贴编撰而成，"梦想着科考高中，购买阅读这种书的也是同一阶层的人士"。他发现，书之所以能迅速普及，与"中间阶层"的崛起息息相关，而这个阶层甚至能"通过散发印刷品这种新型传播媒介来操控舆论"。他也注意到女性读者的大量涌现让书本身发生了变化，"女性即便自己不识字，也可以让人朗读给自己听，她们虽然不能说是严格意义上的读者，但可以说是消费者（小说中的'借字'和插图等，可能就是为了迎合这类人的需求）"。

宋代与明代是中国古代出版文化发展的两个具有里程碑意义的时代。大木康认为，宋代的出版业使个人的大量阅读和藏书成为可能，促成了朱子学的诞生；明代的出版业则为清朝考据学的诞生奠定了物质基础，"学术研究变得更为缜密，同时前代的学术缺陷也逐渐暴露，于是清代刮起对明代学术的批判之风"。

大木康将冯梦龙喻为"一座幽深的山"，他对山歌、白话小说、青楼、出版等内容的研究，都与冯梦龙有关。像冯梦龙这样的晚明士人从书斋走向民间，也催生出许多新生的文化现象。吸引着大木康的，是冯梦龙一生的际遇，是他身上体现的当时士大夫精神的转向，更是他所处的那个风云变幻的时代。

四

循着冯梦龙留下的文字，三十多年来，大木康一次次在阅读与实地考察中试图走近那个波澜起伏的时代。在秦淮河边，他寻找当时青楼、科场、书坊之间微妙的关系；在安徽歙县的虬村、棠樾村、唐模村，他不辞辛苦地寻找刻工；在苏州山塘街，他一次次设想冒襄与董小宛的相遇。街巷间浪荡的才子，山歌中直白的激情，书坊里泛着油墨味的畅销书……从尘封的历史间逐一浮现。

他时常在旅途中携带一份明清的古地图，辨认城市变迁的痕迹。他发现，南京和苏州的基本城市格局其实依然如故，只是填充了许多高楼大厦和新造的仿古建筑。

许多往事也依然历历在目。当我们谈起传说中的"吴歌王"，他不假思索地用苏州话喊出了"吴歌王"钱阿福的名字。

如果不是大木康提醒，或许我们也会一直忽略一个问题：冯梦龙与莎士比亚和塞万提斯其实生活在同一时代，在不同的国度，他们仰望同样的星空，用各自的笔和不同的语言创造着文学的历史。

冯梦龙的作品后来漂洋过海抵达日本，"三言"在日本被再度创作。上田秋成《雨月物语》中的故事"蛇性之淫""菊花之契"等，都是以"三言"为蓝本。然而，一两百年以后，中日间的文化输出却调转了方向，晚清民国的知识分子频频前往日本寻求救国之道，许多舶来的日语词甚至直接改变了中国人的话语习惯。

在冯梦龙的时代，中国图书大量出口日本，从长崎入境。江户时代，日本闭关锁国，长崎是唯一的外贸港口。当时日本完全没有出版自由，所有出版物都要经过同业会的审查和严格控制，并在政

府记录备案。不过，阴差阳错之间，这也为现在研究当时的出版文
化保留下大量的档案资料。

几个世纪过去了，这些文化交流的轨迹依然值得探索与反思。

※

决定一生的瞬间

问：你在横滨出生，小时候经常去中华街吧。

答：我父亲经常带我去一家餐馆，建筑很有中国风，屋里供着
关公像。横滨的中华街有很多广东人，喜欢拜关公。我小时候就很
感兴趣，不知道为什么，也许是因为能感受到一种异国风情吧。

问：以前孙中山、梁启超他们流亡日本时都在横滨待过。

答：现在东京大学校园里有一家西餐馆，叫松本楼，是日本比
较老的西餐馆。日本皇宫旁边的日比谷公园里有它的本店。松本楼
的老板很支持孙中山先生，他们经常到那里吃饭。现在松本楼本店
的大厅里还保存着据说是宋庆龄弹过的钢琴。中国朋友来东京，我
都会带他们去看看那架钢琴。

问：你上中学时喜欢读李白、杜甫的诗歌，还有"唐宋八大
家"的散文，大学时读了冯梦龙的《卖油郎独占花魁》，才开始
转向……

答：开始"俗"起来，哈哈。现在我也很喜欢陶渊明、李白的

诗，我上大学之前对道教和中国历史很感兴趣，不知道和小时候看到的关公像有没有关系。

冯梦龙的作品很不一样，比如"三言"，他写的是中国人的现实生活和日常感受。那时我在东京大学，读大学一年级，刚开始学习中文，还在念 b、p、m、f 的时候，教中文的老师课外组织读书会，我们一起读"三言二拍"，他选的是《卖油郎独占花魁》。我的一生就是那个瞬间决定的。

问：你研究冯梦龙也经过了很漫长的过程，本科时是综合研究，硕士阶段主要研究"三言"，博士阶段则研究《山歌》。你是怎样一步一步聚焦到《山歌》的？

答：有历史的原因吧。日本学者读中国的文言文，会用汉文训读的方法，有这样的传统。但是，读白话小说，如果没学过中文，读起来会很难。所幸在江户时代的几百年间，日本学者克服了这个难点。而冯梦龙的《山歌》是用苏州方言记录的，而且是四百年前的苏州话，这就更难了，从前没有人挑战过。1984 年，我到复旦大学留学，遇到江巨荣先生，师母是苏州人，她把《山歌》里的内容一句一句解释给我听，我才知道它们的大概含义。我非常感谢他们，这次来上海，我还去拜访了江先生。

我们东京大学的前辈学者仓石武四郎，也很关注中国俗文学。他编过一本中国词曲的集子，在跋语里说，本来要收录冯梦龙的《山歌》，但是苏州方言太难理解，就放弃了。没想到几十年以后，我做了这个工作。我后来读到他这篇文章，感到非常高兴。以前比我更有学问的老师放弃了这些文献，而我完成了挑战。

问：冯梦龙在《山歌》的序言里讲，"山歌"和"诗坛之诗"不同，"诗坛之诗"可能会有虚情假意，而山歌表达真情实感。

答：是的，对民间歌谣的重视是晚明的一种思潮。不仅是冯梦龙，李贽、袁宏道他们都谈到过。最早是李梦阳吧，有"真诗在民间"的说法。但是他们不一定真的系统收集过民间歌谣，一直到冯梦龙才有了《山歌》这个成果。而且很重要的是，他收集后还把它们分门别类整理，并刊刻出版。当然，也是因为晚明出版业的发展，才有了这样的条件。

问：你在进行学术研究的同时，也到中国很多地方寻访过，比如 1980 年代就去过苏州很多次，1990 年代又去安徽寻访刻工。有什么难忘的经历吗？

答：为了研究青楼文化，我经常到南京去，沿着秦淮河走一走，或者从当时科举考试的考场江南贡院，一直走到以前的青楼之地。当然现在没有青楼了，只有一些新建的仿古建筑。我的朋友都笑我，说你去看那些假古董干什么。但是，我带着清代的地图在那里走一走，发现基本的地形、街道都没有太大的变化，还是能获得一些灵感。

虽然我喜欢读书，但我是外国人，和明代的中国存在着时间与空间上的距离。我要了解冯梦龙，还是要亲自去当地看看，对于我来说，这是一个接近并理解他的方法。

现在我要写《风月秦淮：中国游里空间》的续篇，关于苏州的青楼文化，主要是山塘街这一带。所以也经常到苏州去走走，冒襄和董小宛是在山塘街相遇的。冒襄后来营建的如皋水绘园，我也去过两次。

问：第一次去苏州是 1984 年？

答：对，1984 年，我到复旦大学留学，没过多久就去了苏州，第一次在那里待了三天。1986 年，苏州召开第二届冯梦龙研讨会，我去参加会议，苏州的马汉民先生带我去冯梦龙故居之类的地方走了走。

问：当时学术界对冯梦龙的《山歌》有进行研究吗？

答：当时很多人关心的是"三言"，《山歌》还是被看成色情作品吧，在中国很少有人研究。而且《山歌》用的是四百年前的苏州话，语言学家可能会注意到，但文学研究者不一定注意，到现在也是如此。

问：苏州、无锡一带现在还流传着古老的吴歌，九年前我采访过收集吴歌的朱海容老先生。

答：二十多年前我也拜访过朱先生，他还带我去见了一些唱吴歌的人。

问：有一位"吴歌王"，叫……

答：钱阿福！我听过他唱。虽然不知道明代的唱法和现在是否一样，但我还是想了解一下。我非常感动。钱阿福唱的基本上是七言四句，有的一句话有很多字，他就会唱得很快，这让我了解到山歌演唱时的结构和方法。如果没有听到他的歌，我就无法了解这些情况。

我见到钱阿福是在 1986 年或 1987 年。1988 年我发表了第一篇关于《山歌》的论文，后来以这篇论文为基础，不断地补充延展，1991 年完成了博士论文《冯梦龙〈山歌〉研究》。

出版文化与明代社会

问：明末江南的出版文化发展迅速，这对冯梦龙一生的影响都很大。

答：冯梦龙没能考上科举，主要靠编书、刻书生活。在明代末年，这是一条成名的途径，也是一种谋生的手段。所以，当时的读者喜欢读什么，冯梦龙非常了解，也非常敏感。

有一个很明显的例子，我们可以看看明朝灭亡时（也就是 1644 年农历三月以后）冯梦龙的行动。江南的人都很想了解北京到底发生了什么事情，冯梦龙就找到那些从北京逃到江南的人来做采访，他集合了各种关于北京的信息，编撰出版了《甲申纪闻》。他的出版活动都紧紧围绕读者的喜好和需求。除了冯梦龙以外，还有陈继儒（陈眉公），他们对读者的需求都非常敏感。

问：当时做出版的成本也很高吧？

答：经济因素也很重要。刊刻出版需要不少本钱，刻两叶（页）就要有一块木版，表里都要刻字。如果要出两百叶（页）的书，就要用一百块木版，还需要纸。但是在明代，出书的本钱比以前便宜很多。因此，才出了那么多的书。

问：你在书中讲到，活字印刷在明末其实并不多见，主要还是雕版印刷。

答：主流是雕版印刷。只要有版木在，一种书卖完了马上可以重印。如果是活字印刷，印完一面，活字就要重新排版，明代书籍印刷的数量非常大，这样反而麻烦。

问：印刷业的发达也造成了字体的变化，"明朝体"相对来说比较没有个性。

答：对。所以冯梦龙的一些书，尤其是《甲申纪闻》这种比较有新闻时效性的内容，一定需要很快出版，这与字体也有很大关系。如果刻版太讲究，速度太慢，出版速度会受影响。

所谓的漂亮是审美问题。很多人认为，宋刻本最好，明刻本虽然字体整齐，但是比较缺乏美感。"明朝体"在中国被称为"匠体"，这种说法是有点贬低的意思。

问："明朝体"似乎被当成一种美学的退步，但是，很多明刻本其实有独特的美感，比如科隆大学东亚艺术博物馆有一套明刻本《西厢记》，特别当代。

答：这套《西厢记》的印刷技术非常高超，插图设计也非常特别，和当时小说的版画插图的技术水平完全不一样。

问：我们对明代文化的独特价值可能还是缺乏足够的重视。

答：确实有一些学者看轻明代，批评明代的学术。清代的考据学家一定要看很多版本，经过比较之后才能得出结论。他们为什么能看到那么多书？就是因为明代的出版业非常发达，出了很多书。他们批评明代是可以理解的，但是他们对明代的批评其实是建立在明代出版业发展的基础之上的，清代文化是在明代基础上的一种进步吧。

问：明代大量刻书，是否也会相应地造成伪书很多，清代人做考据研究时会成为负担？

答：也有可能。复旦大学中文系的陈尚君教授就曾经指出，明代的唐诗选本中有些作品被改得乱七八槽的，他对这个现象提出了批评。明代出了很多唐诗的版本，不过另一方面，他们随意再加工的现象还是很严重的。

问：德国古登堡的印刷术发展影响深远，启蒙运动也与它有着密切的关系。虽然我们不应该做过于武断的类比，但是我很想知道，明末中国印刷业如此繁荣，为什么在中国没有发生启蒙运动？

答：这个问题我没有专门做过研究。但是，随着出版业的发展，喜欢读书的人越来越多，图书的普及程度比以前更高，这应该是明末发生的很大的变化。

问：黄宗羲当时提出了一些民主化的主张，比如"学校"，就有点像西方的议会。这些萌芽随着清朝的文化控制和"文字狱"，渐渐地消失了。

答：李贽那样的思想家的出现和他的思想的流行，也跟出版有密切的关系。晚明出现了很多新的思想，跟近现代的一些思想乃至社会状况，都有一些相通性。

问：你怎么看明代文人与宋代文人的差别？

答：宋代也有不做官的文人，比如在西湖边隐居的林和靖。到了明代，这样的人越来越多，比如冯梦龙靠出版谋生，唐寅靠卖字画生活。宋代，尤其南宋，已经出现了像陈起、刘辰翁那样的以出版为背景而活跃的文人。不过，宋代还没有出现像冯梦龙那样积极投身俗文学的文人。

明代版本在日本的流传

问：宋代已经出现官刻、坊刻和家刻，这三种出版形态在明代有没有发生明显的变化？

答：最明显的变化还是坊刻，也就是商业出版，它所占的比例比以前高。当然，明代的中央政府、地方政府也出版图书，但是明末以商业出版居多。这些坊刻图书有很多也流通到日本，比如《三国演义》《水浒传》和"三言二拍"等，它们在日本很受重视，一直保留到现在。在中国，大概是这些作品大家都司空见惯了，所以不太珍惜，很多版本在中国已经没有了，在日本或者欧洲却能找到，成为天下孤本。

问：日本的江户时代，中国图书进入日本，只能通过长崎吗？长崎当时严查基督教的书，其他的呢？比如某些在中国被禁的书。

答：江户时代日本闭关锁国，对外贸易只开放长崎港。当然，还有一些秘密贸易，但是在史料上找不到。当时严格禁止基督教的书进入日本，其他的没有关系。当然，比如《孟子》是宣扬"革命"的，以前在日本就有一个传说，凡是载着《孟子》到日本的船，都在半路上沉没了。因为在日本，天皇世代承袭，不可以"革命"。

当然，这只是一个传说，其实《孟子》在日本有很多。

问：当时做进口贸易的商人，有专门负责选书的吗？

答：日本有卖中国书的书店，叫"唐本屋"。中国的书叫"唐本"。需要买什么书，他们会跟长崎的商人联络，请他们帮忙带来。

问：这些书传播的过程很有趣，"三言"的一些故事到了日本，经过再创作，收入《雨月物语》，故事情节大致一样，地点和人物换成了日本的。

答：日本人读白话小说有几种不同的情况。第一种情况是直接看从中国运来的原版书，不过，这样的人很少，因为从中国进口的书很贵，一般人买不起。第二种情况是看在日本刊刻的版本（和刻本），比如"三言"在日本就有好几种和刻本。因为很多日本人看不懂中国的白话文，所以"三言"的和刻本添加了训读符号，还对一些白话词进行了解释或者翻译。第三种情况是，比如《水浒传》就被直接翻译成日文。日本长崎有所谓的唐通事，就是中文翻译，其中有一位叫冈岛冠山的人翻译了《水浒传》。第四种情况，就像《雨月物语》这种，故事情节基本上和"三言"差不多，但是地点和人物全部改成日本的，没看过"三言"的人，绝对不知道这原来是记载在中国书上的故事。这种情况如果放到现在，就是版权问题了，不过在当时，算是一种"翻译"吧。

问：在江户时代，日本对中国有没有文化的反向输出？

答：可能很少吧。据我所知，冈岛冠山把《水浒传》翻译成日文的同时，也把日本的《太平记》翻译成中国的白话文，好像也有一些运到中国。但是我不知道这对当时的中国有没有产生影响。

问：当时中国的出版相对自由一些，日本管控很严格。

答：江户时代比较严格，明治维新以后才放开。除了政府管制，还有书店的自我控制，当时有出版商的自治组织，就是所谓的"本屋仲间"，相当于出版行业的工会。如果一家书店要出版一本书，先要在"本屋仲间"检查，检查通过以后，才会送到政府备案，自我控制比较严格。

采访时间：2015 年

庄严的欲望

[意大利] 史华罗 *

在某种情形下，至少从明朝以来，私情成为一种被人们意识到的形而上的情感，它可以推翻自然法则，挫败死亡本身。

一

"长期以来，罗马都被理想化了。"研究罗马共和国史的作家汤姆·霍兰如是说。事实上，从 13 世纪开始，在意大利人心目中，中国同样被理想化了。

从马可·波罗到利玛窦，关于中国的各种亦真亦幻的记录，让欧洲为之沸腾，并唤起了人们探索东方的热忱。在利玛窦之后，卫匡国（Martino Martini）、殷铎泽（Prospero Intorcetta）等耶稣会士前赴后继抵达中国。他们怀揣上帝的福音远道而来，又把各种发现和东方的奇珍异宝一同带回他们的祖国，半纪实、半想象地构架起一

* 史华罗（Paolo Santangelo），1943 年生于意大利，那不勒斯东方大学亚洲系中国史教授、汉学系主任，罗马大学东方学院东亚史教授，《明清研究》创办人及主编，意大利汉学学会理事，欧洲汉学学会理事。研究领域主要为 15—19 世纪的中国社会文化思潮等。作品主要有《明清文学作品中的情感、心境词语研究》《孔子与儒家学派》《中国思想通史》等。

个与欧洲全然不同的神秘国度。他们不仅译介文学经典，还不遗余力地编撰语言字典，这些努力最终成为意大利汉学的传统基石之一。意大利的汉学之路，正是在这些交错的步履中蜿蜒展开的。

意大利汉学的另一重传奇色彩，与意大利人的个性有关——他们往往天真烂漫而又严谨执拗，这种生活态度也深刻地影响着学术研究。19 世纪上半叶被汉学家白佐良（G. Bertuccioli）戏称为"汉学家内战"的时代，"欧洲的汉学家们或者自称为汉学家的人都恨不得把对方撕成碎片"。意大利人蒙杜奇（Montucci）在抢编字典的争夺中失利，竟然愤怒地卖掉了自己的图书馆和藏书，隐居一段时间之后郁郁而终。1940 年代名噪一时的汉学家德礼贤神父（P. D'Elia）承认自己没能说服任何一个中国人入教，却写了几本有关中国的著作；尽管饱受非议，他还是坚持使用自己创造的汉语拼写系统，根本不去理会这套系统只有他一个人在使用。

二

成为汉学家？

这个念头在 1950 年代的意大利，是一个近乎荒唐的念头。意大利汉学传统在第二次世界大战后濒临崩溃，以至于社会上流传着一个关于汉学教授的笑话——有人问："什么是汉学教授？"答案是："一个只有两个学生的教授。其中一个继承他的教授职位，另一个可怜人，他自杀了。"

少年时的史华罗也曾被这个笑话深深困扰。大学时代，他顺从地继承了家族的传统，研读法律。从罗马大学法学院毕业后，他在一家公司上班，但是仍然悄悄地到意大利中远东研究院学习汉语和中国文化，风雨不辍。1974 年，那不勒斯东方大学的一纸聘书，让三十一岁的史华罗终于下定决心。那不勒斯东方大学一直是意大利汉学中心，其前身是成立于 1732 年的那不勒斯中国学院——欧洲第一所为传教士设立的语言学校。

凭着直觉与兴趣，史华罗将"中国之行"的起点定在明清时代，经济和文化高度发达的晚期中华帝国。

这个寒冷的下午，史华罗用夹杂着浓厚意大利口音的英语，回顾曾经的理想，语速飞快。他依然相信，一个人只有做自己最喜欢的事情，才能不畏艰辛，做到最好。

从前他用这个理由说服长辈，后来则用这个判断督促自己。

三

史华罗面对的是一个重新构筑传统的时代。

当时资源极度匮乏，意大利唯一的中文教授德礼贤只有两个学生——白佐良和兰乔蒂（L. Lanciotti）。师徒三人戮力与共，志在复兴意大利汉学。兰乔蒂后来成为欧洲汉学学会主席，他认为，第二次世界大战之后意大利汉学之所以能如此蓬勃发展，"是出于对超越欧洲中心主义的渴望……并非仅仅出于好奇或是一种奢侈的异国主义，而是真实的文化需求"。这其实也部分地印证了萨义德概括欧洲的东方学传统之所以比美国更为悠久的原因："东方是欧洲物质文明与文化的一个内在组成部分。"在意大利，史华罗正是这一观念的坚定执行者，他以严谨的学术态度重新解读中国，获得兰乔蒂的大力称赞。在兰乔蒂看来，意大利汉学最有代表性的领域是中国历史、中国宗教和哲学，而史华罗在这两个领域都成就卓著。

与那些醉心于中国文学的汉学家相比，史华罗更乐于从社会学角度来观照明清时期的中国与知识分子阶层。前现代化的大都市苏州，成为漫漫旅途的第一个驿站：这座城市依靠什么优势雄踞江南？又如何在丝织业危机之后顺利地完成了向棉纺业的转化？曾被忽略的城市嬗变的蛛丝马迹，在他笔下露出端倪。

顾炎武作为明清之交富庶之地的知识分子代表，随即进入史华罗的视野，成为他的第一个集中研究的对象。顾炎武如何效忠于两个朝廷？如何容忍自己民族的文化被另一个民族改写？史华罗以好奇而关切的目光打量着这个处在大转折时刻的古典文人。这一思路也影响着史华罗另一个同步进行的学术项目——朝鲜社会史研究。在这个被中国文化影响的北方国度里，社会结构和伦理观念当然与中国有所差异，但知识分子安身立命的方式，却与顾炎武们有着千丝万缕的联系。

1990 年代，史华罗的兴趣从历史、社会史向思想史、文化史过渡，继而将目光聚焦于明清时代的文化核心——民俗、道德和情感，以欣赏而非批判的立场看待中国前现代社会的文化构架。从 2000 年开始，他负责主持大规模的国际研究项目"中国明清文学与非文学资料中情感词语的文本分析"。蒲松龄的《聊斋志异》及其他明清言情小说、世情小说，让他每每手不释卷。他承认，当触及中华帝国晚期文化中的道德责任感和原罪的概念时，自己的确为"已发之情"和"未发之情"所感动，但是面对复杂而充满激情的研究对象，他并没有发挥意大利式的浪漫想象，而是用极为理性严谨的治学态度，从词义学、心理学、社会学、民族学等多种角度切入，用翔实的数据统计和中西对比的方法，对明清时代的情感进行解剖式的分析，同时也将中国人的"私史"纳入其史学视野。中国人习惯于含蓄、矜持地诠释祖先的情感方式，史华罗却抛出自己的洞见："在文学作品中，展现的激情通常是充满着强度和力量，人物也不像儒家的圣人君子所应有的那样自我克制。"他发现"压抑说"只是一个仓促的概括，明清时期中国人的情感方式更倾向于"驯化"和"协调"，并进而反观当下，"当代中国人应该为拥有如此丰富的情感生活表达方式感到自豪，他们的再发现在改进其历史遗产观的同时，也会对他们今天的生活有所裨益"。从情感的角度全面研究中国前现代社会的文化内核，史华罗是第一人。

2003 年，也就是《东方主义》出版二十五年之后，萨义德曾如此反思东西方交流的实质："我们需要的不是那种被制造出来的文明的冲突，而是聚精会神于相互交叠的文化间的慢慢合作，这些文化以远为有趣的方式彼此借鉴、共同生存，绝非任何删繁就简的虚假理解方式所能预想。"史华罗为我们理解这一世界文化的愿景提供了最好的范本。他以最单纯的兴趣和持之以恒的努力，突破 1960 年代欧洲社会对古老中国的成见，改写了自己的命运，也为中国人理解自身的传统提供了新的维度。

※

中国：来自日神精神的感召

问：是什么让你最初对中国产生了兴趣？

答：第一，从前读书时，常从老师那里零星地听到中国的文化、历史，后来又接触到中国画，种种富有美感的线条和色彩吸引了我。第二，我最初对俄罗斯文学很有兴趣，阅读陀思妥耶夫斯基和契诃夫时，常能找到共鸣，相比之下，阅读中国文学则是一种崭新的体验，我便反问自己：这种全然不同的文化对我的生活到底意味着什么？

它有一种难以言喻的"魔力"，与之前阅读西方的宗教、文学或哲学的感觉不同。请容许我打个比方：德国哲学家尼采将希腊文化精神区分为日神精神和酒神精神，如果说西方文化观念于我像是酒神精神，那么东方文化，尤其是中国文化，对我来说便如同日神精神。

我一直很好奇，中国文化如何能沿着这种与众不同的轨迹前进，并且维持了这么长的历史，所以想从基础的学问开始，更多地了解中国。

问：大学时代在意大利学习汉语的环境如何？当你学成执教之后，又有什么变化？

答：当时在罗马大学学习汉语的人已很多了，很多人学习汉语不仅出于对这个古老国度的好奇心，也想以教授汉语作为未来的职业。老师讲课不用麦克风，能记住每个学生的名字，学习氛围很浓厚。

现在学习汉语的人更多了，教学手段也有了变化，但我们的教育主题还是不变的。在意大利，全球化浪潮也蔓延到语言学习中，相比从前，信息传递更便捷，有很多直观的学习方法，使不少学生以为只要会讲汉语就能理解中国，这是一个误区。

我常常举一个例子来告诉我的学生：如果给你们一本很好的词典，里面有诸如宗教、自由等词的发音和翻译，你们就能理解汉语语境下的宗教和自由的内涵吗？我想，很多词毕竟有几千年的文化积淀，而我们的学生仅仅从表面的学习中是无法理解汉语的本义和在历史语境下的不同衍义的。

必须让学生明白，他们不仅是学习一种语言那么简单，而是在理解一个遥远的国度，因此必须扎实地从基础知识学起。

问：第二次世界大战之后，意大利汉学一度面临断层，直到在1950年代，在德礼贤神父等人的努力下，才重新走向复兴。你怎样看待你的上一代汉学"开拓者"？

答：我记得我在罗马大学和意大利中远东研究院学习的时候，伯戴克（L. Petech）教授在罗马大学教授中国历史，兰乔蒂教授在威尼斯大学教授中国文学，柯拉迪尼（P. Corradini）教授在那不勒斯东方大学教授中国历史。他们中的任何一位都对意大利汉学的发展做出了不可磨灭的贡献。

尤其从柯拉迪尼教授和兰乔蒂教授那里，我获益良多。柯拉迪尼教授的历史知识很渊博，他的治学态度对翻译、理解过去和现在的中国都是充满挑战的。我满怀感激地回忆起柯拉迪尼教授曾邀请我去东方大学做过几场演讲，并在我的早期研究中给予我很多帮助。在通过研究员的第一次考核之后，我开始了在东方大学的教学生涯，这样我就得以离开一家薪水丰厚的大型私企，在大学教书了。我也受惠于兰乔蒂教授，他广博的中国文学知识对我最初的研究帮助甚多。

问：你成长于意大利汉学重新崛起的年代，似乎也很符合中国人所讲的"天时、地利、人和"。

答：从某种程度上说，一开始我只不过是个门外汉。我的同事都是柯拉迪尼教授或者兰乔蒂教授的学生，而我与他们所在的大学没有任何直接的关系。

"天时、地利、人和"这句中国古话说得没错，但从我的经历和个性出发，我认为，除了这三点，最重要的是，一个人必须做自己最喜欢的事情，唯有这样才能做到最好，才能更勇敢地克服每个人或多或少都会遇到的困难和挫折。

问：在中国看到的现实，给你留下了怎样的印象？

答：这个问题对我来说很难回答。你问的是某个时期的中国现实，而事实上这种现实正在不断被改写。历史变了，我们也变了。1974年，我第一次来中国，去了北京、西安、上海、苏州、广州。我现在重回中国，再去这些地方，又是另一种面貌了。

我一直在思考，我何以能在这么短的时间之内，就见证了中国翻天覆地的变化，因此我实在无法让自己再回到某一点。这是我现在的学生无从比较的变化，也是他们无从真正理解中国的一个原因。

我的兴趣在于人的天性

问：你在《苏州织造厂：明清两朝间政府干预形成的局限与特色》《帝国晚期的苏州城市社会》等论文中探讨了苏州的城市化过

程，为什么没有继续研究下去，而是转向对文学、情感的研究？现在来回顾，苏州对你而言意味着什么？仅仅是一个过渡吗？

答：我喜欢明清时期的苏州社会，因为它是大都市社会的代表，充满各种各样精致优雅的文化和与众不同的生活理念，从泰州学派到公安派，从东林书院到传教士社区，有很多种不同的社会阶层，从商人到工匠，从贵族到宦官，以及来自中华帝国各处的移民。

在前现代时期，苏州是现代城市化的一个典型，也是像意大利和欧洲的文艺复兴那样抵达了新高度的一个典型。从这一社会历史的角度出发，我开始转向思想史和精神史的研究。这种兴趣的转变与我对自己提出的新问题是一致的。研究苏州与江苏时，我接触了顾炎武、李贽及其他思想家的一些想法，由此注意到，并非只有史学资料才有助于理解时代氛围，很多种其他的资料，比如哲学、文学作品，也可能提供不同的观点。小说是作者的想象力创造的产物，但他们的创造与其他资料一样具有历史性，因为他们描述了时代的经历和环境，折射了作者以及他所处社会的价值观和精神状态。

此外，当我研究中华帝国晚期文化中的道德责任感和原罪的概念时，我深深地被"几"的理论以及"已发之情"和"未发之情"所感动。这也正是我在情感这一角度上对理论和文本产生疑问的开端。

问：你认为蒲松龄在《聊斋志异》中区分了三种人，平常人、被欲望俘虏而堕落的人，以及被痴心激励而成功的智者。为什么会从关注历史现实转向关注人的精神世界？

答：蒲松龄笔下的人物体现了当时人们的种种潜意识。他时常写到梦，这是一个可以自由表达欲望的通道，在这条通道中，醉鬼、狐仙等不同人物的不同特征使我异常感兴趣。我认为这些形象体现了当时人们在儒学传统表象下的潜意识，非常值得深入分析。

最近十年来，我从社会学转入了心理学，研究明清时期人的精神力的问题以及种种隐藏着精神力元素的对象，从而探求那个时代人们的情感和思想通过什么途径被表达出来。当然，我们可以说，人毕竟是人，有很多共同点，但事实上，身处不同的文化环境之下，即便有相同的遭遇，应对也会有全然不同的时刻，因而观念、感受也会全然不同。

事实上，我们学着如何去爱与恨，学着如何去感受，我们都是生成的，而非天生如此。不同的文化使一些神话保持神话的面貌，而我对这些基本的、原初的面貌很有兴趣。

问：在《明清文学作品中的情感、心境词语研究》一书的前言中，你引用了劳埃德（G. E. R. Lloyd）的观点："重新建立某个时代情感生活的目标确是极具魅力，但同时也很艰难。然而，我们别无选择，历史学者无权对此视而不见。"这对于你从情感入手，研究中国的历史、宗教与文学有什么直接的影响？

答：研究历史有很多种方法，可以对事件和现象进行复述，也可以对社会和经济等方面提出质疑。我的兴趣在于人的天性，以及人为了理解自身的内在和外在的真实而创造出的种种象征和概念。在众多的方法中，较为明确的一种就是深入某种文化的精神结构。如何进入这些结构？我认为有两点很重要，一是审慎地观察，二是尝试重构情感和心理状态在当时社会中有代表性的表述方式，而后者意味着理解某一群体所处时代的价值观和无意识的趋势。情感不仅仅是自发和盲目的个体反应，更直接折射了人们应对社会环境和一种文明的方式。因此，这种研究对于理解过去以及现在的理想演变和经济趋势而言，就显得极为重要了。

问：除了学术研究和写作，你还创办并主编了《明清学刊》？

答：这本刊物始创于 1992 年。第一期以意大利语出版，但在学界影响不大，于是从第二期开始至今改为英语。

我们的起点是 14、15 世纪到 20 世纪的中国，关注的不仅是单一的历史或文化问题，而是中国在这一时期各方面的问题，包括物质、意识等，同时，也涉及中国与东亚邻国的交流和关系等。每年出一期，出于资金等原因，仅限于高校交流之用，不作公开发行。

由于我 2007 年赴罗马大学任教，所以今后这本刊物将在那不勒斯东方大学和罗马大学的共同资助下运行，现在正筹备 2007 年版。另外，和中国、日本等国高校的一些项目合作也在考虑中。

采访时间：2007 年

突破史学危机

[美国] 艾尔曼 *

不论是汉学还是宋学名义下的三代典制，都经受着信仰危机。帝国再也没有从这场危机中复兴。向考据学的转向表明，对帝国体制的信任危机，已延伸至明代以来儒家知识分子信奉的价值本身。

一

艾尔曼将手腕上巨大的银色手表摆正，低头确认时间。表盘旋转，阳光被借进空旷的房间。铿锵作响的秒针引导着这场跨越时空的精神旅行，从艾尔曼充满传奇色彩的个人经历开始，落向他致力于寻找与描述的中华帝国晚期的江南学术、科技及科举制度。我

* 艾尔曼（Benjamin A. Elman），1946 年生于德国慕尼黑，1980 年在美国宾夕法尼亚大学东方学系获得博士学位，师从席文（Nathan Sivin）、韩书瑞（Susan Naquin）。曾任加州大学洛杉矶分校中国史教授、中国研究中心主任，普林斯顿大学历史系和东亚系双聘教授、胡应湘汉学讲座教授。主要研究领域为中国思想文化史（1000—1900）、中国科学史（1600—1930）、中国教育史（1600—1900）及中日文化史（1600—1850）等。著作主要包括《从理学到朴学：中华帝国晚期思想与社会变化面面观》《经学、政治和宗族：中华帝国晚期常州今文学派研究》《晚期中华帝国科举文化史》《以他们自己的方式：科学在中国，1550—1900》等，其中，《从理学到朴学》曾被提名"费正清奖"。

们穿越 1960 年代泰国的无边丛林，拜谒中国科技教育的先驱阮元，离开令乾隆皇帝厌倦的马戛尔尼使团以及"作茧自缚"的"李约瑟难题"，最终沿着帝国日落的方向，回到清代学术重镇常州。艾尔曼对中华帝国晚期的多领域考察，令人倍感兴奋。

晚期的中华帝国曾引发汉学家的普遍兴趣，因为相去不算太远，材料也多见。更关键的是，许多历史的谜团淤积于帝国晚期的烟尘里，诸如为什么身处转折期的中国会突然被西方甩在身后，为什么在西方发生的诸多变革没能在中国同步发生……从那些以各种方式穿越中国的西方探险家，到书斋里皓首穷经的学者，各种疑问层出不穷，也从未终止。艾尔曼是其中卓有成就的代表。

成为汉学家之前，艾尔曼曾是美国和平队（The Peace Corps）成员。1968 年，他随世界卫生组织赴泰国施行疟疾根除计划，1971年回国。对于这段与众不同的经历，艾尔曼的解释更富戏剧性。他不想当兵，不愿参加越南战争，又迫切地想到中国，而中美尚未建交，于是选择了离中国较近的泰国。他听说泰国华侨很多，自己肯定有机会继续学说普通话，然而，艾尔曼严肃地回忆，"谁知道他们都说闽南话……"他始终认真地盯着我哭笑不得的表情，保持着冷峻的神态。1980 年代，艾尔曼终于如愿以偿来到中国，每天骑自行车去上海图书馆看书，这引发了我的好奇，便问他："那时候，你和中国人一样骑车上街，很受注目吧？"艾尔曼轻描淡写地回答："没有。他们都以为我是新疆人。"

艾尔曼就是这样，从言谈举止判断，他不像一个情感丰富的人，然而，幽默与睿智却潜伏在他迅疾、平和的话语中，令人猝不及防。从某种程度上说，他的性格与他的学术研究存在共性，以致我暗自揣测，或许性格决定了艾尔曼的选择——当大多数汉学家被中国的亘古诗意召唤，或者留恋于中国光怪陆离的政治与商业社会，艾尔曼却远离它们，转而投身于中华帝国晚期的学术、科技和科举制度这些并不轻松的话题。这些略显枯燥的话题背后蕴藏的爆破力，随时能够摧枯拉朽。

尽管对中国保持着长久的兴趣，艾尔曼的汉学研究起步时间其实很晚，直到三十多岁他才真正踏上汉学之路，在宾夕法尼亚大学攻读东方学博士，师从著名科学史家席文。不过，博士毕业仅仅五年，他就让汉学界大吃一惊，其处女作《从理学到朴学：中华帝国晚期思想与社会变化面面观》获得《亚洲研究学刊》如此评价："中国的思想交流活动从来没有像这本著作这样被探究得如此详尽明晰。"作品出版没多久，便被提名"费正清奖"，尽管艾尔曼的研究思路与他的前辈费正清其实背道而驰。

二

哈佛东亚研究中心的先驱费正清及其弟子列文森（Joseph R. Levenson）开创并主导了第二次世界大战后美国汉学研究的新思潮。他们要求汉学家从故纸堆里抽身出来，关注现代中国，并从政治、经济的角度考察中国的变迁。他们倡导的"冲击－回应模式"和"传统－近代模式"，与欧洲汉学划清泾渭，影响了一个时代的汉学研究方向。然而，从 1970 年代开始，一种新的思路逐渐兴起，并于 1980 年代成为主流，费正清的另一位得意门生孔飞力（Philip A. Kuhn）是其中的代表人物。在柯文（Paul. A. Cohen）的名作《在中国发现历史——中国中心观在美国的兴起》中，这种新思路被总结为"中国中心观"，即以中国人的思考方式考察中国问题，摒弃相对片面的"西方中心观"。柯文特别分析了艾尔曼的《从理学到朴学》，视其为"中国中心观"的又一重要成果。

艾尔曼的研究方法被归纳为"新文史观"，他主张"语境化"（contextualization）的思想史，将思想史置于社会史背景下观察，寻找思想史的现实价值。他满怀踌躇地预言："思想史的研究与政治史、社会史的研究一旦结合起来，中国学术史研究的内容将会是何等的丰满！"

艾尔曼此举是为了应对在后现代主义冲击下发生的史学危机。他曾经从内外两个角度考察这场危机：现代化叙事（modernization narrative）在大肆简化历史，错置时代，遮蔽了那些无关现代的历史现象；而在史学界内部，"史学这个领域其实已经陷入自己的虚矫夸言里头，却又无法在新环境里再造自身"。因此，艾尔曼以儒家经学在 20 世纪的没落为例，提醒学界要有所警觉："当一个学科失去了生气之后会有什么样的命运？"

基于方法论的改进，具体到中国思想史研究，艾尔曼一针见血地指出：此前研究的"中国思想史"通常只是"中国哲学史"，他将致力于打破这一局面。这为他进行时代背景下的个案研究开辟了空间。

三

艾尔曼的研究横跨中华帝国晚期的学术、科举制度及科技，在他的学术框架中，这三个各自独立的领域拥有一脉相承的线索。

《从理学到朴学》出版六年后，艾尔曼又写作了另一本给他带来广泛声誉的著作《经学、政治和宗族：中华帝国晚期常州今文学派研究》。这一次，他从宏观论述转而专注于个案研究，将视线集中在乾嘉考据学的重镇——常州。前贤在这一领域的研究成果已经延续多年，形成巨大的文化敬畏和思维惯性，艾尔曼却发现了思维定势造成的误区："学界忽略时代差异，用考据学在二十世纪产生的结果解释十七、十八世纪儒学著作的主旨。"

因此，艾尔曼强调"以开端代替终结"，历史叙事必须从"康、梁"转向"庄、刘"。乾嘉年间，常州学术显赫一时，庄存与及其外孙刘逢禄促成了今文学派的兴盛，然而，时代转换，庄、刘家族最终成为思想史上的失踪者，消匿于历史深处。艾尔曼不禁发问："谁是庄存与？在接受了魏源和龚自珍代表 19 世纪中国的改革精神之说法的史学家笔下，他通常会在注脚里被提上一笔。谁是刘逢禄？在历史叙述里，他通常只是魏源和龚自珍的老师。"然而，通过深入地考证、回溯历史细节，艾尔曼发现，"庄存与和刘逢禄站在帝国晚期政治世界的舞台中心，相较之下，魏源和龚自珍乃是边缘角色，他们在历史上的重要性大部分源自 20 世纪学者的共识"。艾尔曼因此主张重新认识并确立庄存与和刘逢禄的历史地位，并针对由此引发的连锁反应——"经学、宗族与政治三向互动"逐一作出解答，重新构造帝国晚期的江南，由官学、书院、出版业和藏书楼凝结而成的地缘文化。

此后，艾尔曼将视角转向影响学术发展的科举制度，并于十年后出版《晚期中华帝国科举文化史》，随即又将目光投向那些在科举中落榜的95%的知识分子，他们中的一些人另谋出路，成为科学家。

这种视角的转换促成了 2005 年《以他们自己的方式：科学在中国，1550—1900》的出版。艾尔曼发掘出大量有趣的历史细节，诸如耶稣会士的局限性给中国造成的不良影响。他发现，马戛尔尼使团在觐见乾隆皇帝时，固执地放弃了欧洲科技的新成果，却拿一些在中国早已不新奇的天文仪器给乾隆观看，造成乾隆无法对欧洲产生重视，甚至了无兴趣。

这本书更重要的贡献在于继续坚定地推进"中国中心观"。在艾尔曼看来，"李约瑟难题"已不值得继续大加讨论。"为什么近代科学没有在中国发生？"因为中国存在着与欧洲并行的自身的自然学体系。艾尔曼认为，"我们应当分析的是中国人为何这样，欧洲人为何那样，而不是为什么中国人不能那样"。这正是秉承"中国中心观"作出的回答。而更让艾尔曼感兴趣的是，"中国人以他们自己的方式重构的现代科学、医学和技术，是一个不容忽视的成就"。他更长远地看到，"问题不在于是谁发明了科学，而在于科学普及之后中国人对科学有怎样的兴趣，以及 21 世纪科学高速发展之后，中国、日本、印度是否可能超过欧洲和美国"。

四

摄影师为艾尔曼拍照的间隙，我问了他一个本不会出现在采访中的问题：《经学、政治和宗族》出版已近二十年，你是否还到过常州？艾尔曼再度露出让人猝不及防的笑容，"他们（庄刘家族）刚出了族谱，请我写的序"，虔诚得像在说他自己的家族。

那确实是他的家族，如果没有艾尔曼的发现与大声疾呼，庄、刘家族的荣耀将长久地被深埋在历史深处。人们论及常州学派，只会自觉地引用钱穆在《中国近三百年学术史》中的评价："常州之学乃足以掩胁晚清百年来之风气，而震荡摇撼之"，却无暇思量这句话究竟意味着什么。

生途不永，世事无常，命运苍凉难以言喻。

※

重估"李约瑟之问"

问：你曾提出，在西方发展近代科技的同时，中国实际上也有一套自己的科技体系。

答：那是另外一种体系，应当称之为"自然学的系统"。明清的自然学、格致学、博物学这些并不是现代科学。中国有它的自然学传统，欧洲也有它的自然学传统。18世纪在欧洲兴起的近代科学，是19世纪经由传教士才影响中国的。

问：你似乎并不认同耶稣会士，认为他们对中国的某些影响是负面的。

答：没错，他们有自己的限制，比如哥白尼的看法，传教士就不会说出来。19世纪，传教士到中国，带来很多先进的知识和技术，但出于宗教的关系，他们对达尔文主义持否定态度，写书时就故意改编达尔文的一些观点，加上自己的看法；当然，也有一部分内容是由于中国人不感兴趣或者抗拒，所以才改编的。因此，他们无法把最新的成果公开地告知中国人。

还有一种情况。18世纪时，中国人以为这些传教士是欧洲最著名、最有学问的人，以为这些人可以代表全欧洲的新知识，其实并非如此。事实上，在18世纪的欧洲，宗教传统濒临崩溃，传教士在罗马无法继续传教，才不远万里来到中国。传教士们到中国，本来是对中国有好处的，但最终却带来了不好的影响：一个快要崩溃的集团，这个集团本身又反对欧洲最新的科学和哲学思想，所以，中国要想以此为代表来理解欧洲是不可能成功的。

当然，这种理解的偏差并不是中国人的错。

问：在你研究中国科技之前，西方已经有了比较权威的成果，比如李约瑟的《中国科技史》。

答：李约瑟的贡献很大，他分析了从古代到近代中国包括算学和地理学在内的自然学的发展。但他最根本的态度是有问题的。他关切的是：中国既然有那么多学者和发明，为什么自己没有发展出近代科学？欧洲人为什么成功？中国人为什么失败？我觉得这是不对的。

我们应当分析的是，中国人为何这样，欧洲人为何那样，而不是为什么中国人不能那样。这种态度和中国人在甲午战争之后、"五四运动"以来的态度是一样的：为什么我们没有发展出近代科学？八千多年前，为什么是中东地区的人发展出了农业而其他地方却是落后的……我们现在对这类问题已经失去兴趣。

问题不在于是谁发明了科学，而在于科学普及之后中国人对科学有怎样的兴趣，以及21世纪科学高速发展之后，中国、日本、印度是否可能超过欧洲和美国。现在，中国的学生对科学了解比较多，与之形成鲜明对比的是，美国的学生却了解得比较少。所以，我认为，李约瑟的贡献是很大的，但他有自身的局限，他将很多人的思维导向了为什么中国人是失败的。

现在是时候离开这种态度了，失败和成功已经不是最重要的观点了。

被忽略的 95%

问：你曾在一次演讲中提到，中国的自然学传统更多地讲究一种师承、门派关系，而西方的传统则更侧重于开放性和公共性。

答：中国的科举制度考的是"四书五经"，一般人考上了都会选择做官，考不上的人只能寻找别的出路，比如做医师或者算学家，等等。这种选择的差异决定了在当时的中国，科学家和自然学不是主流，而是二三流的。参加科举考试的人中，95%的人是不成功的；剩下的5%才有可能名垂青史。

我认为，科举制度使我们忽略了那95%的能读能写的人。他们在考试失败之后做什么了？他们做医师，研究自然学，或者写小说，比如蒲松龄这样的人。要注意这些人。而且他们中的大多数还有宗族关系，比如一个算学家，家里很可能有算学的传统。自然学之所以成为二三流的学科，与科举制度是分不开的。

问：我也注意到一个比较奇怪的现象，中国文人很重视立德、立言、立行，但大多数科学家却没能把言行或作品流传下去。尽管中国也有科学类著作，但相对只是少数。

答：你说得对。问题在于我们能看到的书基本都是有名的人写出来的。而在古代，只有有钱有势的宗族、佛庙才有资格印书，一般人是没有权力自己印书的，他们可能只有一些手抄的作品流传下来。始终有一群人是没有发表过作品的，我们看到的书和资料，都是高级的，大部分都是男子写的，很少有女子写的。

当然明清时也很流行女子写诗，我也发现有女子的诗集，但问题始终是，这些集子是谁的？是怎么印出来的？如果宗族中有关系、有权力的话，自然会有能力出版，除了作品，还有族谱之类的出版物，但像这样能印刷出来的，毕竟是少数。历史资料因此成为精英资料。

问：阮元在《畴人传》中提出过要培养"畴人"，他还创办了学海堂，被曼素恩（Susan Mann Jones）和孔飞力描述为"在中国南疆的商业城市里任教所在的一小块飞地（enclave）"。你怎样看待阮元的培养方式？

答：阮元在国子监就已经开始进行算学和天文学方面的教育，也收集了很多资料。他在朝鲜找到了中国早已失传的《算学启蒙》一书，虽然主要内容是天文学的，但也和算学相关。那时，他们虽然没有发展出现代科学，但他们重拾中国的算学传统，找到了很多算学和天文学方面的资料，后来又涉及微分积分，一方面增加了算学家的传统算学知识，另一方面也有利于以后更快地接受欧洲的新方向、新知识。阮元他们的贡献主要体现在这些方面。此外，他的书中还有很多外国人的传，比如牛顿等，这说明他的视野很广泛。

但他有一个观点，我们当然不会同意。他认为"西学中源"。这种说法对不对是另外一个问题，但他通过为这些西方科学家作传，来说明新知识在中国古已有之，只不过后来丢掉了或是渐渐失去了兴趣，所以现在恢复起来很容易，而欧洲之所以在近代发明了科学，并不能说明欧洲比中国好，只能说明欧洲在继续实行被中国丢掉的传统，所以成功也是理所当然的。

在清朝，类似这样的带有政治倾向的看法是很主流的。到了清末，虽然"西学中源说"已经失去效用，但在阮元生活的时代，还是很有用的。

问：你认为，考据学的兴起是知识分子对于他们一贯信奉的价值观的一种怀疑。但是在历史上，知识分子更多是成为政治的附庸，有自身的限制。现在的知识分子究竟应当发挥什么作用？

答：这不是我要解决的问题。以前，知识分子可以通过念书来做官，从而掌握权力。但现在，知识分子如果只在大学教书，不做官，就没有权力。美国学术界也有这样的情况，知识分子影响很大，但在政治方面却没有权力。中国的很多领导人是工科或者商科背景，科学家在现代中国很有权力和影响力，这是中国的一个特色。而美国官员则是法律背景比较多，他们更懂得怎样为一个问题辩护，却不知道问题该如何解决。

问：可以说是各有千秋吧。

答：没错。中国的革命有一些意料之外的结果。中国之前的传统是把知识和政治放在一起，而革命之后却完全改变了，这是一个很有意思的问题。清朝之前，知识分子很有权力，可以通过科举来影响一方，但到了 20 世纪，像鲁迅等人，他们在文学上很有影响，但在政治和法律等领域的影响却是有限的。

　　　　　　　　　　　　　　　　　　采访时间：2007 年

萌动的秩序

[日本] 夫马进 *

不仅在日本，甚至在中国，昔日的善会善堂几乎已经被忘却得一干二净。

一

在遥远而隐秘的往事中跋涉，犹如穿越幽谷采摘灵芝，势必要经历憧憬、迷惘、绝望、狂喜，百感交集。所幸，总会有人不动声色地寻找前路，给予行将沉没的历史以生还的机会。日本汉学家夫马进就是其中典型的行动派。

两年前，我曾去潮汕一带采访，了解善会、善堂在当代的处境。作为由地方士绅创办并维系的慈善组织，善堂自明清发端，在20世纪初曾遍布北京、上海、天津、福建、广东等地，被认为是中国民间扶病救危的典型模式。然而在我们这个时代，善堂已被遗

* 夫马进（Susumu Fuma），1948 年生于日本，毕业于京都大学，京都大学文学研究科教授。长期致力于中国善会善堂史、中国讼师制度、中朝关系等研究领域。主要著作有《中国善会善堂史研究》、《燕行使与通信使》（韩文）等，主编有《燕行录全集日本所藏篇》。其中《中国善会善堂史研究》曾获得日本学术最高奖"日本学士院奖"，同时荣获"恩赐奖"。

忘。出发前，我甚至无从获得多少历史证据，直到找到夫马进的《中国善会善堂史研究》。我用连续几个夜晚阅读这本专业得有些枯燥的大部头著作，一度产生错觉，以为自己在与一位侦探对话。

1979年，夫马进开始关注中国善会善堂时，"悲哀地"看到："到第二次世界大战结束为止日本人对善会善堂进行的观察和研究，在以后并没有成为日本人精神财富的一部分。不仅在日本，甚至在中国，昔日的善会善堂几乎已经被忘却得一干二净。"1982年，夫马进发表了第一篇关于善会善堂的论文，两年后，中国台湾和美国的相关研究才陆续起步，中国大陆则要迟至十七年以后。也正是因为如此，夫马进的研究从一开始就带有极大的不确定性，他能见到的材料非常有限，要将研究推进下去，首先需要尽可能广泛地收集整理素材。这种状况不但没使他沮丧，反而让他愈发兴趣盎然。在中国大陆尚未完全开放的年代，夫马进的足迹已遍及各主要大学、博物馆、图书馆甚至福利院，以及美国、英国、日本的相关机构。他总是善于从看起来全然不相干的事物中获得蛛丝马迹并乐在其中。那些尘封在博物馆、图书馆、福利院里无人打理的历史资料，在他的手中复活了。这正是《中国善会善堂史研究》令人兴奋的地方，从善堂的明朝雏形开始，养济院、同善会、各类育婴堂、普济堂、杭州善举联合体，直至上海的善堂……夫马进不厌其烦地为我们开解历史的谜团，给人们注入重新记忆的勇气。

二

两年后，夫马进坐在我面前，习惯性地抚平西装，摆正领带结。他的谈话总是佐以爽朗的笑声和天真而丰富的表情。窗外隆冬正寒，如果借用旁人形容鲁迅的那个有些陈旧的比喻，室内则"如坐春风"。

夫马进读高中时，被京都大学倍正茂秀教授书写的古老中国吸引，决定投身汉学研究。毕业后，他如愿进入京都大学。这所大学因为在1907年将教授职位破格授予记者内藤湖南，而成就传奇佳话。在内藤湖南的毕生努力下，日本汉学的新传统在此开创，京都大学成为与东京大学并驾齐驱的汉学重镇，影响至今。

夫马进进入京都大学时，日本汉学界对明清时期的中国社会充满兴趣，引起夫马进好奇的则是明清时期的民变。从明代的白莲教到万历十年的杭州民变、明末江南的士变，他逐一梳理个案，发现了下层知识分子和地方精英的历史价值。他此后聚焦善会善堂研究以及讼师制度研究，进行自下而上的考察，其实也正是循着这一基本思路而来。

1979年，夫马进转入善会善堂研究，由关注下层知识分子引发的社会矛盾，转向探讨他们的积极意义。

在我们的对话中，夫马进用了漫长的篇幅讲述他1981年在中国的游历，如果按照他的学术兴趣与习惯来定位，这是一些"具体的事件"。他用并不纯熟的汉语描述那段经历，时常伴随着不由自主的惊叹或笑声。那时他只是一个初出茅庐的年轻人，尚未在汉学界建立声望，然而，我们却能发现，他对自己的工作保持了多大的热情与信心，并且经年未变。他得以成就自我的要素，也因此渐露端倪：注重实地考察的态度、广泛的学术兴趣、强烈的敏感意识、锲而不舍的精神，以及一点运气。

1981 年的中国之行，在"无意"间使夫马进不断受益，也奠定了他的研究基调。次年，他开始陆续发表系列论文，成为全世界第一位集中研究善会善堂的学者。夫马进在日本以中国地方志作为素材，并从中敏锐地察觉到，征信录对于善会善堂研究具有至关重要的意义。征信录即善会、善堂的收支报告书，用以告知施财者每一笔善款的去向，在此之前，研究者们仅仅用它来佐证行会的发展。

此后，夫马进在日本广泛搜集征信录，并于 1983 年到 1984 年再度访问中国。他在中国辗转，每每遭遇峰回路转，总是在刻意寻找的时候大失所望，却又在无意之时直面惊喜。当同行们哀叹历史资料太少时，夫马进已经不动声色地将他找到的大量历史细节公布于世。"我是幸运的。"夫马进怀着感恩之心回顾自己的汉学之路。

漫长的资料收集过程，相应地拉长了研究的时间。夫马进用了十六年才逐步完成《中国善会善堂史研究》的写作，以致后来商务印书馆试图翻译出版这本书的中文版时，连夫马进自己都感到怀疑，他不确定是否有人能够胜任这漫长而琐碎的翻译工作。

《中国善会善堂史研究》为夫马进赢得了日本学术界最高奖"日本学士院奖"，并同时荣获"恩赐奖"。日本学士院在《第八十九回授赏审查要旨》中表彰夫马进的成就："1997 年 2 月京都同朋舍出版的夫马进的这部巨著，对善会善堂这个被人们遗忘了的未开领域的研究意义进行了重新审视，并将研究水准一下子往前提高了几个台阶。"

三

"我是京都学派还是东京学派？我也不知道。"跨学派、跨领域的好奇心成就了夫马进，多维度的兴趣与宽容精神，使他始终保持着学术上的清醒。

夫马进耳濡目染京都学派的研究思路，却又在京都大学做着东京学派更关注的课题。所幸，他得到了更多的鼓励而非质疑。他到东京大学寻找历史资料时，也从未因门户之见而被拒于门外。

在东西方思想的交集中，夫马进清醒地界定自身的位置，博采众长而不失之偏颇。他研究善会善堂伊始，受到从 1970 年代开始蔓延日本的"乡绅支配论"影响：日本汉学前辈重田德认为，乡绅独霸一方，主导着明清时代中国社会的走向。夫马进曾试图用这一理论来贯穿善会善堂研究，然而在分析杭州善举联合体时，他发现"国家"与"社会"的关系其实异常复杂，行政事务和公共事业存在千丝万缕的微妙关联。杭州善举联合体由当地颇有声望的乡绅们主持，但他们时常需要将个人财产贡献出来，填补善会的亏空，以致后来无人愿意担任董事。善举最终竟变成徭役，被政府强行分摊到乡绅身上，乡绅完全是被动的。夫马进据此回溯历史，清初以来的奏销案、哭庙案等一系列打击，使江南士绅无意再与官方产生纠葛，他们对地方的影响力逐渐减弱，更毋庸说"支配"。

哈贝马斯的公共领域学说也曾动摇过夫马进的思路。出于广泛的学术兴趣，夫马进参加了野村雅一主持的共同研究班，得以深入阅读哈贝马斯的名作《公共领域的结构转型》。这次经历，让长期浸淫于中国传统社会研究的夫马进大感庆幸："在当时只有中国史研究者的研究会上，绝对不会提及哈贝马斯的名字。"他意识到，哈贝马斯的观点将对自己的善会善堂研究有所裨益。不过，将自己要探讨的问题具体化之后，夫马进又发现，"公共领域"和"市民的公共性"这种原产于欧洲的模式，并不符合中国的历史语境，"如果采用在中国前近代中寻找'公共领域'和'市民的公共性'模式的研究方法的话，最终无疑会与寻找'资本主义萌芽'的研究方法一样，走入死胡同"。

正是出于一种学术的警觉，夫马进对"乡绅支配论"和"公共领域论"都有所借鉴，但最终并未陷入它们的框架。他没有尊崇"拿来主义"的信条，保持着学术领域开拓者的尊严，自然也承受着随之而来的沉重压力。他向我们集中呈现了中国的法制及慈善制度如何逐步完善，一个古老的国度如何揭开现代化的序幕。

其实，夫马进之于中国的意义又何止于此？

※

我对下层知识分子更感兴趣

问：为什么你的中国研究是从民变起步的？

答：我开始研究中国的时候，中国人的生活以及普通百姓怎样看待社会和政治，是日本学界很感兴趣的问题，我也不例外。所以，我最初的研究与民变有关，第一次写的是《明代的白莲教》，第二个研究主题是万历十年的杭州民变。

问：有没有关注义和团？

答：这倒没有研究过。我年轻的时候，日本学界比较重视中国的明末和清末，我也一样。那真的是很有意思的时代，可以折射出很多有趣又值得深入探讨的问题。

此后，我研究的还是相关的主题，关于明末反对地方官的士变，特别是江南地区的士与地方官的矛盾。我渐渐对下层知识分子的生活和活动产生兴趣，所以才会转而研究善会这样的有大量下层知识分子和地方精英参与的机构。

问：你的第二个课题是万历十年，有一位美籍华裔学者黄仁宇写过《万历十五年》。

答：这本书我知道。不过，就我个人而言，我更喜欢具体的事件，我的研究都是根据某一个具体的事件阐发出去的。

意外的好运

问：你研究中国的善会善堂，到中国的很多地方寻访过。能否谈谈其中的"具体的事件"？

答：1981年，日本组织了一个到中国的考察团，由美术和考古方面的学者组成，对我最有吸引力的是，有机会到南京图书馆查阅材料。我虽然不是研究美术和考古的，但还是设法参加了。

没想到，我在苏州有了大发现。旅行社的人员专程陪我参观虎丘东边的"五人墓"。明末天启年间，苏州发生了一次暴动，五人就义，虽然他们是普通百姓，但他们对地方有责任感，就为他们立碑纪念，张溥还写了《五人墓碑记》。我翻译过相关的资料，很想去看一下。在那里，我竟意外地看到了苏州社会福利院，因为我研究过苏州的普济堂，所以也想去看看。

我们就走过一条小石径，那天下着雨，我低头看到石头上居然刻着字，哎呀，有字。有的是乾隆年间的，有的是道光年间的，非常有意思。

我们告诉老人们，为什么会来到这里。一位老人跟我说，如果我需要，他可以给我看普济堂的石刻的拓碑。我一看，是康熙年间的，非常吃惊，问他可否照相，他爽快地同意了。那时候，作为所谓的学者（笑），我的确非常感动。

回国后，我不知道是否可以将它发表出来。因为在日本，必须征得收藏家同意才能发表。但那个拓碑实在很珍贵，当时没有同类资料，我想，如果我不加以介绍，拓碑可能会失传，那就是我的责任了。所以，我没有征得收藏家同意就在我的书中发表了。

1995年，我又去拜访苏州社会福利院，发现那里已经有展览馆，十四年前我看到的那个拓碑也收藏在内，并且有照片。我就放心了。

问：真的很巧。

答：是啊。1981年那次还有更巧更有意思的事。我们从苏州到上海，考古学和美术学的学者要去上海博物馆参观。我对考古学和美术学都不了解，但我也想去。一位工作人员介绍了各类藏品，我却偶然想到一件东西——征信录——就是记录大家出于什么目的为善会捐款，也是为了避免善会私用善款的公开证明。

　　我研究善会善堂时，利用中国的地方志搜索资料，经常看到引用征信录的记录。在日本时，我在东京大学收集了一些征信录——我所在的京都大学没有，两所大学的研究方向不同。可我还是不满足，所以在上海博物馆，我就问工作人员：有没有征信录？他回答：征信录？太多了！实在太多了！怎么办才好？原来，战前上海市通志馆为了研究上海历史，收集了大量征信录。后来它们都保留在上海博物馆，而不是在上海图书馆。真是偶然啊，我的好运！我也是当时唯一对中国征信录感兴趣的人吧！偶然，偶然！

　　问：这也是那些征信录的幸运吧，它们的历史价值被你发掘出来。

　　答：没有人会对这些有兴趣吧。真是偶然。当时我就决定一定要再来中国寻找征信录。1983 年，我作为日本学术振兴会的访问学者在中国待了十个月，特意赶到合肥、南京、厦门、福州、广州等地到处寻找。我曾希望能找到中山大学在第二次世界大战前保存的一些征信录。可是，接下来我要说的，可能不礼貌吧，第二次世界大战时，中山大学图书馆受到日军攻击，资料全部毁掉了。

　　问：一份也没找到？

　　答：唉，是的。在广州，我没能发现有用的资料，于是回到上海，每天去上海博物馆。工作人员说，就算是中国人，也没有来得这么频繁的，每天又待这么久。如果没有那些资料，我想我不可能写出《中国善会善堂史》这本书。

我不知道自己更倾向于哪个学派

问：日本前辈学者重田德认为，是地方精英在支配着中国地方社会的发展。

答：对。乡绅在历史上的贡献，是当时日本学界在明清研究方面比较重视的问题。一般研究明清的学者，对地方乡绅的评价非常低，认为他们无恶不作。

但根据史料，我认为乡绅中有很多有趣的人，部分乡绅对地方的贡献也比较大。这可能也是后来我对善会善堂的活动感兴趣的一个原因。

问：你在《中国善会善堂史》中提到像苏州的普济堂和杭州善举联合体这些组织，经历了从私办到官办的过程，善举最后甚至变成一种徭役被强行推行下去，分摊给乡绅承担。

答：这可能是中国历史的一个特点。十几年前，欧洲历史学界很流行哈贝马斯的公共空间理论。我个人认为，在中国极有特色的历史时期，政府力量很强大，这与欧洲的近代市民社会是很不一样的。

问：潮汕地区如今还存在一些善堂，但我在采访时发现，善堂的力量很有限，而且也曾因为经济问题等原因被取缔过。善堂这种形式，在现代社会中，究竟有没有存在的必要？

答：社会福利的问题，可能将来也无法完全解决。就像日本，政府的社会福利拨款越来越少，尽管从历史的角度而言，现在可能是日本最富裕的时期；但同时，平民百姓或者富人的捐款总是有限的。

欧美和日本的情况跟中国不同。不过从中国的历史来看，还是需要政府的力量。政府和公众的力量应当联合起来。

问：《中国善会善堂史》已经问世多年，如今研究对象有了新发展和新特点，你还会进一步研究下去吗？

答：最近中国慈善机构的发展我不是很清楚，好像已经有几位学者，例如湖南大学的一些教授，开始了这样的研究，我自己没有新的研究。结束那本书之后，我不得不投身于其他题目。因为京都大学有个改造进度，我所在的系计划进行朝鲜史的讲座，而遗憾的是，我无法找到合适的专家来完成讲座，所以我自己不得不成为这个领域的学者。我年轻时对朝鲜燕行使团很感兴趣，一度想做这个题目，趁此机会，就开始研究朝鲜和中国的交流史。所以，我也不再有时间继续深入善会善堂的研究了。

问：你刚才提到你所在的京都大学与东京大学之间的区别，而京都学派和东京学派也一直是学界关注的话题。身处其中，你觉得不同的学术传统对你有过怎样的影响？

答：很难回答的一个问题。我的看法正确与否，我自己也不知道。

我觉得，内藤湖南先生很重视中国的文化和学术，他们对社会科学方面兴趣不大，在这方面东京大学更好一些。所以我是京都学派还是东京学派，我也不知道。我受到京都大学很多优秀学者的影响，但我做的研究却是京都大学的先生们没有做过的。

　　我研究善会善堂时，京都大学没有我需要的资料，而东京大学有。第二次世界大战前，东京大学法学部的先生们和过去在上海的东亚同文书院的教授们对中国的行会很感兴趣，他们的研究资料就包括征信录。他们一发现征信录就马上买来，共同收集了很多资料。

　　所以，如果没有京都大学的先生们，就没有我的研究；而如果没有东京大学的资料，也没有我的研究。我觉得应该要这样：一是保持过去的传统，二是突破传统。我也不知道自己到底更倾向于哪个学派。

采访时间：2007 年

每当中国变幻时

[瑞典] 罗多弼 *

戴震表现出一种知识主义的倾向。他认为，任何人只要有能力，是可以寻找真理的。他非常关心的一个问题，就是真理的标准。

一

罗多弼依然记得半个多世纪以前的那场冥冥中的相遇。

那时他只有十四岁，还是一名中学生。他在电视上看到对瑞典汉学名宿高本汉（Klas Bernhard Johannes Karlgren）的访谈。这个优雅从容的老人让罗多弼心生向往，令他倾慕的并不是高本汉的学识或者地位，而是他冒险家般传奇的经历。

1910 年，高本汉乘坐货轮从瑞典起航，前往中国，陪伴他的，是船上满载的一千公斤炸药。登陆后，他骑着毛驴，向中国的北方内陆进发，当时他只学过两个月汉语，用蹩脚的语言和手势与农民们交

---

* 罗多弼（Torbjorn Loden），1947 年生于瑞典，1980 年在斯德哥尔摩大学获得汉学博士学位，后担任斯德哥尔摩大学汉学系主任、中国语言与文化教授，斯德哥尔摩大学亚太研究中心执行主席，欧洲研究中国协会常务副会长。

往。在辛亥革命的战火中，他装扮成书生，调查、搜集中国各地的方言信息，在中国的两年间，他考察了二十四种方言（后来增加到三十三种）。他对中国社会的报道，也频繁地出现在瑞典的《新闻日报》上。

高本汉的传奇人生，激活了罗多弼对中国的想象。1963 年，罗多弼作为瑞典学生代表团的一员，造访美国，与美国总统约翰·肯尼迪的弟弟罗伯特·肯尼迪见面。他当面问肯尼迪：美国和中国是世界上的两个大国，为什么两个大国之间不能建立外交关系？肯尼迪告诉他，只有联合国承认的国家，美国才会与其建交。罗多弼并不满意这个答案，他决定亲身寻找中国变革的真相。

1968 年，学生运动横扫欧洲，罗多弼和许多热血青年一样，迷恋着毛泽东。他们相信，从《毛泽东选集》中，能够找到正在西方世界退潮的自由、平等与民主。罗多弼也终于如愿与高本汉建立起冥冥中的关联，他考入斯德哥尔摩大学，拜在高本汉的学生马悦然（Goran Malmqvist）门下。

不过，对于老师马悦然的思想，这些激进的年轻人并不总是服膺。马悦然要讲《左传》，学生们集体反对，他们觉得《红旗》杂志将更有助于他们了解中国。

二

从高本汉到马悦然，再到罗多弼，三代瑞典汉学家勾勒出瑞典汉学发展的潜在线索，他们也见证了中国的三次重大变革。

1910 年代，高本汉根据在中国考察方言的收获，结合古代韵书、韵图，并参考日本、越南、朝鲜等国家对汉语的借鉴，重构了以唐代长安方言为基础的中古汉语语音系统。此后，他前往巴黎，师从著名汉学家沙畹（Edouard Chavannes）。他的《中国音韵学研究》成为语言研究史上里程碑式的作品。1919 年，钱玄同亲自抄录、油印了其中的一部分，在北京大学讲授。1925 年，赵元任执教清华研究院，也曾宣讲高本汉的学说。1940 年，经过胡适、傅斯年极力促成，这部作品由赵元任、罗常培、李方桂等人翻译成中文出版。

那是瑞典汉学的黄金时代。尽管早在 18 世纪的六十多年里，东印度公司的三十七艘船就往返于中国广州与瑞典哥德堡之间，大批中国的丝绸、瓷器和茶叶从码头登岸，源源不断地流入瑞典的街巷和王宫，人们对中国的兴趣也与日俱增，然而汉学真正在瑞典开花结果，则要等到斯文·赫定（Sven Anders Hedin）、安特生（Johan Gunnar Andersson）、喜仁龙（Osvald Sirén）和高本汉这些大师的集体崛起。

高本汉首先在乌普萨拉大学担任汉学讲师，1694 年，洛克纳奥斯（Jonas Locnaeus）曾在这里写出瑞典历史上第一篇关于中国的学术文章——《万里长城》。此后，高本汉主持哥德堡大学汉学系，并出任校长，他还担任远东文物博物馆馆长、瑞典皇家人文科学院院长、斯德哥尔摩大学教授。他在训诂、考古、历史、美学等领域，都颇有建树，晚年依然笔耕不辍。在马悦然的记忆里，1954 年，高本汉过六十五岁生日，远东博物馆把他发表在馆刊上的文章结集出版，高本汉拿到书，激动地大喊："真他妈的，我多么勤奋哪！"

成为高本汉的学生，对马悦然来说，有些阴差阳错。马悦然最初的理想是做个教拉丁文和希腊文的高中老师。读了林语堂用英文写的《生活的艺术》，他对中国的道家产生了兴趣，找来英文、德文、法文版的《道德经》，却发现三种译本相差很大。他去斯德哥尔摩大学向高本汉请教，竟在高本汉的劝说下转了行。在斯德哥尔摩的最初几周，日子过得异常艰苦，马悦然一直记得，自己"在中央火车站大厅长椅上，在公园里和四路环行电车上度过很多夜晚，甚至在斯图列广场，那里有适合人躺着的长椅子"。

高本汉见证了辛亥革命，马悦然则见证了中国在1949年的剧变。当时，马悦然还在四川一带研究方言。因为高本汉调查中国方言的区域主要在北方，马悦然便到了南方。他给自己起的第一个中文名字，叫"马可汗"，不过，"可汗"的寓意太沉重，听了中国老乡的建议，他才改成"马悦然"。马悦然在峨眉山下的寺庙里住了八个月，后来又辗转到塔尔寺，见到了十世班禅额尔德尼。根据这次语言调查所作的《中国西部语音研究》，成为马悦然继承老师衣钵的重要著作。

1950年5月9日，瑞典与中国建交，成为第一个与中国建交的西方国家。六年后，马悦然重返中国，出任瑞典驻华大使馆文化专员，他和老舍、艾青、冯至成为好友。

高本汉荣休后，马悦然离开澳大利亚国立大学汉学系，回到瑞典，创办斯德哥尔摩大学汉学系，此后又出任瑞典文学、历史和文物研究院副院长，亚洲学院院长。他没有沿着语言训诂的路一直走下去，而是把兴趣转向了文学和翻译。他广泛地翻译乐府、唐诗、宋词、散曲，以及《水浒传》和《西游记》。作为诺贝尔文学奖评委，他还将大量中国作家和现代文学作品引介到西方。

三

1970 年，在马悦然的帮助下，罗多弼前往香港，到新亚书院进修。8 月，他坐火车北上，第一次抵达了高本汉和马悦然曾经盘桓数年的北京。那时的北京，正被政治风暴席卷，而在罗多弼的记忆里，一切却无比平静，他依然对这个国家怀抱着理想化的想象。这个能说中文的瑞典人，也很快获得了中国人的好感，他们争相向他背诵《毛主席语录》，而当他们知道罗多弼竟然读过《毛泽东选集》时，对他的热情更是与日俱增。

1976 年 9 月 9 日，毛泽东去世。第二天，罗多弼离开中国。他只有二十九岁，中国的生活打碎了他的想象，也加剧了他的迷惘。

回到瑞典后，罗多弼决定探索中国变迁的原因。他继续学业，在斯德哥尔摩大学获得博士学位。他将视野投向 1920 年代的中国，阅读陈独秀和李大钊的文章，翻阅大量民国时期的杂志，试图理清 1920 年代末的文学论争与新文化运动之间的关系。从《新青年》创刊到左联成立，十五年间此起彼伏的论战，被罗多弼纳入中国文化传统流变和国际无产阶级运动革命文学这两个坐标系中考察，他用《1928—1929 年中国无产阶级文学的争论》来解读那场从文学到社会的变革。

这些答案依然不能让罗多弼感到满意。他发现，只有往更远方追溯，才能更深入地发现中国文化变迁的内在原因。他继而对清代思想产生了浓厚的兴趣，转向研究清代思想家戴震。他把戴震的《孟子字义疏证》译成英文，并发表了一系列关于戴震与儒家思想的论文。1990 年，罗多弼继任斯德哥尔摩大学汉学系教授，并担任东亚语言学院院长。他没有像高本汉那样执着于中国古代，也没有像马悦然那样走向文学，而是始终站在当下立场来关注中国思想的变迁，分析中国的历史与现实，希望从传统中找到有益于当代的精神给养。

作为汉学家，全球化的时代让罗多弼感同身受。几十年间，他身处两种文化之间。《圣经》与《孟子》，康德与戴震，都成为前行的力量，跨文化的探索，使他乐此不疲。

※

拥有"狐狸"视角的"刺猬"

问：你对戴震有过深入的研究。余英时曾在《论戴震和章学诚》中，借用以赛亚·柏林的观点，用狐狸和刺猬来形容戴震和章学诚。他认为，章学诚是典型的刺猬，"东原则以'刺猬'而深具'狐狸'的本领，而且一开始便被'狐狸'误认作同类，成为群狐之首……不过，通东原一生论学的见解观之，则东原虽偶有与'狐狸'敷衍妥协之处，而最后并没有丧失他自己的'刺猬'立场"。

答：我很早就读过余英时先生的这本书，从他的书中学到了不少东西。他强调戴震和章学诚的价值，戴震认为需要从训诂出发，章学诚则主张"六经皆史"。我觉得这是两个人性格的问题，他们选择了两种视角和态度，对这两种方法，我都完全赞成。

我觉得，狐狸和刺猬是很好的起点。戴震对哲学和人生观有很大的兴趣，但他的研究核心，应该还是以"小学"为中心。

问：从前中国有很多"狐狸"，所谓的通儒大家，现在学科专业化分类越来越细，已经是"刺猬"的时代了吧。你怎么看其中的利弊？

答：如果要作判断的话，这个问题非常复杂，其中有许多问题需要区分，需要写文章来论证。简单地说，我们需要"刺猬"，专业化当然是需要的，不过我更愿意看到的是，虽然是一只"刺猬"，但也可以采取"狐狸"的视角。我觉得，"狐狸"是可以用来补充"刺猬"的。

如果我们回顾中国从清末到民国的汉学思潮的发展，我会觉得他们有些过分专业化，太像"刺猬"了。而如果笼统地回顾儒家的传统，是以"大学"为主，我当然不会觉得完全好，而且其中有一种我不太喜欢的道德主义。我还是认为道德需要以知识为基础，才能成为比较可靠的道德。

问：你翻译了戴震的《孟子字义疏证》，你怎么看待戴震和孟子的关系？

答：戴震的《孟子字义疏证》，是在他去世以后才出版问世的，是他晚年的作品。他主要的精力还是放在"小学"上，比如研究《水经注》。

戴震的伦理思想、哲学思想里面有一个根本的东西，他认为人有一种善的本能。当然，他同时也强调，为了发扬这个本能，更需要学习。

我认为，戴震哲学思想的核心是他把孟子的"四端"学说（"恻隐之心，仁之端也；羞恶之心，义之端也；辞让之心，礼之端也；是非之心，智之端也"）发扬光大。

很多中国学者比较感兴趣的问题是，戴震这样追捧孟子，到底是真还是假？是否戴震在心里更喜欢荀子？

这方面我有一个想法，是一个不太成熟的想法。我觉得，荀子的知识主义的味道更浓一些，也许戴震对荀子的评价很高，他不提到荀子有可能是因为意识形态的原因。

问：一些学者评价孟子时，用了"革命性"这个词；而胡适在《戴东原的哲学》里也用"根本革命"来形容戴震。

答：这之间应该有关系，但是不是这样紧密，还有待考证。我觉得，戴震的思想也取决于 18 世纪清朝的一些情况：一方面是统治的专制，另一方面，也和当年中国的经济发展有关系，戴震的家乡徽州地区有很多徽商。

我是西方人，我不太喜欢用"革命"这个词来描述。中国人可以，《周易》里就有这个词。但西方意义上的革命（revolution），其实是一个更狭义的概念，是用暴力来推翻政权的思想。

问：可能用"挑战"（Challenge）更合适。

答：是。而且我也觉得，戴震表现出一种知识主义的倾向，他认为，任何人只要有能力，是可以寻找真理的。他非常关心的一个问题，就是真理的标准。他体验他周围的社会，他回溯中国的历史，更愿意把真理变成一个客观的东西。

如果用"革命"或者"改革"的概念来讲的话，比戴震更早的黄宗羲，可能一样地积极，但是他的哲学不一样。

问：黄宗羲甚至提出"学校"的概念，类似于西方的议会。

答：对。如果我们回溯思想史的发展，从宋明理学一直到戴震，会发现，同样的思想在政治上可能会起到非常不同的作用，而不同的思想有时又可以起到相似的作用。

从哲学的角度来看，王阳明的心学和戴震的思想可能是极端矛盾的，戴震更希望从外在世界找到标准。如果把"客观主义"和"主观主义"这两个概念用在他们身上，可能不一定很合适。不过，戴震走的确实像"客观主义"的路，而王阳明走的则是"主观主义"的路。但是，两派的动机和目的，又有很多相似之处。他们都愿意摆脱政权的束缚，让真理不至沦为当权者的特权。

系统内部的摇摆

问：很多人认为，中国的文化和艺术在宋代达到巅峰。李约瑟觉得科技领域也是如此。宋代以后，中国文化似乎在走下坡路，这和宋明理学有关系吗？

答：我觉得有关系。据我所理解的朱熹，他与自然科学可能没有很明确的矛盾。不过，明清时期的中国社会，宋明理学与科学精神之间可能是有矛盾的。因为宋明理学的教条主义色彩很浓，不鼓励独立思考。在这个体系里面，人们需要的所有重要思想都可以找到，不需要再从这个体系外面寻找什么。学者、文人的任务并不在于发现新的东西，而在于发展那些在经书里已经有的潜在的想法。

问：这和文艺复兴以前的欧洲中世纪，是否有一定的相似之处？

答：我觉得不是一点点，而是非常相似。很多人觉得，中国的传统和西方很不一样，因为他们是在拿欧洲文艺复兴以后的文化和中国文化进行比较，但如果我们回到文艺复兴或者启蒙运动以前，就会发现，欧洲文化和中国文化有很多相似性。

问：但欧洲是宗教，中国是理学。

答：这当然是一个区别。不过，天主教的思想体系其实也是一个正统，神学同样强调其中什么都有，不需要再向外部寻找答案。这和中国很相似。

问：我想到梁启超在《中国学术思想变迁之大势》里这样评价清代学术："此二百余年间总可命为中国之'文艺复兴'时代。"

答：有一些相似。不过，中国和欧洲当时的情况还不一样。中国是一个统一的国家，一切都在一个体系里，在一种意识形态控制之下，而欧洲早就分裂成很多小国，有教会，也有各种政权。

问：民国时期，顾颉刚等人把崔述的地位抬得很高，疑古思潮风靡一时。

答：到了顾颉刚的时候，中华帝国已经瓦解了，20世纪初，辛亥革命后，没有一个新的集权形成。他们当时也在改良，他们很乐观，作出了很大的贡献。

我非常佩服他的科学的精神，虽然后来因为一些新的考古发掘成果的出现，发现他原来的一些观点需要重写，但这不能怪他。他的精神、他的科学态度都非常好。

问：疑古学派内部也有很多变化。

答：摇摆，这在 20 世纪初很流行，也很普遍。他们有一些相似之处，但每个人也不同。有的人以批判精神为主，但也有的人更多地在考虑建设的问题。而像胡适，他两方面都有考虑，现在我们回过头来看，他否定得可能激烈了一些，但他也在不断地进行建设。

采访时间：2012 年

走出"空山"

[德国] 顾彬 *

我们可以这样来解释 20 世纪的中国。1911 年帝国的灭亡和古典教育传统的破裂导致了"整体性的丧失"。这不仅取消了个体皈依整体的可能，也取消了外在因素融入个体内在和谐的可能。

一

1968 年，欧洲的年轻人还在"五月风暴"中奔波，二十三岁的德国大学生顾彬却将目光投向遥远的中国。几个月前，他在明斯特大学图书馆捧读庞德翻译的《黄鹤楼送孟浩然之广陵》，不忍释手。如果不是邂逅李白，新教徒顾彬原本可以按部就班地修完神学学位，遵循最初的人生规划，成为一名牧师，像他的精神导师马丁·路德那样去为人类引导光明的通途。

---

* 顾彬（Wolfgang Kubin），1945 年生于德国。汉学家、诗人、翻译家。从 1966 年起学习神学，之后转入汉学研究，兼修哲学、日耳曼学及日本学，1973 年获博士学位，1981 年获教授资格。自 1995 年起，担任波恩大学汉学系主任教授。以中国古典文学、中国现当代文学和中国思想史为主要研究领域。主编德文版十卷本《中国文学史》。主要作品和译著有《空山——中国文学中自然观之发展》（中译本为《中国文人的自然观》）、《中国诗歌史》、《二十世纪中国文学史》、《鲁迅选集》（六卷本）等。

顾彬最终放弃已经学了两年的神学专业，改读汉学。汉学在当时的德国过于冷门，每位老师只带一两名学生，根本不容许人才流失。顾彬发现，这或许是一条难以回头的路，即便有朝一日自己想逃离汉学圈，也会被导师立刻找回来。

次年，顾彬完成了第一次寻找"中国"的旅行。他选择日本作为目的地，因为"那里还保留着唐朝的中国"。日本没有让他失望，顾彬说，在日本，"到处能够找到我的——应该加上这个'我的'——唐朝的中国"。日本之行愈发坚定了他的决心。

然而，中国却远比他想象的丰富而复杂。各种突如其来的意象，很快让他无从辨认，哪个才是真正的中国。在明斯特大学的办公室，顾彬看到老师记在草稿本上的两行诗："凿破苍苔地，偷他一片天。"它们来自另一位中国诗人杜牧。《盆池》对语言的掌控能力激起顾彬的兴趣，他惊喜地发现，自己找到了博士学位论文的研究对象。然而，诗意的中国之外，还存在着一个更加神秘的现实中国：录音磁带里反复讲述着的中国的革命和领袖，陪伴着准备汉语分级考试的顾彬。不久，他又陷入另一种对中国形象的揣测，西德广播电台播放了鲁迅的杂文，鲁迅笔下的中国……它们一道催生着他的好奇心：李白、杜牧、革命与领袖、鲁迅……究竟谁能代表中国？

1974年，顾彬终于踏上中国的土地，在北京语言学院（今北京语言大学）进修汉学。"文革"还在进行，他看不到完整的中国。他被邀请参观工厂，却去不了想去的文化场所，想象被迫停留在从前。他原本计划在中国待两年，但为了照顾家中年幼的孩子，不得不提前一年回到德国。1974年的中国没有给顾彬留下什么，除了北京语言学院的老师给他起的、他将使用一生的中文名字——顾彬。

中国逐步开放后，顾彬又萌动了远游的念头。为了应付烦琐的签证程序，解决昂贵的机票问题，从 1978 年到 1985 年，他以导游身份每年往返中国两次，这种"曲线救国"的方法使他得以比大多数汉学家更多地了解并融入中国。三十年后，在香港城市大学一角简陋的咖啡桌前，顾彬向我回顾那段往复奔波而又无比美好的时光，言谈中大量的儿化音，便是频繁的中国旅行在他生命中留下的烙印。

1981 年，顾彬凭借论文《空山：中国文学中自然观之发展》，在柏林自由大学获得汉学教授资格。此后，他作为文化活动家的天赋彰显无遗。他多次主持关于中国文学的国际学术讨论会，邀请王蒙、张洁等中国作家赴德国交流。作为西柏林地平线艺术节的学术顾问，他让德国人第一次看到四川川剧团的演出。他重译并重新评价了茅盾的《子夜》，组织翻译《鲁迅全集》，将北岛、顾城、翟永明、欧阳江河、张枣等新诗人引介到德国。他主持着当时世界上规模最大的中国文学史写作，并亲手撰写其中的重要篇章，而多重学科背景使他对分类有着敏锐的直觉，这也成为这部文学史的一大特色与潜在价值。

在中国不同的转折年代，顾彬和他的汉学同道始终受到相同的告诫："请以我们的方式来理解中国。"来自中国人的这个要求，激发了他审慎与批判的眼光，他从对中国抒情观、自然观的探索，转向对中国现实的关注。

二

作为"波恩学派"的旗帜人物，顾彬始终置身风口浪尖。二十年前，他接替德国汉学先驱陶德文（Rolf Trauzettel）成为波恩大学汉学系主任教授。他在《波恩汇报》上将陶德文及其弟子梅勒（Hans-Georg Moeller）、奎林（Michael Quirin）等归为"波恩学派"，刻画出与如日中天的"美国学派"迥异的学术立场。波鸿大学的罗哲海（Heiner Roetz）教授则预言，作为"陶德文后卫军中的黑格尔信徒"，顾彬也将属于这个学派。

预言最终成为现实，顾彬代表"波恩学派"陷入持续多年的与"美国学派"的恩怨之中。时至今日，他依然无法掩饰对"美国学派"治学方式的质疑。在我们的交谈中，"美国学派"如预期中那样引来顾彬疾风骤雨般的批评，我第一次感到完全插不进话。他的观点在几年前已经通过《略论波恩学派》集中呈现，他在批判一些美国汉学家时说："谁能证明在欧洲还没有阐释学的时候，中国已经出现了阐释学，谁就是一个'好'汉学家。而'好'汉学家原来应该以中国为起点，重写整个世界的人类思想史。"

顾彬的激动颇有渊源。1988年的"儒学与中国现代化"学术会议后，争执便愈演愈烈，顾彬的报告引起轩然大波，一位美国汉学家称这个报告"得要把利刃"（needs a sharp knife）。从此，顾彬和他的同道习惯了在演讲时被盛怒的听众打断，德意志科研联合会的代表也屡次劝他不要再继续使用"波恩学派"这个名字，而他始终不肯屈服。

"波恩学派"被指摘的焦点集中于两方面：由于强调文明间的

差异，其被指责为欧洲中心主义；同样遭到诟病的还有波恩学派的宗教背景——陶德文和顾彬是新教徒，奎林是天主教徒，他们的汉学研究或多或少都带有宗教痕迹，甚至顾彬在翻译杜甫诗歌后想要创造"新的德文"的尝试，也可能是在向马丁·路德翻译《圣经》时创造了德文这段历史致敬。

顾彬把这场争辩看作"美国汉学与欧洲汉学决斗"。然而二十年后，他沮丧地发现，"波恩学派"或许失败了。虽然也有一部分美国汉学家像欧洲人那样思考，但是更多的德国汉学家却改变了思路。顾彬认为，造成这种状况的原因在于，德国的拉丁文、古希腊文及希伯来文教学减少，历史意识衰微，神学意识也随之失落。这实际上也完成了他对"波恩学派"的自辩："他们反对那种在一切文化中寻找相同东西的普遍主义思想"，"他们坚定不移地证明中国有自己独特的思想"，"他们区分中国与欧洲，是想让每一方都拥有并保留自己的东西……对于'波恩学派'来说，只有这样才能从中国本身去了解中国，而不是按照西方的模式来了解中国的经典"。

无论如何，顾彬继承了"波恩学派"的传统，并将之发扬光大。在一个举世喧哗的时代，他以执着的勇气挑战主流，汉学由此获得了更丰富的表达。这或许正是顾彬之于时代的意义之一。

三

顾彬的性格反映的未尝不是德国汉学家的集体宿命，严酷的现实磨砺出他们桀骜的气质。德国汉学自诞生伊始，就不得不在学术研究之外，分担大量精力来应对政治、经济及社会的变革与需求。

汉学家们恪守知识的尊严，却又要为了保证汉学的存在而心有旁骛，不胜其扰。

德国汉学的命运似乎在最初便被诅咒。1816年，威廉三世国王重建波恩大学，特地预留了一个汉学教授的职位，它是专为东方学家海因里希·尤利乌斯·克拉普罗特（Heinrich Julius Klaproth）而设。然而，当时的法兰西学术声势显赫，远在巴黎的克拉普罗特拒绝了祖国的召唤。

德国的汉学教授职位从此空缺长达九十三年。1909年，汉堡殖民研究所才设立了德国历史上第一个汉学正教授席位，由福兰阁（Otto Franke）担任。然而，置身于这个繁华的海港与商贸城市，福兰阁深知，对财富的迷恋、对安逸生活的向往，才是汉堡人的生活重心。在这个"充满铜臭气的城市"，承担着创始使命的福兰阁在给朋友的信中自嘲："这个新的教授首先应该做的，不过是为了所谓实用的目标，那就是专业的汉学家给几个年轻的商人教一点汉语的基础知识，然后在课程设置上提供一些通俗讲座而已。"不过，他还是态度强硬地将汉学系命名为"中国语言文化系"，以示不与商业利益同流合污。可是实际上，福兰阁本人最初也是怀着功利目的进入汉学领域的，他本已获得印度学博士学位，听说德国外交部急需懂中文的人才，才又修了中文学位，以期找到更好的工作。通过孜孜不倦的研究，福兰阁成为德国汉学的奠基人，然而，此后很长的历史时期内，德国汉学家仍难于摆脱政治与经济的困扰。

第二次世界大战期间，希特勒一边试图扩展柏林大学的外国学术研究，一边疯狂地迫害犹太汉学家，造成了德国汉学史上大量的"失踪者"。一方面，大批犹太汉学家流亡，且没有一个人在战后回归德国；另一方面，那些在战争期间与纳粹政府保持密切合作的汉学家，后来也被人为地遗忘。

战后，德国汉学复苏依然一波三折。

西德汉学界虽有两个 Franke 教授——福兰阁的儿子、汉堡大学的傅吾康（Wolfgang Franke），以及慕尼黑大学的傅海波（Herbert Franke）——勉力支撑，然而西德汉学依然遭到学生运动冲击，后又一度陷入经费和人员编制危机。而在东德，根据洪堡大学汉学系前系主任贾腾（Klaus Kaden）的记忆："我们与政治的关系太密切。我们培养的人中，许多都是国家和党的重要人物。"傅吾康曾试图理清分裂时期东德汉学的发展状况，最终却败下阵来："东德的汉学史有太多敏感地带，很多疑问必须暂时搁置起来，以后适当的时机来到时，再去寻找答案。"这几乎成为干扰德国汉学正常发展的致命困惑，以至多年后，朗宓榭（Michael Lackner）为《德国汉学：历史、发展、人物与视角》中文版写贺词时，依然无奈地解释："除了某些带有强烈政治色彩的特点外，很难勾勒出所谓的'德国轮廓'。我们最多可以在中国的研究兴趣中看到德国汉学对中国的思想尤其是对儒学有一定的侧重。"

在这种历史境遇之下，德国汉学家自觉保持并传承着怀疑与批判的精神，维护着知识分子的本真。或许，这才是"德国轮廓"的某种组成部分。

于是不难理解，顾彬为何反复强调知识分子的责任。今天，他并不像北岛形容的那样，"他的笑容很特别，如同一个疲倦的人在镜子前无奈的自嘲"。当话题进展到苏轼，顾彬突然颇多感慨，或许此前的谈话太过沉重，以致他没有津津乐道于"也无风雨也无晴"

或者"人生如梦，一樽还酹江月"那样的旷达心境，而是羡慕起苏轼的冒死直言与坚韧。

"无论在什么情况之下，你都要一直写，一直快乐，并保持主动判断的能力。"没有什么比这句话更适合用作全篇的结局。

※

我主张形而上学

问：早年的神学学习，对你的汉学研究影响大吗？

答：影响很大，以致很多汉学家到现在还说，哎呀，你不是真正的学者，你最好还是去做牧师吧。因为我主张形而上学，经常从宗教、哲学的角度研究中国，而很多汉学家，特别是美国人，认为这未必是最科学的方法。对此，我不同意。

问：你坚信你的选择？

答：对我来说，是唯一真正的路。比如，我写《中国古典诗歌史》，想说明，中国古典诗歌和希腊古典文化一样，存在宗教性的源流。我的出发点是中国的宗教。然而，许多汉学家会说，中国没有宗教，没有西方式的宗教。

问：你怎样看待他们的质疑？

答：中国也有宗教。问题不在宗教本身，问题在于如何定义。如果你考察"诗"这个字，它和宗庙有密切关系。如果把在宗庙里进行的祭祀活动看成宗教，那么，中国也有宗教。当然，这个问题可以争论。因为，宗庙不一定是欧洲意义上的宗教场所。

问：德国汉学的研究方法，似乎和中国的乾嘉考据学派有相似之处。

答：非常对。德国汉学虽然只有百年历史，但是清末已有不少人开始研究中国文学和哲学，他们都受到了清朝考证的影响，这种情况一直持续到 1945 年。此后，尤其到 1970 年代，德国汉学才逐渐关注当代中国，并发展出一些新的方法来捕捉中国的特点。并且，如果有机会参观某个德国大学的汉学系图书馆，你会发现，几乎所有的中国藏书，都是清朝文人编辑出版的。德国汉学图书馆的基础是清朝文人的功劳。

问：以前你觉得杜甫的《秋兴八首》很难翻译成德文，所以想创造一种新的德文。现在还在进行这样的尝试吗？

答：德语以前只有口头语，没有书面语，是马丁·路德在翻译《圣经》时创造了德文，此后才被人接受，用于写作。

拉丁文是语法非常清楚的语言，如果我们从拉丁文来看中国古代汉语，它好像没什么语法。而没有语法，诗人就会非常自由。我是作家，也写诗，有时我就会放弃拉丁文语法，用中国古代汉语语法创作。全诗不可能，但有一些诗行可以，能创造出非常好的、深刻的形象。

寻找“中国的特点”

问：你和“美国学派”在观念和方法上最大的差异是什么？

答：不少美国汉学家想说明，欧洲思想史上一些宝贵的思想、思路、方法和倾向，中国也有过。比如，美国汉学家们发表了很多关于孟子和解释学关系的作品。从欧洲的角度看，他们在胡说八道。

第一，18世纪德国有一位神学家叫施莱尔马赫，为了更好地理解《圣经》，他发展出一种新方法，可以被称为解释学，也不算解释学。20世纪后，解释学才成为一个哲学课题，并且，如果没有伽达默尔，可能到现在也不会被认为是一种真正的哲学方法。如果有学者说，孟子也有解释学的思路，那么，他们根本就不知道解释学原来是什么。他们只是擅自使用了一个概念，却不知道这个概念的历史。

第二，某些美国汉学家想说明，欧洲有的东西，中国也有，甚至中国很早就有，于是他们只能从欧洲或者从西方的角度出发来看中国，好像中国根本没有自身的东西可以发现。

问：你的方法是怎样的？

答：我知道，所有的哲学概念都有一段漫长的历史。某些美国汉学家缺少历史意识，经常随便使用概念，比如现代性、主观主义、解释学，都是欧洲的概念。如果他们说，这些中国也有，比欧洲还早一两千年，那么，我们就应该重写世界历史，从中国开始写，而不是从欧洲写。但他们不敢。

我一直在讨论“中国的特点”（Chinese Characteristic）。中国和欧洲的文化是平等的，有它自己的特点，不能完全通过欧洲来看中国。

问：你的研究曾受到日本的影响。

答：是的。1969 年，我想到中国，但当时还去不了中国大陆，我又不太想去台湾，因为我怕他们太美国式了，是这个意思。我想寻找真正的中国。而我知道，日本还保有"唐朝的中国"，不少建筑、寺庙、古董，等等。所以我在日本待了三个月，到处能够找到——我的——应该加上这个"我的"——"唐朝的中国"。回来以后，我才决定做一名汉学家。

问：日本是和欧洲、美国三足鼎立的汉学中心，你怎样看待现在的日本汉学？

答：你的问题我无法回答。日本的汉学传统很强，我写博士论文和教授资格论文时，从日本汉学家那里学到很多。可是，我有近三十年没去过日本了。以前我会说日语，不会说汉语，现在恰恰相反。我现在也读日本汉学家的书，但读得比较慢，根本不知道他们有什么新发展，这方面我开始落后了。我希望，有一天能去日本看一看有什么新的资料，希望日本汉学家邀请我与他们见面。

一些作家自己破坏了中国文学

问：你翻译了一大批成都诗人的作品，如张枣、翟永明、欧阳江河等，你是怎样发现他们的？

答：基本都是北岛、顾城他们介绍给我的。我好像从来没有自己发现过太多优秀的中国当代诗人。

问：你又是怎样认识北岛、顾城他们的？

答：1982 年秋，我在北京，澳大利亚汉学家杜博尼（Bonnie S. McDougall）介绍北岛给我认识，又通过北岛认识了顾城。

问：顾城在中国文学青年眼中，已是一个传奇。

答：我翻译了许多顾城的诗。我们在北京，在德国，经常在一起。他可能是中国 20 世纪最好的诗人。可能。

问：最好的诗人？还是最好的诗人之一？

答：这不是说北岛没办法和他比，而是有一天，我们或许会说，北岛是中国 21 世纪最好的诗人。

问：你和北岛认识二十多年了。

答：明天我还要和他见面。过去我们在一起老喝白酒。现在不能喝酒了，我们在一起经常是沉默的。

问：可惜"成都诗派"在 1990 年代之后，走上了各自的路。

答：真正的作家，无论在什么情况下，都不会放弃他的事业。但是对某些中国作家而言，文学好像成为一个机会，可以用来获得好处。所以，他们一旦发现写作不一定能满足物质需求，就放弃文学，下海经商。这就是为什么不少欧洲人看不起某些中国当代作家。

有人认为，我对中国当代文学的批评太苛刻，其实他们错了，我的评论是非常善意友好的。在欧洲有不少评论家，包括汉学教授在内，非常歧视中国当代文学。

问：其实是一个误会。

答：是的，我不会怪他们。因为我知道这仅仅是一个误会。但是现在一些中国作家的语言水平很糟糕，不知道怎样运用语言。德语国家有不少中等水平的作家，语言能力已经高得不得了，现在中国某些一流作家的语言水平，甚至没法与他们比——我说的仅仅是语言上。

问：你是指外语写作能力，还是语言运用能力本身？

答：语言运用能力本身。

问：不过中国作家余华有个观点，说中国当代之所以没有出现文学大师，也与环境有关。欧美很多国家对作家、学者待遇优厚，他们不必为衣食担忧。

答：有一点道理。比如，德国非常重视文学，很多城市都有文学中心，每周有好几次文学活动。作家如果开朗诵会，至少可以得到二百欧元，甚至一千欧元。一个作家每月开几次朗诵会，物质方面不会有问题。另外，德国的重要报纸、电台，每周都会有专门的版面或节目，用来发表作家的诗歌、散文，而稿费，比如《法兰克福汇报》，一首诗的稿费，说来你不会相信，三百欧元。文化政策吧，只能这样说。在德国，我们照顾作家，关心他们，而且还觉得不够。德国民众希望倾听作家的声音，让我们和他们一起思考。

问：这大概也是中国自古以来的传统吧，当然，也存在一些特例。你觉得中国怎样才能再造文学的辉煌？

答：是的。上次在成都，有人问我，你不觉得吗，是有些中国作家自己破坏了中国文学？我觉得有一定道理。

现在德国最好的作家，大都是从民主德国来的，他们在1980年代还在写作，无论外界怎样，他们始终觉得文学是神圣的，不能放弃。

现在中国最需要的就是这样的作家。以前中国一流的作家，比如苏轼，我特别喜欢他，羡慕他，尤其是他的散文。他的思想和语言水平都很高，他的散文里有世界观。像他一样，无论在什么情况之下，你都要一直写，一直快乐，并保持主动判断的能力。

采访时间：2007年、2010年

II

知识分子与现代之路

"五四运动"还未终结

[美国] 舒衡哲 *

> 促进新启蒙的最好方法，就是理解前一代人的复杂性，尊
> 重他们所面临的困境，并且明白他们如何区别于今日的我们。

一

那是"五四运动"七十周年纪念日。七十三岁的美籍华裔学者周策纵被年轻人扛上肩头，恍惚间，老人仿佛看到"五四"重现。周策纵是"五四"研究专家，1960 年在哈佛大学出版社出版的《五四运动史》，一直是这一领域的权威著作。

与周策纵同行的美国学者舒衡哲却感到疑虑：纪念能够代替记忆吗？他们在北京参加了两场总共长达八天的国际研讨会，试图重新理解"五四"遗产。与会的许多中国知识分子时而坚信自己将在未来的中国发挥更大的作用，时而又不断地进行自我批评。舒衡哲

---

* 舒衡哲（Vera Schwarcz），1947 年生于罗马尼亚，犹太裔美国学者。斯坦福大学历史学博士，卫斯理大学历史系教授，获弗里曼教授席位，并担任东亚研究中心主任。1979—1980 年曾作为首批美国留学生在北京大学中文系学习，并拜访了当时健在的一大批"五四"一代知识分子。主要从事中国现代史研究，著作主要包括《中国启蒙运动：知识分子与五四遗产》《张申府访谈录》《鸣鹤园》等。

却反复自问：人们会因此忽视什么？又可能就此忘却什么？

二

1969 年，舒衡哲在耶鲁大学读研究生时，开始对"五四"产生兴趣。那时她热衷于阅读葛兰西和萨特，坚信知识分子应当与资产阶级决裂。"越战"加剧了她和她的同龄人对政府的不满。对于美国舆论界描述的中国的种种情形，他们同样深感怀疑。这种怀疑也在校园里弥漫，他们不认同费正清对中国的论断，与教中国历史的教授们频繁争吵，认为教授都在充当政府的喉舌。与此同时，依靠有限的新闻资讯，她得知，"五四"时代的口号之一——"打倒孔老二"——又一次弥漫中国。这让她以为，中国的年轻人终于扛起"五四"未竟的使命，再度开始了反传统的努力。

1971 年，她在斯坦福大学攻读博士学位，两年后前往中国台湾，寻找与"五四"相关的资料，得以大量阅读关于鲁迅的"禁书"。"五四"遗产如同一枚硬币，她看到了一个侧面，而直到 1979 年，另一个侧面才终于转入她的视线。

中美建交后，舒衡哲成为第一批交流学者，前往北大访问留学。她也开始在不同的场合见到被平反、复出的政治人物与知识分子，聆听他们的遭遇。

她意识到，自己的"五四"研究，也需要重新启程。

三

要想理解中国，必须先融入中国。

舒衡哲把墨镜、丝巾、皮衣都收起来，穿上费了很大功夫才弄到的棉鞋、垫肩夹克和工人帽，骑着从友谊商店买来的自行车，开始在四通八达的胡同里穿梭，与不同身份的人们交谈。

当时，"五四运动"六十周年研讨会召开在即，她希望参与讨论，只是当时身为外国学者，她不宜参加。她也试图与"五四"一代知识分子直接交流，却始终被礼貌地拒于门外，尽管彼此的住所往往只相隔一两条街。

所幸，所有的努力终于在几个月后获得回报。查阅新潮社成员名单时，她发现了张崧年的名字，并辗转得知，张崧年可能还在人间，是国家图书馆的退休研究员。在她早期的研究中，张崧年只是一个次要人物，而在中国，她也找不到多少关于他的资料。

在中国国家图书馆，她终于见到张崧年，此时他的名字为张申府。作为"五四"一代知识分子的代表、罗素思想在中国最重要的研究者与传播者，他更广为人知的身份是周恩来和朱德的入党介绍人。八十六岁的张申府告诉舒衡哲，近二十年来，他第一次再度与外国人交谈。这次欲言又止的访谈结束时，舒衡哲提出再次与张申府见面，希望能单独登门拜访。张申府用一种非常清晰又毋庸置疑的声音回答："我也这么希望。非常希望。我们必须坦诚相对。"

这个回答，给了彼此一次直面历史与真相的机会。

四

在古城北京鳞次栉比的瓦楞下，在许多破旧的四合院里，年轻的舒衡哲开始了一场与命运的角逐。随着"五四"一代陆续谢世，"五四"成为少数人的记忆。从 1979 年到 1985 年，许德珩、俞平伯、叶圣陶、朱光潜、冯友兰、金岳霖、张申府、梁漱溟……老人们为她留下了不同的"五四"记忆，也开启了她进入"五四"现场的一条新的路径。

从来都是思想唤醒新的思想，相遇引发新的相遇。经历了命运沧桑的老人们向这位年轻的美国学者敞开回忆的闸门。"五四"是他们生命中不可能剥离的记忆与经验，荣耀与印痕。他们年事已高，心有不甘。他们需要一个倾听者，而舒衡哲作为汉学家，有时或许比他们的亲人更能理解他们。

他们称得上是中国的第一代"现代人"，是梁启超期许的"新民"，鲁迅试图拯救的"孩子"。他们大多能讲流利的英语，曾对现代生活与思想安之若素，而与舒衡哲的交谈，不仅唤醒了记忆，也让他们重新思考当年"五四"带给他们的理想。

通过长期的访谈，舒衡哲注意到许多被历史遗忘的角落。与冯友兰的几次对话，让她意识到严复的译著对"五四"知识分子的影响比她想象的要大得多。俞平伯提示她应当关注当年学生活动的多样性，例如北大 1917 级竟并存着三种不同立场的学术社团与杂志——文化上保守的"国故"，政治上积极的"国民"，以及走向启蒙的"新潮"。朱自清之子朱乔森则向她介绍了朱自清与邓中夏的友谊，让她发现曾经戮力同心的一代人，尽管存在分歧，却还保持着微妙的关联。

更让她难忘的是，道别的时候，这些老人会将话题转向自己对马克思主义的重新认识，他们认为自己真的理解并相信马克思主义。她试图理解这种思想转向背后的深意。

这是访谈之于研究的意义，种种直观而深入的经验，很难纯粹通过阅读或者查阅档案资料获得。她将这些散落在数十年间的记忆碎片，用自己的思想拼接起来，让它们重新散发出光辉。

五

与"五四"一代的相遇，让舒衡哲不断地自我怀疑与反思，试图更贴近历史的真相。

她从代际关系中寻找线索，探讨新一代知识分子出现的来龙去脉，以梁启超为代表的一代人，以陈独秀、钱玄同为代表的一代人，以及"五四"一代，如何传承与更迭。当人们认为中国需要新的世界秩序（world order）时，"五四"一代追求的却是新的世界观（worldview）。她也因此发现了"五四"一代的另一面："事实上他们是建设者，他们把师辈的启蒙希望带入社会，撒向普遍的民众。"

她也在思考，"五四"对于那些北大青年意味着什么，"他们也有权声称自己是鲁迅寄予希望的'孩子'一代的成员。他们还把自己想象为未受到吃人的旧社会的熏陶，而在精神上自由地度过了自己的青春期的新一代"，"五四"在某种程度上塑造了北大的集体认同与精神基因。

她还注意到，"没有分享以北大为基地所形成的'新文化运动'

经历的人们"对历史的理解不同,她了解到,早在1924年,北大毕业生邓中夏就提出了"革命文学"的口号,而邓的号召并无摒弃启蒙理想之意。

她最终走出对葛兰西的执迷,转而重新思考康德的问题——"何谓启蒙"。她试图层剥知识分子与"五四"遗产之间"脆弱却又绵延不断的联系",以及面对启蒙与救亡的复杂矛盾时他们的抉择与妥协,面对建立现代国家、拯救民族危难与启蒙的使命时他们的希望与失望。

她不仅聚焦于"五四运动"和"新文化运动"时期的诸多启蒙探索,更勾勒出"五四"一代的启蒙理想如何在漫长的时代浮沉中跌宕。

她提出,1925年的"五卅惨案"、1926年的"三一八惨案"和1927年的"四一二事变"是一系列转折点,知识分子开始重估"五四"遗产,放弃启蒙,转而投入政治运动。她将知识分子在1930年代依靠结成思想共同体(intellectual community)重新发出声音,称为新的启蒙运动。抗战全面爆发则让知识分子纷纷投身于战争动员,开始强调集体认同而非个人意识。

她也分析了"五四"所经历的漫长而复杂的历史解读历程。知识分子不断地通过回忆与定义,制造出"五四"幻象。与此同时,国共两党从未放弃对"五四"解释权的争夺。

在她看来,"'五四'知识分子并没有随着历史环境的变化而提出更成熟的要求"。他们最关心的一点,只是对政治独裁保持批判的态度。对比西方的启蒙历程,舒衡哲指出了背后的深层原因:欧洲的"哲人们"(philosophes)"大多是商业帝国中的富裕公民,并且是有长期历史的理性哲学的获益者"，而"五四"一代知识分子"要浓缩在几十年内完成的启蒙运动，这从前在欧洲是用了几百年的时间才得以完成的"。

她将中国大陆、中国台湾和海外几种语态下的"五四"记忆与"五四"观念，重新整合取舍，结合对"五四"一代勤奋的寻访，从启蒙的角度进行观察与反思。《中国启蒙运动：知识分子与五四遗产》于 1986 年出版，成为继《五四运动史》之后，"五四"研究的又一力作。六年后，她又出版《张申府访谈录》，以时空交错的笔法，讲述了五年间与张申府长达七十多个小时的访谈，还原这位业已去世的"五四"老人与中国嬗变的内在关联、曲折的一生与最后的告白。

六

2009 年 5 月，舒衡哲重访中国，从她研究"五四"开始，已经过去整整四十年。

她仍保持着对中国的挚爱与关切。作为犹太人，她的父母在大屠杀时逃离罗马尼亚，前往美国，这让她对中国的近代历史始终能够感同身受。与此同时，她也开始研究犹太历史与思想，进行跨文化的探索。她是历史学家，也是一位诗人，在她的历史写作中，同样交织着深刻的诗意，充盈在语言和思想之中。

在纪念"五四"九十周年的研讨会上，她提出了这样的问题：时至今日，我们为什么还要纪念"五四"？需要纪念的又是什么？

这曾是时代留给"五四"一代的问题，也是留给我们的问题。

如今，"五四"已经过去九十年，"五四"一代已无一人还在人间，但这些问题仍需作答。

※

大门开始向我敞开

问：为什么会选择"舒衡哲"作为中国名字？

答：1969 年在耶鲁大学读研究生时，我开始学习汉语，当时有个传统——汉语老师会为自己的学生起中文名字。女学生们经常会得到与"花"或者"玉"有关的名字——我一点也不喜欢，对我来说太女孩子气了。我知道，中国学者常常会为自己起一个可以体现其抱负的"别号"。为了沿袭这个传统，我想要自己给自己起名字。

当我开始研究"五四运动"时，我接触到陈衡哲这个名字和她的故事——她是第一位中国女留学生，被公派到纽约瓦萨女子学院留学，回到中国后担任北京大学的西方历史学教授。我也毕业于瓦萨，所以"衡哲"就成了我的"别号"。至于我的姓——在汉语里，"舒"有"舒适、慰藉"之意，我是后来采访许多中国知识分子时才考虑到这个含义的——可能本身就是一种慰藉。"衡哲"开启了我后来与许多中国知识分子的访谈之门，因为他们大多听说过陈衡哲，或者就算没有听说过她的名字，对于这个名字所代表的理想——在人生观点上保持真正平衡的哲学和这种可能性，也非常喜欢。张申府尤其喜欢我的名字，我们经常探讨它的深意。

1979 年，我在上海遇到陈衡哲的女儿，她也是瓦萨的毕业生，同时还是诗人……我的名字使我和她的母亲联系到一起，我们毕业于同一个学校，同样热爱诗歌。

最近，我开始一项新的研究计划，研究历史"真相"的问题，可能会有一整个章节是关于陈衡哲的。没有人会知道，一个中文名字的旅行可以带着一位西方学者走多远。不过，这个名字对我而言，真是个幸运的选择。

问：你从 1969 年开始研究"五四运动"，为何会对一场远在中国的运动感兴趣？

答：如你所言，我开始研究"五四运动"的十年里，都没有到过中国大陆。从我 1977 年完成论文，到《中国启蒙运动：知识分子与五四遗产》由耶鲁大学出版社出版英文本，又过了七年。这是一次异常漫长的知识旅行，旅行的原因却改变了。1969 年大学毕业后，从没到过中国的我，突然开始对马克思主义理论、葛兰西和知识分子问题感兴趣起来。周策纵先生关于"五四"的书也给了我灵感，我被"五四运动"的政治寓意所吸引，开始学习汉语，并于 1973 年至 1974 年在台湾进行研究。对于能和老师私底下讨论那些被禁止的话题，诸如鲁迅、郭沫若等人，我感到十分自豪。但不幸的是，我那时过于理想，或者说过于意识形态化，总是把他们告诉我的那些关于胡适、傅斯年等人的事情信以为真。我关于"五四运动"的哲学博士论文也充满了葛兰西、萨特等人的理论。

1979 年，当我最终抵达中国，在北大学习和生活之际，我开始寻求——实际上是非常缓慢地去拜访——那些"五四"一代的幸存者。在我见过的那些知识分子的实际生活中，一种非常非常不同的景象浮出水面。我的研究重心也慢慢地从历史概念转移到人类思想的历史和那些直面复杂困境的个体之上，他们曾渴望在中国开展启蒙运动，却最终被社会和政治革命的浪潮无情扫荡。我开始从理论转移到聆听、聆听、再聆听，听那些"五四"知识分子生命中活生生的细节。我也开始关注那些历史创伤的真相，以及它们如何对"五四"的遗产产生影响。

问：当时健在的"五四"一代文化名人，几乎都接受过你的采访。

答：我的采访开展了好些年。起初进展很缓慢，但渐渐获得了北大师生的信任。1979年2月我第一次赴北大学习时，周培源跟我提到要召开关于"五四运动"的研讨会。很自然，我问他，鉴于我是"五四"这一时期的研究者，能否参加这个会议。然而，可能当时我与他们还没那么熟悉，我被彬彬有礼地告知，外国学者最好不在场。取而代之的是我有机会去参加南京大学关于太平天国起义的研讨会。

而在1979年深秋，当我与人们的友谊足够深厚，我的汉语也足够好之后，大门开始向我敞开。著名学者王瑶教授开始为我推荐介绍，北大外事办公室也起了很大作用。有趣的是，我遇到的第一位"五四"时期的名人是张申府，他成了我为期五年的口述史项目的第一个采访对象，也是我后来著作的研究对象。来自中国社科院近代史研究所的黎澍教授遇到我之后，也开始向我提供采访的建议。在后来的两年里，我慢慢地采访了冯友兰、朱光潜、叶圣陶、许德珩、梁漱溟，以及郑振铎、顾颉刚和朱自清的孩子们。我时不时会感到，自己为那些老一辈知识分子们，开启了交流的大门。

问：在寻访"五四"一代知识分子的过程中，最难忘的时刻是什么？

答：采访中最难忘的时刻总是发生在这样的情况下——我发现了一些自己本不关注的事情。我想这可能是口述史赠予我的礼物，在我们研究书面材料之后，总会有一些新发现冒出来，一种与书面材料截然不同的观点浮出水面。人们很容易把历史想象成一条笔直而又狭窄的小径，但实际上，当一个人听到声音之后才会明白，原来，那些迂回和怀疑同坚定的信仰、意识形态的确信一样重要，它们使"五四"这段历史变得鲜活如生。

张申府是一个很好的范例：他如饥似渴地寻求各种各样的思想，而不是遵循包含了儒家学说、自由恋爱和博爱的"中国启蒙"的主要线索。梁漱溟扮演着所谓"最后一个儒家"的角色，感人至深地述说着他对佛教的忠诚，以及佛教如何给予他精神上的力量……朱光潜曾静静地描述维柯对于他的重要性，后者的思想曾帮助他走出阴霾，愈合精神的创伤。

在每一次采访中，最感人的时刻是临近结束时的沉默——当我已经得到这位采访对象的信任之后，我明白，这一部分的痛苦曾涂抹一段漫长的人生，这样的人生又离革命的火焰非常之近。这些沉默比话语更有力量，令我体会到知识分子们许许多多隐藏的力量，即便是在艰难岁月里，它们依然活着。

我也记得，当我发现采访使这些饱经沧桑的老人的精神真正地复苏，是多么美妙。他们肯定为我的来访作了准备，经常备好茶水、糖果，还有用来记录的纸张。最后，开放式结尾的谈话也令我心满意足，这使得那些满是皱纹的双眼焕发出明亮的光芒，使得煤块燃尽的冰冷的房间变得温暖起来。

我从"五四"时代的幸存者们身上学到的东西，远远多于书面的知识分子史。

问：你很关注代际问题，"五四"的两代人之间有什么差异？

答：卡尔·曼海姆的"世代变迁理论"进入我的视野，是在我到中国采访之前的事情。鲁迅关于"黑暗之门"这一强有力的隐喻，关系到那些品尝过同类相残的老一代人，而这扇门将会向年轻学子们开放，使他们能穿越这扇门，抵达一个光明的时期，这令我非常感动。

我也注意到，他们老师那一代人的作品所体现的儒家传统，往往比那些我读过的"学生"（我采访他们时，他们已经八十岁了）的作品，具有一种更伟大的愤怒。年轻一代尽管不必参加科举考试，但依然懂得如何写作古体诗。俞平伯和朱自清就喜欢这种诗艺，尽管后来他们隐藏了这种喜好。"五四"时期的年轻一代对于西方语言和思潮也显得更加得心应手，他们游历更广，喜好更自由，假如在他们最多产的时期，救亡的压力不那么强烈的话，他们将在文化理论方面有伟大的创举。

我采访的这些知识分子大部分都属于我所谓的"学生一代"，而在他们八十岁的时候，去想象"五四"时期他们曾是充满激情的学生，可能有点奇怪。然而，在我采访他们的时候，他们依然葆有知识分子式的激情和开阔的视野。我注意到这些，也写进了书里。等我能够采访梁漱溟、叶圣陶这样的思想家和作家的时候，鲁迅那一代人已经不在世了。学生一代年轻时对儒家传统的愤怒，已经比他们的导师们——例如陈独秀、胡适这样的人——少得多了。

等这些当年的学生老了，各自在革命历史的不同际遇中幸存下来，他们似乎对弥合旧中国和非常现代的中国更感兴趣。其中的很多人甚至到了思想成熟的时期，即便是他们没有承认对传统文化的眷恋，也依旧怀着珍视的心情。在我拜访的大多数知识分子的家中，都悬挂着一幅国画；他们在与我交谈，斟酌字句时，不经意间在纸上写下的字迹优美的书法，以及他们所深爱的古典诗歌的层层言外之意，这些小细节都可以透露出他们的心境。

他们曾在西方生活过，他们的外语往往比1980年代大学培养的学生们更好，但他们仍知道并且珍惜传统文化。在他们对新潮社那代人的口头反思之中，当初由《新青年》的编辑们点燃的革命的语言和思潮，已经变成了与过去签订的静默的"和平条约"。

启蒙与觉醒

问：你将"五四运动"与欧洲启蒙运动联系在一起。法国启蒙主义哲学家伏尔泰曾将中国的儒家学说引入欧洲，孟德斯鸠也倍加推崇塔西提岛人的生活。你是否认为，只有外来文化和文明影响到本土时，启蒙运动才可能发生？难道我们就不能找到另外一条内在的途径来促进文化改革和社会教化？

答：我当然欣赏知识分子改革的内在源泉。我观察到，"五四运动"中那些年老的幸存者曾尝试着在1980年代恢复启蒙思想。同时，一如我们的谈话所揭示的，这些思想家感激他们的海外经历，以及他们对欧洲历史和文学的深刻阅读。我一再注意到，走出一个人的"本土"文化——通过到国外学习或是与国外思想深切地接触,"五四"知识分子们可以用一种全新的观点来打量(和欣赏)他们自己的传统。举例来说,朱光潜在晚年转向维柯的思想,为的是获得一种新的视角来观察那些他过去曾观察过的、一再延续的历史事件。他年轻的时候,曾写过一本关于悲剧心理学的雄辩作品,里面充满了 1920 年代的欧洲理论,展现出对西方文学奇迹般的精通。朱光潜晚年对维柯的研究就展现出一种理解的深度,这是他年轻时缺乏的。对朱光潜而言,就像伏尔泰或是孟德斯鸠那样,遭遇一种"外来"文化,是更深刻地进入一个人所拥有的事物的最好方法。可能促进启蒙最"内在"的方法,就是将一个人的思维之网投向最远的水域。

问:根据你和"五四"一代的交流,以及你自己的观察,未来的启蒙可以在哪些方面努力?

答:许多"五四"知识分子将启蒙理解为自我觉醒的过程,有点类似康德在 18 世纪末的定义。他们也非常熟悉欧洲历史——在那里,文艺复兴和启蒙运动在二百多年的时间里缓慢地开展。在思考变革的时候,中国却未曾有过这样步伐缓慢的途径。社会政治的变革,迫使知识分子为了民族解放的大业,一再地削减批评的内在探索。我认为促进启蒙的最好方法就是促进和平。唯有这样,关于民族文化、长期养成的习惯这些深刻的问题,才会在一种真正相对的参照中得到考量。毕竟,启蒙意味着——不论在中国,还是在德国或法国——一种觉醒的过程,将光芒掷向个体思想或是群体思想的黑暗角落。这需要一种对思想的尊重,以及对不同观点的开放式讨论。

问：1979 年春，周恩来的旧友、一位八十多岁的旅法诗人曾将他用法语写作的纪念周恩来的四行诗写给你看，并且称赞"你将比其他中国人更好地理解这首诗"。

答：是的，我记得这件事。对于外来者时而能为一种文化的内在困境提供见解的行为而言，他的诗歌仍然是感人的，他的话对我而言也是激动人心的称赞。在采访期间，我很荣幸能引导或者说可以激活自己内在的开放头脑，和机敏的心灵——正如我之前所说的——对沉默的深切尊重。在我们的谈话中，我只是听着，尽量不去评价。在我眼中，或是我的作品中，在我们许多次畅聊中，这些知识分子找到一面镜子，可以折射出最真实、最好的自我。

在我的陪伴下，尽管身在中国，但他们就像是进行了一次海外旅行，然后反观自己的人生，看到自己除了感受到那些悬在颈上的灼热的历史气息之外，究竟取得了多大的成就。和我在一起，是属于诗歌、哲学沉思和欢笑的时刻。

问：文学革新是"五四"一代关注和争论的重心之一。你既是"五四"的研究者，同时也是作家和诗人。你觉得，文学的使命究竟是什么？

答：梁启超乃至后来的"五四"作家们都明白，语言直接关系到人民的心灵。为了花时间写得好一点，这个过程就像去寻找一口井，找到令人恢复精力的水源：作家和读者这两方面都必须变得更加通俗，才能心灵相通。

好的作品能为历史真相留出空间，往往也比过去那些传统的叙事更好。我采访的许多知识分子都写过古体诗，当他们听说我的兴趣越来越转向诗歌之后，都非常高兴，就好像我追随着他们最隐秘的步伐。

问："五四"的启蒙能够顺利进展，出版业的发达和媒体的兴起起到很大的作用。时至今日，出版业和媒体可以做些什么？

答：在中国，启蒙的重要性部分地在与"五四"有关的爱情小说中延续着。过去，赞颂1919年的政治意义是一种义务，但现在，尤其是在纪念"五四"九十周年之际，欣赏一种更宽容的内涵也变得可能了。对于那些敢于深刻质疑本国与外国智慧的思想家，媒体可以通过向社会传达对他们人生的关注，来加强自身特有的社会使命感。促进新启蒙运动的最好方法，就是理解前一代人的复杂性，尊重他们所面临的困境，并且明白他们如何区别于今日的我们。我相信，花时间做这样的采访，可以促进觉醒——通过从事这种异常重要的、深远的跨文化谈话，我们为新的反思创造机会。

采访时间：2009 年

不断地与鲁迅相遇

钱理群 *

　　鲁迅有篇文章叫《革命咖啡馆》，说有些知识分子坐在咖啡馆里高谈阔论，远处是许许多多"龌龊的农工大众"，而知识分子们在"喝着，想着，谈着，指导着，获得着"，实际上是一种自我满足。

一

　　"繁霜夜降，木叶多半凋零，庭前的一株小小的枫叶也变成红色了。我曾绕树徘徊，细看叶面的颜色，当他青葱的时候是从没有这么注意的。他也并非全树通红，最多的是浅绛，有几片则在绯红地上，还带着几团浓绿。一片独有一点蛀孔，镶着乌黑的花边，在红、黄和绿的斑驳中，明眸似的向人凝视。"

　　《腊叶》里的意象斑斓而又诡秘。仿若眼前溢彩流光，却冷不

---

　*　钱理群，1939 年生于重庆，1956 年就读于北京大学中文系，师从王瑶、严家炎攻读现代文学，后留校任教。他以对 20 世纪中国文学和社会的深刻研究，特别是对 20 世纪中国知识分子历史与精神的审察，对 20 世纪中国经验和中国道路的总结和反思，对当代社会及文化思潮的批判，受到了海内外的高度重视，被誉为 1980 年代以来中国最具影响力的人文学者之一。

丁冒出一双眼睛，打量着九岁的钱理群。

这篇文章收录在开明书店选编的《文选》里，书是在四哥的书桌上发现的。作者的名字，却是第一次见，叫鲁迅。

1948年与鲁迅的初遇，猝不及防，又难以忘怀。九岁的少年自然不可能预知，研究、讲授、写作鲁迅，将成为一生的志业。他只是如饥似渴地继续阅读一切能找到的书籍，还在《中央日报》上发表了平生第一篇文章，幻想自己生出翅膀，到喜马拉雅山上眺望华夏大地。少年不识愁滋味，他并未发现，剧变在即。

踏着南京街头的冰凌，他随父亲去中山东路吃汤圆。他狼吞虎咽地很快吃完，抬起头望向父亲，穿长衫的父亲微微一笑，将自己的汤圆一个一个夹进儿子碗里，随即长叹了一声。

那声叹息，是父亲留给钱理群最后的记忆。

钱理群的父亲钱天鹤被誉为"中国现代农学界的先驱"，早年负笈美国，与任鸿隽、杨铨、赵元任、周仁等人创办"中国科学社"，后来担任国民政府农林部常务次长、联合国粮农组织远东区顾问。然而，随着时代的动荡，一个家庭悄然分化，父亲和三哥在国民政府担任要职，二姐和四哥却是中共地下党员。一家人辗转流徙，天各一方，正是近代中国无数场离合的缩影，而更残酷的告别，已然来临。

父亲启程前往台湾。由于长辈反对，母亲带着几个子女，决定暂时留在大陆。他们都不知道，毕生再也没有相见的机会。在未来的每一天，整个家庭眺望的方向，都是海峡的另一端。

但父亲其实从未从家中退场，他变成记忆深处一道模糊的身影，变成挂在墙上的巨幅照片，变成在除夕夜特地摆出的碗筷，后来，又变成不能言说的秘密、隐痛与梦魇。

二

在老舍笔下，秋天的北京是天堂——"秋天一定要住北平。天堂是什么样子，我不晓得，但是从我的生活经验去判断，北平之秋便是天堂。"

1960 年，钱理群却不得不在秋天离开北京，时间严格限定在"国庆节"来临以前。因为父亲的缘故，他不能加入共青团，从北大新闻系毕业后，也只能被"放逐"到贵州安顺卫生学校，做语文教师。几个哥哥、姐姐也是如此，或被下放，或被安排到外地工作，为他送行的，只有二姐一人。姐弟俩其实并不熟悉，他 11 岁才第一次见到二姐，她是中共地下党，丈夫丁毅是《白毛女》的作者之一。

秋日北京的最后一晚，没有小白梨与大白海棠，也没有良乡的栗子和炮羊肉。钱理群守在剧场外，等二姐下班。剧场里人声鼎沸，他却无心看戏，离别已经足够沉重，未来的命运更加令人担忧。

二姐终于走出剧场，舞台上英姿飒爽的女英雄，在现实中重归平凡，面对家庭的离散，她无能为力。他们一起坐公交车去车站，半路上，她突然把钱理群拉下车，那里是天安门。姐弟俩倚着栏杆，望向空落落的城门，沉默无语。

二十一岁的钱理群不知道自己还要过多少年才能重新站在天安门前面，所有的告别都可能是永别。他生逢这样的时代。他突然迫切地想要写诗，甚至立刻想到了开头，"从天安门出发……"，但他沉吟着，再也不知该如何写出下一句。

八年后，诗人食指将用一首《这是四点零八分的北京》，道出钱理群未能落笔的那些心声："一阵阵告别的声浪 / 就要卷走车站 / 北京就在我的脚下 / 已经缓缓地移动 / 我再次向北京挥动手臂 / 想一把抓住她的衣领 / 然后对她大声地叫喊：/ 永远记着我，妈妈啊北京……"这首感动了一代人的诗歌问世时，钱理群已在贵州的山村蛰伏八年。群山之外，仍是群山。除了《毛泽东选集》和《鲁迅全集》，他几乎一无所有。

三

1960 年代的《安顺报》上依然掺杂着些零星的繁体字，"劳动"和"农业"则是永恒不变的关键词："以农为荣，以农为乐。红在农村，专在农村"，"人民公社的红旗越举越高"……初来乍到的钱理群被迅速卷入另一个世界。

卫生学校的讲台上搁着一个骷髅头，眼眶的孔洞平静地望着钱理群，听他讲完一堂又一堂语文课，始终露着莫可名状的微笑。

他开始学会苦中作乐，清晨爬山看日出，夜半到水库边，看月光下的山水，有时也会画画。贵州的山水重塑着他的精神世界，多年后他写道："我总是给自己设置大大小小的目标，或者读一本书，或者写一篇文章，或者编一套书，甚至是旅游，我都把它诗意化，带着一种期待、想象，怀着一种激情，兴致勃勃地投入进去，以获得写诗的感觉。我强调生命的投入，全身心投入。"可惜，那不是一个包容诗意的时代。人们对美景置若罔闻，更关心这个行为诡异的北京年轻人究竟是不是特务。

很快，钱理群被打成"修正主义苗子"、"反革命"。他迫切地想回家看母亲一眼。不敢买车票，只好扒火车，穿越一个个山洞。车厢里有位好心人救了他，但他很快发现，这位好心人其实是一名警察。他继续辗转逃亡，遇到过查证件的"造反派"，几次侥幸逃脱，终于赶到大哥家中，不料大哥已被定性为"反动学术权威"。钱理群随即被押回贵州，而回到贵州，等待他的是万人批斗大会……

多年后，钱理群这样回忆，"（它）成为我最重要的生命体验。或许正是这样的生命体验，决定了我今天的基本价值立场"。

四

可以公开阅读的书越来越少，最终只剩下《毛泽东选集》和《鲁迅全集》。虽然都在大学时代读过，然而，在一个精神饥荒的年代，持续反刍是唯一的选择。

从 1962 年开始，钱理群决定重读鲁迅。他躲在一间寒冷的小屋里，饿着肚子，郑重其事地写《鲁迅研究札记》，起笔第一篇即是《鲁迅与毛泽东》。钱理群身边逐渐聚集起一群年轻人，有工人、职员、零工、代课教师，他是唯一的大学毕业生。他们每周在山上的小屋聚会，煮一锅蔬菜汤，分吃几个烧饼，也分享着知识和思想的乐趣。

多年后，钱理群将这些聚会称为"民间思想村落"，在遥远的西南边陲，他们依靠思想相互取暖，度过无尽的长夜。

他们热烈地讨论鲁迅、莫里哀和巴黎公社，有时也会没完没了地争执。"文艺复兴以来的启蒙思潮和'五四'新文化的影响"与"社会主义革命思想的影响"，共同塑造了这一代人复杂而多变的性格。

钱理群则尝试以马克思、列宁为原点，对共产主义思想进行更加系统的梳理，从巴黎公社、十月革命，到伯恩斯坦、考茨基、托洛斯基、布哈林、卢森堡，一条持续演变的思想脉络次第展开。他也在马列主义的框架下重新思考鲁迅的价值，隐约发现了另一个鲁迅。

五

重新坐进北大的课堂，钱理群已经三十九岁。讲台上的老师，有几位就是早年的同学或学长。

1978 年，他考取硕士研究生，师从著名文学史家王瑶。

他在贵州消耗了十八年，这本该是一生中最好的时光。漫长的乡村生活让他显得与周遭的一切格格不入，一度不敢走进图书馆，不敢与同学聊天，生怕说错话。

面试时，未来的导师王瑶问他，鲁迅可不可以一分为二……那时"文革"尘埃尚未落定，这些问题几乎都无法回答。

那时的北大校园里，时常能看到朱光潜、冯友兰、林庚、王瑶等人蹒跚的身影。他们像一颗颗即将熄灭的流星，闪耀着落幕前璀璨的余辉。与此同时，1980 年代的文化激流席卷而来，年轻人开始迷恋那些舶来的名字，作家们频繁地篡改马尔克斯式的开篇或者博尔赫斯式的句子，理论家们则不厌其烦地借用英文单词或者一些拗口的新兴概念。西潮汹涌，众声喧哗，钱理群却将目光重新投向鲁迅。

1979 年，他写下《鲁迅与进化论》，同年开始研究周作人。他相信，周氏兄弟的文学实践与人生选择，各有千秋，又能彼此印证。对鲁迅研究的反思，同样过渡到对自我的反思，最终对鲁迅的发现，也促成了一个知识分子的自我觉醒。

1981 年，钱理群硕士毕业留校任教，四年后开设了第一门独立课程——"我之鲁迅观"。这个命名饱受争议，很多人认为他不知天高地厚。不久，武汉的一次学术研讨会上，他再次引发"众怒"，因为他宣称"既不能仰视鲁迅，也不能俯视鲁迅，要平视鲁迅"。一石击起千层浪。当时人们对鲁迅的评判正出现两个极端，有人仍视之为偶像，也有人弃之如敝履，鲁迅时而被神化，时而被矮化，钱理群则试图将他重新人化，注定要为此四处碰壁。

一些批评者最终将矛头对准王瑶，看他怎样处置这个"忤逆"的学生。王瑶果然把钱理群严厉地批评了一番，不过，批评的重点是怎样处理课堂关系。最后，王瑶加了一句话："我也在北大讲过鲁迅，钱理群讲得比我好。"

六

历史仿佛陷入某种轮回。在不同的时代，人们都会发现，鲁迅当年评判的许多问题，中国社会仍在不断面对，这让人们总是能从他的文字中找到共鸣，获得反思。

1980 年代初的思想启蒙，自然又将鲁迅树立为一面精神旗帜，鲁迅研究再度成为显学，短短六七年间竟有六千多篇论文和近二百部专著、专集问世。然而，随着时局的变化，鲁迅研究在 1986 年出现退潮之势，《鲁迅研究》《鲁迅研究文丛》《鲁迅研究年刊》等刊物逐渐难以为继，钱理群却在这一年出版了《心灵的探寻》。

尽管在文字方面早慧，九岁就发表了第一篇文章，他却要等到四十七岁才能出版人生中的第一本书。时代阴差阳错，让他成为最年长的"青年学者"。

在这本书中，他试图将鲁迅具化为一个真实生动的人，探索其内心世界，并提出"心灵辩证法"。鲁迅不是一个完美的英雄，而是一个活生生的人，面对各种抉择，拥有复杂的情绪，在各种矛盾中挣扎，寻找出路。钱理群相信，"鲁迅正是通过这种探求，真正深入到民族大多数普通人民的心灵深处，转化为真正的精神力量"，在一个大转折的时代，鲁迅代表了中国人"思维模式与文化心理结构的突破与重建"，找到这条心灵的通道，就能发现中国人的思维方式怎样一步步走向成熟。

在方法论上，他则强调从鲁迅惯用的那些独特的"单位意象""单位观念"出发，多层次探索其背后蕴含的哲学、心理学、伦理学、政治学、历史学、美学内涵，并发掘传统文化与外来文化的不同影响。他在最能代表"鲁迅的哲学"的《野草》中，搜寻各种充满辩证意味的"单位意象"，诸如"一切"与"无所有"、"天上"与"深渊"、"希望"与"绝望"、"先觉者"与"群众"、"改革者"与"对手"、"叛逆的猛士"与"爱我者"、"生"与"死"、"冷"与"热"、"爱"与"憎"、"沉默"与"开口"、"人"与"神/鬼"、"人"与"兽"、"梦"与"现实"。他还通过鲁迅作品中时常出现的"示众"、"寂寞"、"孤独"、"黄金时节"、"旷野"等词汇，分析鲁迅式的思维方式、心理特质、情感方式与美学风格。

要理解鲁迅的内心矛盾，在钱理群看来，关键在于充分认识鲁迅的历史坐标，尤其是其强烈的"历史中间物"意识。

鲁迅一直以"历史中间物"自况。发展自我还是牺牲自我，是贯穿鲁迅一生的哈姆雷特之问，造成了他的痛苦，也恰是鲁迅之为鲁迅的重要动因。据此，钱理群对鲁迅的身份也进行了更加明确的界定："无论是 20 世纪古老中国向现代中国的历史纵坐标上，还是在由国别文化的封闭体系向世界文化开放体系过渡的历史横坐标上，鲁迅都处于'历史中间物的位置'。"钱理群进而联系现实，提出："先觉者与群众的关系，实质上就是知识分子与人民的关系问题。这是本世纪时代中心问题之一，却在相当一个时期被弄得十分混乱。"

《心灵的探寻》让学者王得后倍感惊喜，认为它"标志着我国的鲁迅研究冲破了传统的格局"。一些质疑的声音也随之而起，认为钱理群过于美化鲁迅，而忽视了鲁迅身上的知识分子的弱点。钱理群并不回避，亦不狡辩，反而开始探讨自身的局限性。他毫不讳言自己"怀着探求的渴望，又负着精神的重担"，他深知自己的认知和情感都不可避免地带有时代的烙印，他也因此像鲁迅一样，将自己界定为"历史中间物"，希望为下一代人铺路。

七

《心灵的探寻》之后，钱理群几乎每年都会出版至少一本书，仿佛急于把失落的青春加倍索回。2008年一年间，他甚至出版了七本论文集和随笔集，那一年他已经六十九岁。

他的学生摩罗曾调侃他有"随时打盹的本领"，只要感到疲劳，随时都能入睡，有时只睡十几分钟，醒来立刻精神抖擞，继续讨论问题，读书写作。

钱理群早已著作等身，许多作品不仅影响着学术界，也影响着社会与公众。他被誉为1980年代以来最具影响力的人文学者之一，并像他的精神导师鲁迅一样，成为许多年轻人心目中的精神导师，而他觉得自己"本质上是一个教师"："'教育'的地位是重于'学术研究'的。我不但在学术上，而且在教学上，也有着自觉的追求；从大学文学教育的指导思想、教学原则，到教学的内容、上课的形式、讲授的艺术，我都有自己的思考，精心的设计。"教学与研究、写作相辅相成，他会在课堂上不断地与学生讨论最新的发现与思考，相互激发，他称之为"集体漫游"。鲁迅是他与学生保持精神联系的通道，也正因为教学所需，他的研究更注重文本分析，丝丝入扣。或许，教师的身份也加速了他的反思，他的写作逐渐从革命话语转变为启蒙话语。

他像罗丹雕琢思想者那样，用笔雕琢出鲁迅的精神塑像。凿去那些被篡改过的粗糙线条与刻板印象，往鲁迅的眼睛里重新注入人性的光辉，让逝者开口，与未来的时代对话。他试图与年轻人分享一个更为复杂、不断变化的鲁迅，不同的时代对鲁迅存在不同的阐释，这些阐释本身就是当代思想史嬗变的重要组成部分。

他也在不断反思自己的思想。他最终否定了"心灵辩证法"，认为自己曾深陷在黑格尔的命题圈套里，泯灭了矛盾，过度追求统一，注意到了鲁迅内心的矛盾，却想当然地认为鲁迅最终解决了这种困惑。他仍然愿意继续充当"历史中间物"，不辞辛苦地推动年轻教师、志愿者的工作，但他也清晰地看到，"历史中间物"这种自我界定存在着巨大的隐患，一旦有了太强烈的"赎罪意识"和"牺牲意识"，很可能会逃避自身本该担负的责任。这让他时刻保持警觉。

尽管如此，他的书再版时，除了修订一些必要的引文和错字，都不再做改动。他希望向后世的读者坦陈他的时代，他这一代知识分子走过怎样的路，即便思想不够成熟，间或有些偏颇，但他已经竭尽全力。

八

如果说鲁迅是一个不断回归的精神原点，那么，中国文学史则是一片持续深耕的思想园地。每隔十年，钱理群就会发起一次重写文学史的探索。

1985年，他与黄子平、陈平原联合提出"二十世纪中国文学"，试图摆脱"近代"（旧民主主义革命）、"现代"（新民主主义革命）、"当代"（社会主义革命）的分期，"把二十世纪中国文学作为一个不可分割的有机整体来把握"。他们从文学发展的规律与时代语境出发，将20世纪中国文学置于两条轴线上——中国文学从古至今的演变和20世纪世界文学汇流——重新考量。"二十世纪中国文学"这个概念直接改变了未来中国文学史研究的格局。

同年，他与吴福辉、温儒敏、王超冰在《山西教育》杂志主持"现代文学史"专栏，并结合自己在北大开设的现代文学史课程讲稿，延展成教科书《中国现代文学三十年》。这部文学史强调文学的"现代性"，体例新颖，打破了此前的观念与范式。除了"鲁、郭、茅、巴、老、曹"的传统排序，也兼顾了沈从文、赵树理、艾青等不同立场的作家，甚至将台湾文学也纳入考察范畴。这部文学史后来被国家教委选定为大学教材，影响至今。

1993 年，钱理群与吴晓东、董乃斌联合出版绘图本《中国文学史》（20 世纪文学部分），将"二十世纪中国文学"的理念进一步细化，从文学形式和语言的变革来观照文学史的发展脉络，还特别关注了媒体的兴起、稿费制度的建立、俗文学的影响等新的角度，扩大了文学史研究的范畴。

十三年后，他又与陈子善、吴福辉主编三卷本《中国现代文学编年史——以文学广告为中心》，这个历时七年的项目，试图为文学史研究寻找新的空间，编年体则表现出文学发展的真实状态。他们还尝试用文学化的形式写作这部文学史，将文学性还给文学研究。

每一次重写，都开拓出新的可能性，并让人们距离真相更进一步。

九

年过古稀的钱理群或许是这个时代最出色的演讲者。他精力充沛，思维跳跃但逻辑缜密，也深知该在哪些时刻活跃一下气氛，或者稍作停顿，给听众留出反应与思考的空间。

台下总是挤满难以胜计的年轻人，他们心领神会地用笑声回应他抛出的哏，只是不知究竟有多少人能真正理解他话语间的真意与苦衷。演讲结束，他们会围拢上来，索要签名，抓住一切机会和角度与他合影。钱理群对这种狂热心生好奇，他相信背后一定隐含着各种复杂的心态、想法与立场，他很想知道其中的种种因缘。

生活似乎仅仅依靠智慧和经验就足以应对，他却并不打算这么做。

他一直记得 1984 年的一段往事，那时他刚刚留校做助教，中文系主任严家炎教授邀请退休的老先生们回北大做学术讲座。年过古稀的林庚先生为此准备了很久，几易其稿。当天讲完走出教室，老先生浑身虚脱，几乎摔倒在地。钱理群将他搀扶回家，老人随即大病一场。钱理群感叹，"他是拼着命来讲这一课，讲完了人就倒了——这真是'生命的绝唱'"。

老先生们有太多的话想要对年轻人说，关于各自的命运，关于国家的前程。终于，钱理群也到了林庚先生当时的年纪。

2002 年，钱理群最后一次在北大开课。两年后，他像前辈林庚那样，开始了一场又一场"生命的绝唱"。他回到母校南师大附中，给中学生开设关于鲁迅的选修课，随后是北大附中和北师大实验中学。

根据中学生的知识结构、思维习惯和兴趣，他不断调整教学思路，试图让学生通过四个阶段来理解鲁迅：感受鲁迅，阅读鲁迅，讨论鲁迅，评价鲁迅。他相信，只有引起中学生的情感共鸣，才能让他们一步步靠近真实的鲁迅。

他满怀热忱地编写《新语文读本》，有时从清晨七点一直到深夜十二点几乎不停笔，迫切地希望将中学生们引到古今中外的文学巨匠们面前，让他们相互结识，自己再悄然离去。

他将自己的教育思想总结为"以立人为中心"，直接站到中学课堂上，与中学生面对面，这让人依稀想到民国时代的陶行知、叶圣陶、朱自清、朱光潜、经亨颐……当时许多一流的作家、思想家、美学家、教育家都曾投身基础教育，造就一个时代的风气。可惜如今，留给钱理群的空间已然越来越有限。

开课之初，教室里总是站满学生，但是，过不了多久，他们就会逐渐散去。钱理群所讲的鲁迅，看起来对高考没有多少直接的帮助，无论南京还是北京，无论在多么优秀的中学里，这都是一道难以破解的诅咒。

2012 年，历时十年屡败屡战的钱理群，宣布告别教育。他终于不得不承认，自己很难真正影响一代人，但他仍然与那些"醒着的青年"对话，"带一届学生，能影响五个人，一辈子影响五百个就够了"。

这个夜晚，他讲述着他的两个"精神之父"——鲁迅与毛泽东，以及民国一代知识分了的命运与抉择。他认为，毛泽东和鲁迅是 20 世纪中国最重要的两大精神资源，而目前对毛泽东的研究还完全不够。

进化论也依然深刻地影响着他的思想，他希望年轻一代不要被现实缚住，不要只关注中国社会眼下的得失，而应放眼五十年后，为整个世界将要面临的问题寻找药方。

※

20 世纪中国的精神资源

问："文革"期间你在贵州，和朋友们一起组成"民间思想村落"，寻找精神资源。半个世纪过去，你觉得，现在最重要的精神资源是什么？

答：我们当年是很有局限性的，因为很多书读不到。也是有偶然性的，我们当时读到哪本书，受到哪种思想的影响就可能更大一些。

现在的青年跟我们那时完全不一样，现在特别多元。但是总体来说，现在的精神资源有两个方向：一是回到传统，一是往世界寻找答案。

我觉得有两个问题需要提醒：第一，对精神资源的认知，视野需要更加开阔，不能只限于英美，应该也包括东方的精神资源，比如印度、日本，还有很多新兴的国家和思想也值得重视，比如巴西；第二，现在我们寻找的方向，一个向外国，一个向古代，却恰好忽略了 20 世纪中国的精神资源。20 世纪中国的精神资源距离我们最近，绝对不能忽略。我们今天遇到的问题，20 世纪都遇到过，都有一批人讨论过。

问：历史有一种轮回感。

答：他们当年都经历过，他们的经验特别宝贵。

为什么今天我还在讲鲁迅，也是这个原因。鲁迅的思想，是在广泛吸收传统，又广泛吸收外国资源之后，形成了一种原创性的、非常独特的现代精神和现代思想。

此外，还有一个精神资源也不能忽视，就是毛泽东思想。2009年，我到台湾讲学，听课的是台湾的"80后"，怎样让他们了解大陆，这就对我提出了新的要求。我开了两门课，一门课讲毛泽东，另一门课讲鲁迅。我对台湾的学生说，我们需要通过了解毛泽东和鲁迅来了解中国，你怎样评价他们是一回事，但他们是不能绕过去的。当然，如果继续扩大的话，还需要讲胡适。

问：你以前曾经提到，认识近代中国，有五个非常重要的人物，除了毛泽东、鲁迅、胡适，还有孙中山和蒋介石。

答：20世纪中国的精神资源，孙中山、毛泽东、鲁迅、胡适都很重要，我觉得蒋介石没有什么特别的思想。在台湾，没有必要讲孙中山，他们对胡适也是了解的，所以我着重讲毛泽东和鲁迅。我现在还在扩大精神资源的范畴，最近在研究四个人——中国乡村建设的梁漱溟、晏阳初、陶行知和卢作孚。我读他们全部的著作，在编一套书，我叫"志愿者工作丛书"，希望给志愿者组织提供工作经验。我把他们的语录编出来，写长篇导读，我想要通过这种方式，把他们的思想转化为现代社会可以接受的精神资源。我还发现一个很有趣的现象，这四个人都和毛泽东有着密切的关系。

静悄悄的变革

问：你一直强调，北大和贵州是你人生中非常重要的两极，一个在城市，一个在乡村，一个在学院，一个在民间，但是现在对很多人而言，这两极是相互分立的。

答：我将它们称为两个"基地"，就是从城市到农村，从中心到边缘，从高层到底层，从精英到草根。我觉得，知识分子需要游走于这两者之间，有一种出入和流动，是一种比较理想的状态。如果完全在农村，会被困住；如果完全在城市或者学院，会脱离地气。当然，每个人都会有不同的侧重点，但是要想办法开拓另一个"基地"。现在很多年轻人把底层经验认为是一种流放，觉得自己已经脱离了农村，再也不想回去了。我不是这样，我脱离了农村，但我还会尽量和它保持联系；当然，我也不把它美化或者理想化，因为我在农村待过，我知道它的实际情况。

问：你在研究乡村建设，现在其实也有不少人在做乡村建设的实验，但是经常像一阵风，并没有带来真正的改变。其实民国时代也遇到过这样的问题。

答：我退休之后比较关心志愿者群体。我一直和"70后"、"80后"、"90后"保持联系，我指的不是全体青年，而是像鲁迅所说的醒着的青年或者想要醒来的青年，和他们对话，跟"睡着的""昏着的""玩着的"青年则无法对话，他们对我们也毫无兴趣。

我一直在推动一种我自己称之为"静悄悄的变革"，我强调从改变自己和自己周围的存在开始。我发现很多青年很苦闷，又找不到出路，我建议他们可以从身边做起，把一群志同道合的人联合起来，比如一起读一本书，建立一个读书会，通过读书会来建立共同信念，一起做一些力所能及的事情，按照自己的理想和价值标准，尝试过一种新的生活。这样就给青年人一个希望，让他们既不会满足于现状，又不会牢骚满腹。

当然，这种情况也不是我提倡的，实际上这些年已经存在了。现在有一些青年回到农村去，还有一些青年在改变都市生活，都很有意义。有的年轻人认为，城市也需要寻根，他们会关注城市的地域文化和民间文化。还有一些年轻人在城市里建立与乡村、土地的联系，将农民的收成直接和消费者对接，这是非常有意义的。城乡确实应该协调发展，未来的城市一定要绿色化，这是一个趋势。

我发现他们在做的事情主要有两种类型：一种有点像当年周作人提倡的"新村运动"，按照自己的理想，寻找另一种生活方式，是一种自我的完善；另一种是社会服务型的工作。这两种类型都值得鼓励，值得提倡。这是他们在体制认可的范围内做的一些努力。我的工作就是帮他们写序，帮他们进行理论上的提升。

我现在对知识界有些不满，知识界有很多空谈。从某种程度上讲，青年已经走到前面了，而学术界、文化界很多人却根本都不知道他们的存在。

问：你的思想比很多人都年轻。

答：因为我和青年保持着密切的联系，他们会把材料寄给我，我帮他们写序，做理论的提升。

现在中小学教育也是这样。我鼓励中学教师自己联合起来，按照他们的理念尽可能地去探索。我提倡低调的理想主义，目标不要太高，帮一个算一个。我对教师们说，如果一届学生里，你影响了五个人，就已经是很大的成绩了。一辈子能影响几百个人，作为一个教师，就够了。

问：就像鲁迅说的，有一分光，发一分热。

答：是的，不要把目标定得太高，低调地去做，在某种程度上是"知其不可为而为之"，但是总会有一点作用。

问：就像卢作孚说的，大家都以为炮弹的力量大，其实细菌的力量最大。

答：对，就是细菌的力量，总会有所作用，就行了。这是一种比较可行、有效的方式。从另一个角度说，是从底层改变上层，慢慢地去改变。这也是胡适和鲁迅的一个区别，胡适注意上层建筑，鲁迅注意底层，我的思想基本上是从鲁迅这条线接下来的。

未来五十年的三大问题

问：对当代的年轻人，关于理想主义，你有什么话跟他们说？

答：我对青年做过一次演讲，我问他们：青年朋友们，你们准备好了吗？

现在的青年，要么是"小时代"的青年，要么就是关心现实但是有时候对现实过于贴近的青年，他们被现实困住了，不能超脱。我希望他们能思考一些更大的问题。我说，你们二十多岁，我有七十多岁，你们相距我有五十年，你们考虑过未来五十年你们会面对什么问题吗？那时的中国是怎样的？世界是怎样的？现在是全球化的时代，说不定有一些问题不是中国的问题，而是全世界的问题。

跟我那个时代进行比较，我提出了三个问题。

第一个问题是人与自然的关系。这将是未来五十年人类面对的最大的问题，许多情况是前所未有的，比如雾霾。我那个时代是人类征服自然的时代，现在呢？现在一些城市青年做的实验，我称之为"新生活运动"。我为什么给予他们很高的评价？因为他们用行动来尝试怎样和自然和谐相处，这是具有未来意义的。人和自然的问题，会引发伦理学、政治学等领域很多的问题，这是年轻人要思考、要研究的。

第二个问题是社会模式的发展。下一代人要思考，怎样才能有所超越，不能简单地用一种非此即彼的立场来解决，而是巨大的综合，巨大的变革。比如说，自由主义者认为埃及革命是第三波民主化浪潮，其实不是那么回事；左派认为华尔街运动是给资本主义敲响了丧钟，也不是那么回事。原来的理念，已经不足以解释现实。如果固守原来的立场，是无能为力的。所以我强调，生活是长久的，理论是晦涩的，我们现在面临的问题，要重新思考，不要把一切都纳入自己既定的理论模式里。

我们要深入到每个文明深处，发现它们的合理性，也发现它们的矛盾和问题。未来不是文明崛起论，也不是文明崩溃论，而是综合，是汇流。不是谁取代谁的问题。这种问题意识是我那个时代的问题意识，不属于未来。

问：会像福山说的那样，历史会终结吗？

答：实际上每种文明都在调整，包括向对方吸取经验，进行调整、试验、实践，可能会创造出一种新的比较好的模式。这是一个变革的、调整的、创新的时代，不能继续固守以前的东西。这个任务是青年一代应该完成的。我是完成不了了，我的知识结构也不一样。

我认为，第三个问题是科学技术的变化。我们根本想象不出这种变化究竟会有多么巨大，比如我们无法预计网络技术究竟会给人类带来什么。

问：现在是一个持续加速的时代，不管是生活方式还是人际关系，都是如此。

答：是的。许多事情都受到网络的影响，而且并没有结束，而是刚刚开始。我也很注意基因技术。这还是我们相对熟悉的领域，还有许多是我们完全不懂的。年轻一代将遇到人类科技的大变革，其变化是无法预计的，是颠覆性的，不仅是生活方式、人际关系，甚至价值理念，是全面的颠覆，而现在很多人其实毫无思想准备。

问：代际关系也发生了很大的变化。以前十几年、二十几年是一代人，现在可能相隔三五年就像两代人了。

答：我们可以预计，未来五十年的变化还会更大。我刚才讲到的这三点——人与自然的关系、社会模式的发展、科学技术的变化，仅仅这三点，很多人都毫无准备，甚至根本没想过。我觉得必须想。如果从这个角度来看，目前面临的种种现实问题，其实都不算什么，不必那么在乎，你应该考虑更大、更长远的问题，它们才代表时代的趋势。如果站在未来五十年的角度，来看当下的中国，自己可以做什么？这个天地非常广阔。

站在边缘位置，关心中心问题

问：你给年轻人讲鲁迅，他们与鲁迅之间的隔阂越来越大还是越来越小？

答：我一直在引导年轻人，通过阅读鲁迅，理解他的语言和视野，理解他对生命的体验。如果我们前面讲的问题是向外的，那么，这个问题则是向内的。怎样让生命体验更丰富？怎样提升生命的质量、力度、深度、广度？我认为，语言哲学很重要，它是和生命体连接在一起的。我想通过鲁迅的《野草》读本，让年轻人知道，怎样在混乱中沉静下来，提高生命的体验、语言的感悟，使内心世界变得更丰富、更宁静。

鲁迅对语言有所突破，因为他找到了一种方法，用语言来表达自己的生命体验。当然，真正的生命体验是语言表达不了的，所以鲁迅说："当我沉默着的时候，我觉得充实；我将开口，同时感到空虚。"但是他要反抗，就是要表达难以表达的东西，他成功了。他不仅用语言，他还用音乐、美术，最终达到一种语言、艺术、生命的高度融合。这不完全是文学专业的问题。真正内心世界比较丰富的青年，必然要介入这些领域——语言的领域、艺术的领域、美术的领域。实际上很多青年已经在这么做了。

问：年轻人发起的"新生活运动"，知识分子在其中能起到什么作用？

答：鲁迅有篇文章叫《革命咖啡馆》，说有些知识分子坐在咖啡馆里高谈阔论，远处是许许多多"龌龊的农工大众"，而知识分子们在"喝着，想着，谈着，指导着，获得着"，实际上是一种自我满足。

我能做的是什么？我和志愿者说，我不能和你们一起参与了，但我是关心者、观察者，也提供帮助。我觉得知识分子可以做的事情，是把我们的学术研究转化为青年一代的精神资源，比如鲁迅、胡适、梁漱溟的精神资源。不要只局限在自己的专业领域，要放下身段，做力所能及的事情，和青年保持一定的联系，为他们做些事，通过他们来实现你的理想。

另外，我反复呼吁年轻人不要和现实问题贴得太近，其实知识分子也一样。有一些知识分子还在坚持，很可贵，但他们有时只介入现实，而不去思考一些更大的问题。知识分子的本职和本分是什么？不是解决现实的政治问题，而是要回答时代提出的精神问题，对人类文明的内部进行全面的反省。在价值观念混乱的时候，知识分子应该提出新的价值理念。这也是鲁迅的可贵之处，鲁迅最关注的是精神问题。

我对知识分子还有一个提醒，每个人应该有自己的立场，但不要把自己的立场绝对化，而应该相对化。现在很多人不容异己者，这是通病，但是中国问题太复杂，每个人只能触及问题的某一方面，不能认为只有我的观点对，要绝对按照我的方法来走。其实完全按照鲁迅走不行，完全按照胡适走也不行。所以我提倡"理直气不壮"，比如我会坚持我对鲁迅的看法，但是我"气不壮"，我留有余地，留一块地给胡适。

问：这种态度其实也是胡适的态度，"容忍比自由更重要"。

答：知识分子要相容，不能有对立思维。你坚持你的想法，也要考虑别人的合理性，而且你在坚持自己的合理性的同时，也要把你的问题讲深讲透，要有自我反省。

不要认为这个世界没有你就不行了，对自己的估计不要太高，不要对每一件事都发言。要知道什么是自己要追求的，什么是不需要追求的，要善于拒绝，然后才能集中精力。知识分子现在最重要的是静下心来，好好想想问题。

采访时间：2014 年

重寻人间傅斯年

王汎森 *

> 我认为，以一种文化传统为主干的多元主体的开放的文化，
> 才是一种平正、通达、正常的文化，才是我们应该追求的目标。

一

熄灯号吹响之后，王汎森就会重返马克斯·韦伯与章太炎的世界。那是他在军营服役的两年中为数不多的乐趣，也促成了他的思想转变。

1970 年代在台湾大学读书时，王汎森曾用很多年的时间阅读章太炎。在他接受的教育中，章太炎是一个革命家，"中华民国"这个词的发明者；然而，王汎森却在近现代中国的思想历程中，不断地发现章太炎的影子，其涉猎面之广与影响之大，令人惊讶，就像一个思想界的"总机"。这愈发加大了王汎森的好奇心，他开始逐

---

* 王汎森，1958 年生于台湾，美国普林斯顿大学东亚系博士，台湾"中央研究院"副院长、院士。主要研究范围为思想文化史、学术史、史学史，主要著作有《章太炎的思想》《古史辨运动的兴起》《中国近代思想与学术的系谱》《晚明清初思想十论》《近代中国的史家与史学》《傅斯年：中国近代历史与政治中的个体生命》等。

篇阅读章太炎的那些艰涩的文章，并出版了第一本学术专著《章太炎的思想》。

1983年从台大硕士毕业后，王汎森入伍服役两年，在军营中，他开始进入马克斯·韦伯的世界，每天晚上都会硬着头皮阅读韦伯的《宗教社会学》等书的英译本。从韦伯的字里行间，王汎森读出他对现代世界所怀的不安与彷徨，这与王汎森自己多年来阅读章太炎的经验产生了共鸣。那些夜晚，对现代世界深深的忧虑，也侵袭着年轻的王汎森，"一东一西两位思想家的著作，使得我少年时代一往无前的乐观与期待，悄悄地让位给一种审慎的忧郁"。

服役的两年间，在频繁的出操、毫无征兆的紧急集合的间隙，王汎森竟凭借旧时所做的读书笔记，写成《古史辨运动的兴起》。这本探讨"近代思想中反传统思潮如何形成"的著作，最终让仅有硕士学位的王汎森进入"中央研究院"历史语言研究所。

史语所由傅斯年在1928年创办，1949年迁台，它因大师云集、学术成就卓著而享誉世界。

史语所无疑是年轻人的天堂。王汎森仍然清晰地记得："我刚来的时候，觉得老先生们什么都懂。他们的生活其实非常单纯，'中研院'的环境不是每个人都能适应的，如果不能适应，可能过一段时间就会离开，而他们能在史语所待这么多年，基本上就是心志非常专一，读了几十年书的人。"前辈学者深厚的学养让年轻人能够迅速成长，王汎森开玩笑说，如果遇到一个无法解决的学术问题，可以到走廊上去问，即便第一个人不知道，问到第二个人、第三个人，也一定能获得答案。

史语所无疑又是年轻人的"地狱"。前辈学者的博学、严苛与不苟言笑，都让年轻人时刻不敢放松。"那时给我们的压力确实非常大，而且当时所里的气氛非常严肃，对年轻一辈的批评也非常严厉，大家都很紧张。有一位同事，就因为每个礼拜一的讲论会而拉肚子拉了三年。"

在这种幸福的压力下，王汎森这一代人延承了前辈的学风，也开始开拓自己的思想世界。

在史语所工作两年后，王汎森赴美国普林斯顿大学留学，师从余英时。有趣的是，他当年能进入史语所，也得益于余英时的垂青，当时任教于耶鲁大学的"中研院"院士余英时，就是他进入史语所时的审查人。

余英时是钱穆的高足，也是唯一一位在哈佛、耶鲁和普林斯顿三所名校都任教过的华人教授。这位精力充沛、几乎无时无刻不捏着香烟的老师，深深地影响着王汎森的学术与人生。与此同时，那个大师辈出的年代，也让王汎森获益匪浅："老一辈的学者比较愿意深入了解中国人的学术风格，后来比较年轻的那一辈人跟进的是欧洲史，是西方的文化主流价值。我在普林斯顿大学留学时，正处于一个过渡时期。我记得当时看过一本书的献词，献给一位老一辈的从中国去的汉学家，上面写的是：感谢他来到美国跟我们分享中国的历史。是分享，后来基本上就是研究了。这是不同的。那时正是老一辈学人的余晖即将结束的时候，我个人觉得在我比较熟悉的学人中，牟复礼（Frederick W. Mote）先生代表了那最后的一点余晖，他愿意深入地了解整个中国历史文化的曲折。"

博士毕业后，王汎森重返史语所，一度担任所长。时至今日，他是"中研院"副院长、院士。近年来，他研究明清思想的转型、中国近代私人领域的政治化，并倡导从那些被淹没、被遮蔽的"执拗的低音"（丸山真男语）中重新思考历史与文化，为研究近代中国拓宽了视野。

二

日本第一位诺贝尔奖得主汤川秀树说，京都的静谧和大阪高度"动"的环境，刺激着他的心灵，让他取得了学术的成就。王汎森对这句话印象深刻。其实，"中研院"同样处于这种动与静之间，在台北的高速现代化与南港的安逸宁静之间，维持着张弛自如的分寸，成为一片难得的思想净土。

在"中研院"的办公室里，王汎森向我描述关于史语所创所所长、中国近代知识分子的典型代表傅斯年的种种往事，一百余年的时光如白驹过隙。二十多年前整理傅斯年的文物资料，让王汎森发现了一个复杂而又生动的傅斯年，以及傅斯年背后的那个剧烈变革的年代。王汎森倡导"思想史"与"生活史"的结合研究，对傅斯年历程的追寻，正与他的学术思路不谋而合。

1995 年，王汎森开始编纂《傅斯年文物资料选辑》，在史语所库存的五千余件文物资料中，寻找那些业已凋零的往事。

这些档案资料，王汎森并不陌生。1987 年傅斯年的家人将这些档案捐献给史语所时，就是由王汎森负责给它们编号归档。

尽管如此，这本书他仍然编得战战兢兢："傅先生在史语所的地位这样高，编这样一本书，好像是要把他从神坛拉回到人间来。我那时候在所里是年轻的一代，虽然已经做过副所长，却还是胆战心惊。"为了考证一个人名、一条史料，他时常彻夜难眠；而为了一张图片的大小、一段图说的位置，他也与美术编辑反复权衡比较。在他看来，这不仅事关学术的严谨，也事关对先贤的尊重。

在年轻时代庞杂的阅读中，王汎森遇到过一本书，名叫《耶稣的脚印》。它将耶稣到过的所有地方，通过图文的形式逐一呈现，朝圣者的足迹，让每一片平凡的土地都变得熠熠生辉。王汎森希望，《傅斯年文物资料选辑》也能释放出这样的感动。

与傅斯年的相遇，为王汎森开启了另一个思想的世界。

从傅斯年的藏书中，王汎森找到傅斯年在欧洲留学时的行踪，也发现他涉猎极广却唯独对当时风靡德国的韦伯（Max Weber）的思想毫不关注，"因为傅斯年当时的研究，是要给中国开药方，而不是给西方开药方"。

从傅斯年潦草的字迹和大量的通假字中，王汎森看到了被行政事务拖累的傅斯年，看到了抓紧一切时间匆忙书写学术心得的傅斯年，也看到了在新旧传统交替之间挣扎徘徊的傅斯年。

从傅斯年遗物中夹带的一份北大历史系学生成绩表，王汎森看到傅斯年对人才的持续关注，"务必要将最好的学生选进史语所"。正是他的"拔尖主义"理念，塑造了史语所的学脉。

这个遥远的被仰望的人物，原来竟如此生动，如此复杂。而对傅斯年档案资料的深入考察，也符合王汎森学术研究的一种思路：不仅研究一个思想家的观念，还要从他的日常生活、社交等角度来全面考察。他认为，"思想与政治、社会、教育、出版、风俗、日常生活之间，是一种佛家所谓的'互缘'"。通过思想史和生活史的双重线索，可以更完满地还原一个人、一种思潮和一个时代。

五年后，王汎森出版英文专著《傅斯年：中国近代历史与政治中的个体生命》。迄今为止，这仍是英语世界唯一全面研究傅斯年的权威著作。

如今的王汎森也已成为年轻学者心目中的前辈大德，但他仍然清晰地记得 1985 年自己第一次到史语所时的情景。那时他只有二十七岁，时常在老先生们面前汗流浃背。那个大师迭出的年代最后的光芒让他倍感温暖，也陡增压力："那一代人的精彩，在于他们以全部学养支持一种学问。他们在各种文化里受过陶冶，以众部支一部，这样才能显出精彩。我刚进史语所时，九十岁才是老一辈，七八十岁是中年一辈，四五十岁是少年，而二三十岁是幼儿园。每次去参加所里的讲论会都很紧张，那些坐在前面的老先生什么都知道。那时院里比较简单，有个同事在报纸写了一篇科普方面的文章，结果收到吴大猷院长一张纸条约他见面。吴院长一见到他就说，你是某某某，你写的文章太幼稚了。"

那些让年轻人肤粟股栗的日子，已经随着那一代人渐渐远去。但那些日子塑造的对学术的虔诚与敬畏之心，对历史研究的审慎客观态度，以及知识分子的自律与尊严，则在史语所传承至今。

这是一枚精神的火种。

采访中，王汎森也时常陷入沉思，喃喃低语着自己的种种忧虑：如何重建人文学科的传统与价值，如何在这个过度专业化的时代重启跨学科的交流，如何重拾知识分子的立场与尊严……

所有的忧虑，其实也是一种期待。

※

傅斯年经历了比别人更困难的转变与挣扎

问：最近几年，大陆才开始重新关注傅斯年，他的档案资料都保存在史语所，是否计划陆续公开出版，让大家了解更多真实的情况？

答：我们今年要出版他的书信，共三册，我和两位同事已经整理了很多年。很难整理。傅斯年的资料，如果作为史料给一般读者来读，会很困难：第一，他的文章中通假字、同音字和手头字太多；第二，他太忙，书信非常潦草；第三，中国人写信往往不注年代，所以断定时间非常难；第四，我是坚持一切要按照原样来整理。

因为傅斯年刚好处在一个从旧到新的年代，他对人的称谓、问候方式，还有书信格式等等，都存在一些变化。例如，如果细读，你会从中看出从文言文改成白话文的痕迹。因为傅斯年早年受到的教育都是旧式的，他受旧学的影响太大，新文化运动时改成白话文，他改起来要比别人更困难一些，从他平常写信的文字中就有很多挣扎的痕迹。我认为这些都值得保存下来。

问：这种情况在罗家伦他们身上明显吗？

答：罗家伦他们受旧学的纠缠没有那么大。傅斯年不同，很多经书他都可以整套背诵，所以，他在这方面挣脱、转变的痕迹，很值得研究。

问：也有家族的渊源？

答：当然。他是山东人，他的家族非常看重"礼"。傅斯年的古典训练太好了，尤其是跟乾嘉考证比较相近的训练相当好。史语所的老前辈高去寻先生生前跟我讲，傅斯年先生背书就像发报机一样，非常熟悉，即使有些内容不记得了，只要稍微回忆一下就能背出来。山东有人写过一篇文章（好像是傅斯年小时候认识的人），讲他小时候背书背得太辛苦，很多东西就用毛笔直接写在衣服上。因此，到新文化运动时，要放小脚，要改成白话文，傅斯年经历了和别人不一样的困难。

所以，我们在整理他的书信时，如果要存其真的话，当然也可以把一些字换成现代的字。但我觉得这样会失去时代的价值。

了不起却又"失败"的管理者

问：傅斯年的行政事务是否影响到他的学术研究？

答：影响非常严重。傅斯年的学问和健康，都深受行政事务影响。他为了行政事务而写的东西太多了，在那个时代，一切都还没有步入正轨，就连几百公斤白纸都要靠关系去争取，要写很多信。而且，傅斯年有点过于重视细节，这可能就是他的个性，也有可能是他求好心切，想要很快把事情办成，所以他的很多公文一写就是一万多字。

他在台大的时候，台大发生了盗窃案，他为这件事写的公文，动辄上千上万字。当年"中研院"为了买一批铜器，要筹钱、讲价、利用关系，也是写了好多封信。这分散了他很多精力。

问：这些公文不会是秘书代笔的吗？

答：傅斯年的字太潦草，秘书只在有些时候负责抄写。这些行政事务不仅影响到傅斯年的学术，也影响到他的健康。他在《中国古代文学史讲义》前面有一段话讲，天黑以后才能开始做学问。他在台大，晚上十点以后才开始做他自己的学问。他的遗稿里有一批关于民族与古代中国的文章，但是非常潦草没有写完。非常难清理。可以看得出他写得非常匆忙，常常在引文的地方空一段，等将来再找机会补抄进去。

问：傅斯年去世前两个月，曾在信中写道："办一新大学容易，改革一个旧大学难。"当时台大的教育和研究格局，是日本统治时代的产物，傅斯年是如何去芜存菁的？

答：日本、德国的大学，都是讲座制，和美国不同。全校由几十个讲座教授为主组成，以一个一个研究室为主体，研究一项专门的学问，有时连相关书籍都是专门存放在研究室中的，研究室甚至还出版刊物。一个大学由几十个甚至上百个这样的讲座组成。傅斯年在德国待的时间很长，很欣赏讲座制。

傅斯年并不是国民党接收台大后的第一任校长，前面几任校长已经用美国大学的制度取代了原来的讲座制，傅斯年对此深感遗憾。他认为，日本学术在明治维新后进步得这么快和讲座制有关系（当然，也有人认为讲座制有点僵化）。无论如何，在傅斯年看来，这种改变是一种破坏，是一件非常遗憾的事情。

傅斯年到台大后，遇上青黄不接，日本的教授大多回国了。所以，他为台大延揽了大量杰出的教授，不仅在人文社会科学领域，还包括很多自然科学领域的学者。这是他对台大很大的贡献。

还有一个是规模问题。在日本占领期间，台大只有几百名学生。1949 年以后，学生增加到三四千人，所以，整个大学的机制都要变。傅斯年做的不仅是造校舍、宿舍，他带来的无形的影响其实更重要。傅斯年只做了将近两年的校长，他的地位之所以直到今天都如此之高，在于他树立了一个"标准"——他们这一代人很注重"标准"，因为在一个没有标准的年代树立标准并不容易——傅斯年对台湾的教育进行了很多严格的规范，包括聘请老师和开除不称职的老师等等方面。

问：傅斯年试图将台大打造成台湾的"北大"，他是怎样做的？

答：傅斯年对台大的影响很大。他营造出独立自由的风气。傅斯年在台大的 1949 年到 1950 年，台湾是戒严的时代，政治和军事对教育的干预都非常厉害。傅斯年要对抗外来的影响、军警的力量，所以他说"我们（台大）不兼办警察局"，不过这些压力给他带来很多困难，对健康也有很大的影响。

他也把"五四"的精神带到台湾。当然，这种影响的象征性可能大于实际，可是一旦形成象征性资源，就会不断地被回味反刍，被引为依据，被发扬光大。事实上，后来台湾的很多民主运动的资源，便是这种精神。

傅斯年是一个非常有平民作风的人，是那种走进学生中的校长，和现在的校长不太一样。我在美国读书时，从没见过校长。当然，现在的校长处理的事情要更繁复、更多元。

我觉得，傅先生是一位了不起的管理者，但也是一位"失败"

的管理者。他太想把事情做成功，太过亲力亲为。包括他办史语所也是如此。当然，"中央研究院"早期那些研究所，凡是后来成功的，大部分都是因为所长具有这个特质，但是也伤害自己的健康与学术。

李国鼎从剑桥大学读硕士回来，原想进"中研院"，当时天文所所长说，李国鼎是不得了的人才，一定要让他做研究员。但傅斯年说，以他的学历和著作，最多只能做副研究员，这充分显示出傅先生的严谨风格。史语所在这些问题上斤斤计较，有时计较得甚至有些不近情理。

给中国开药方

问：傅斯年有什么缺点？或者说，他这一代知识分子的局限性是什么？他是否完成了他这一代人应当承担的使命？

答：这一代人提倡科学和民主，虽然他们或许不是科学家和政治人物，但是从造成风气的角度来说，他们已经达成目的。此外，他们也替中国的新学术奠定了基础。

如果说有什么局限，那么他们的局限在于受科学主义的影响太深。傅斯年就认为，中国传统文化的那种过度精神性的笼统的学术不够进步，他对此的批判有时候过了，虽然在后期有所改变。

他对当时西方的实证主义（positivism）有特殊的兴趣，就特地引进来。实证主义现在已经落伍了，可是在当时，在他看来那是很重要的药方。这也使得他把想象的、精神的层面的门关起来。（但傅斯年写的文章却是很有想象力的。）

傅斯年的名言是"矫枉一定要过正"。有人问胡适,你们这样做会不会过当?胡适说,你要回头看这几十年,到底是我们产生的影响大,还是梁漱溟产生的影响大?其实也就是傅斯年所说的"矫枉一定要过正"。他认为,在当时的情况下,药一定要用下去。在近代中国的学术和思想史上,常常有这种态度——这是一味药——这味药是要治疗特殊环境下出现的问题。

问:你从傅斯年的藏书中发现了大量研究线索,例如他对王国维《殷周制度论》的态度,例如他1947年在美国的购书记录显示出他对西方学术界最新学术理念的关注……通过傅斯年的私人阅读来理解他的思想,还原他的精神地图,这种研究方法是如何逐步成形的?在研究傅斯年藏书的过程中,还有什么难忘及重要的发现?

答:傅斯年的这一批资料,傅家的后人保存得非常完整。后来由他的太太捐到史语所。最早去给这批资料编号的人就是我。当时是按箱编号。我称这批史料为"私人文件"(private documents),它对了解一个人会大有帮助。还有傅斯年的藏书,他的批语特别有意思。我个人觉得,他读书的广度和深度似乎在胡适之上。

我了解傅斯年在欧洲的行踪,往往也是根据他在书后面所写的内容作为线索,他在欧洲买的大量的英文书都会写自己到哪里去,或者这本书是在哪里读的。从藏书中也可以看出他当时在关心什么。比如,当时有些书在德国非常流行,引起过大辩论,像马克斯·韦伯,像德国当时的新康德学派,但它们却完全没有引起傅斯年的注意。因为傅斯年当时的研究,是要给中国开药方,而不是给西方开药方。

建立平正、通达、正常的文化

问：知识分子的影响力在逐渐减弱。但台湾遇到的问题似乎不是自由不足，而是自由过剩。你觉得，台湾知识分子的使命，是被突如其来的自由民主消解了，还是被过度的专业化消解了？

答：在台湾，这是一个复杂的现象。我在台湾成功大学讲知识分子的没落，原本只是一个简单的演讲，居然引起很多人的注意，这是我始料未及的。

演讲完，在座的一个记者跟我要手机号码，我问他，是要报道吗？他转身就走掉了。他怕我反对，隔天《联合报》在非常显著的版面上进行了报道。可见人们非常关心这件事情。

最近二十多年，台湾学术界整体在进步，但有些东西却退化了。早期那种一位学者可以包揽评论很多事情的年代过去了，现在没有人能这么做。我觉得，最重要的原因还是在于，学者逐渐不再以知识分子作为对自我的期望。

专家社会的形成、学术的过度竞争导致压力太大，使得人们已经不敢多说话。当然，也有新思潮的影响。西方近来的新思潮对"知识分子"并没有正面的评价，基本都是在否定"知识分子"的价值。

我不是说知识分子一定好，但我认为这是一个重要的历史现象。军队里为什么称将军为 general？我在年纪很小的时候看一本杂书，上面写道，general 就是表示他要对所有的兵种都得有相当的了解。在这样一个专业社会的时代，知识分子一定要是一个 general，不能只是对一门学问专注，要有一种通达的态度。

问：西方还存在这样的 general，比如乔姆斯基。但他身上似乎更多体现着知识分子的异化。

答："中研院"曾经请乔姆斯基来演讲，但我所尊重的一位前辈在电话里对我表示很不谅解。他说，乔姆斯基占尽了美国文明的所有好处却不自知。

我对乔姆斯基言论的态度是，有则改之，无则加勉。这种啄木鸟不能完全没有，偶尔有一个人提醒一下美国不是全对的，也有益处，但是他讲得过头了。

问：你曾提到，"中研院"在台北南港的几十年里，有过三个大门，分别象征文科的时代、数理的时代、生物的时代。

答：高等学术机构的领导人变成科学家，在台湾很普遍。在学校里居主导力量的人都是科学家，人文社会科学完全处于劣势。

问：科学家会将世界导向何方？

答：未来是不透明的。我们每天在做的，随时都在决策树（decision tree）中，在枝丫的交叉点，理性的估算没有办法强大到让你可以看清楚。

这个社会每天都有新的变化，所有人的注意力都被吸引到新的领域，所以，学术的领导人很自然也会从这些最热门的领域产生，这是人之常情。就像以前，人文社会学科所关注的内容，是早期社会变革的主流价值，当时的领导人也就来自这些领域。

但是，不管人类怎么演变，归根到底还是人的社会。所以，需要有一些人之所以为人的基本的东西，所以人文学科的重要性是像空气一样。我们怎么可能生活在一个没有空气的地方？

我常被邀请参加台湾一些大学的校务咨询委员会，前两年有一位校长说，图书馆将来会被电子书取代，图书馆的功能可能会消失。我说，电子资料很重要，我完全赞成；但我认为图书馆永远不能消失，纸质书永远不能消失。而且我认为，图书馆是一个"第三空间"，不只是看书的地方，还是一个讨论交流的地方，很多重要的想法都是在图书馆偶然得来的。

我还能讲这种话，是因为我是他的校务咨询委员会委员。学校里那些居于弱势的人文社会科学的教授说出来，他未必会听。

此外，因为研究的领域不同，学术惯例也会不同。在我们看来是自然而然的事情，其他领域的人却未必这样认为。有一年，一个生物医学方面的院士对我说他想提出一个提案：人文学者应该在他指导的学生发表的论文上挂名。我说，我们的学科惯例不是这样的，我们的惯例是各写各的，即使指导学生，学生写的论文也是他的论文。学科不同，理念也不同。

我们现在的任务应该是如何创造一个以自己的文化为主体而又容纳多元文化的社会。那种以为只有自己的根源是对的、是唯一的时代已经过去了，但如果说要放弃自己的根源的文化，也是不可能的。我认为，以一种文化传统为主干的多元主体的开放的文化，才是一种平正、通达、正常的文化，才是我们应该追求的目标。

采访时间：2011 年

谒问"文化的幽魂"

黄进兴[*]

> 以前讲儒家文化、儒家学说，都有一个实践的层面——礼和乐。现在再讲这个学说，则是一些抽象的东西，对社会和政治都没有指涉性，所以，整个儒家文化或者说孔庙，就变成一个文化的幽魂。

一

仅仅用一年零九个月，黄进兴就完成了他的博士论文，这在哈佛大学颇为罕见。

1976 年黄进兴赴美留学，第一站其实是到匹兹堡大学，追随他在台湾大学读书时的老师许倬云。但是，与另一位学界前辈余英时交谈了四个多小时后，黄进兴发现，自己对思想史和学术史的兴趣其实更为浓厚。得知黄进兴的困惑，许倬云欣然应允了他的转学

---

[*] 黄进兴，1950 年生于台湾，哈佛大学历史学博士，台湾"中央研究院"院士，历史语言研究所所长。主要研究方向为近世思想史、宗教文化史、史学理论。著有《优入圣域》《圣贤与圣徒》《历史主义与历史理论》《后现代主义与史学研究》《哈佛琐记》《半世纪的奋斗》《18 世纪中国的哲学、考据学和政治：李绂和清代陆王学派》等。

请求。次年，黄进兴进入哈佛，师从汉学名宿史华慈（Benjamin I. Schwartz）。

见面不久，史华慈就给这个满怀热情的年轻人泼下一盆冷水。他说，你的西方理论功底确实很好，但西方并不缺你这样一个人，你应该回过头去研究中国的问题，或许会有不同的发现。

史华慈的话让黄进兴有些茫然。在此前的十多年间，他一直在研究西方的思潮。那时，他狂热地试图理解西方世界两百余年现代化进程中发生的一切，为此进行过庞杂的阅读，甚至在留学哈佛以前，他就已经对西方的思潮进行过比较系统的梳理，出版了《历史主义与历史理论》。多年之后，又发表了《后现代主义与史学研究》。史华慈的忠告，令黄进兴咀嚼了良久。

史华慈还建议黄进兴去耶鲁大学向余英时请教（当时余英时在耶鲁大学任教），从而在汉学方面更进一步。余英时也完全赞同史华慈的主张。黄进兴渐渐感到，以自己的西方理论基础，如果回头反顾中国的思想与文化传统，或许真的能从中嚼出别样的滋味来。自此，他开始渐渐地回归中国人的精神世界。

在余英时的建议下，黄进兴将视线投向清代学者李绂。

此时，无论在西方还是在中国，李绂的名字都几乎被遗忘。1923年梁启超在清华大学发表的关于清代学术史的系列讲稿中，首次提到李绂是"陆王学派的殿军"，却也只是一笔带过。钱穆则在1937年出版的《中国近三百年学术史》中用一个整章介绍了李绂的生平和思想。除此以外，李绂在近现代思想史上几乎销声匿迹。

余英时却敏锐地发现，李绂其实在不同领域直接或间接地启发了清朝和民国的学术发展，研究李绂一定会获得很大的纵深空间，并牵出许多重要的学术问题。

黄进兴开始一篇一篇阅读李绂的文章,从中寻找历史潜在的线索。功夫不负有心人,《18 世纪中国的哲学、考据学和政治:李绂和清代陆王学派》的写作进展极为顺利。他每完成一章就交给余英时过目,余英时认为方向没有问题,黄进兴就继续写下去。随着研究的逐步深入,黄进兴也认识到,一流的思想家总是走在时代的前面,可能无法反映出时代的真实情况,而像李绂这样并不显赫的思想家,却更有可能呈现当时的真实风貌。

二

1981 年,写作博士论文的间隙,黄进兴趁暑假回到台湾。家人为他安排了一次相亲。

黄进兴的老师史华慈说他这个学生"头脑里装了许多稀奇古怪的东西,满腔不合时宜",黄进兴的这次相亲地点,确实选得非常不合时宜。

走进台北孔庙冷清阴森的门庭后,黄进兴就意识到自己的决定多么的匪夷所思。院落里空无一人,只有一排排乌黑的神主牌位竖在他们面前。后来,他在服务台看到一套红皮烫金的《文庙祀典考》,据说是清朝人写的。那本书几乎要花光他口袋里所有的钱,但是问价之后似乎又别无选择,在姑娘疑惑的眼神中,黄进兴忍痛买下这本书。卖书的老人似乎比他还要惊讶,马上又免费送给他一张红色的签条,上面印着孔子的句子:"好学敏以求之。"

这场相亲就此告终,黄进兴却在无意中闯进了孔子的世界。

回到哈佛后，他继续写论文，却也时常翻开这本昂贵的《文庙祀典考》。他发现，两千年来中国的变迁、儒生集团与统治阶层的对抗，都隐藏在这本书中；许多政治、经济和社会的问题，也都能从孔庙的祭祀中找到答案。

孔庙在失去国家祭祀的正当性之后，成为一个"文化的幽魂"，但这个幽魂背后其实还横亘着一个更为波澜壮阔的思想世界。一种文化的没落，牵引出的是千丝万缕的历史脉络。

黄进兴因此越过已被热议层剥的儒家思想，别出心裁地将视野投向儒教的圣域——孔庙，观察这个神圣空间与信仰之间的互动、儒生集团与政治的关系，重塑儒教在历史之中的真实。

完成博士论文的同时，黄进兴也为未来的学术道路找到了方向。

三

哈佛的记忆，后来被黄进兴写进《中国时报》"人间副刊"的系列专栏中，他不知道该取什么笔名，"人间副刊"的主编金恒炜就自作主张，将黄进兴的太太吴咏慧的名字署在上面。

黄进兴用幽默散淡的笔法，勾勒出大师云集的哈佛群像，史华慈、罗尔斯、科尔伯格、贝尔……哈佛的气度与精神，都跃然纸上。《哈佛琐记》结集出版后，引起巨大反响。几年后，李欧梵到台湾时，专门问黄进兴，台湾有一位叫吴咏慧的作家，文字很好，你认识她吗？黄进兴却摇摇头，称不认识。

这是黄进兴式的幽默，一种与传统学者的严肃格格不入的幽默。他的话语也是如此，娓娓道来，却在闲散中藏着深意。他的兴趣极为广泛，他也从不讳言自己是日剧迷，喜欢电影和美食，生活得随性而真实。他对知识的追寻也是如此。他说："我比较注重知识的唯美。我从小就想做世界知识的公民。"

现在，黄进兴仍有一连串层出不穷的研究计划，从"从理学到伦理学"到"遗民的世界"。早年庞杂的阅读拓展了他的视野，也奠定了他独特的学术根基，这使得他总是能另辟蹊径，发现一些不为人知的风景。鲁迅说："世上本没有路，走的人多了也就成了路。"在精神的荒野上，黄进兴也在不断地踏出新的路来。

在《哈佛琐记》的扉页上，黄进兴写道："人无法选择自然的故乡，但人可以选择心灵的故乡。"在哈佛，在史语所，他都得以找到心灵的故乡。对一个学者而言，这无疑是莫大的幸福。

※

现在的史语所无法定义

问：史语所迁台以来，经历了哪几次重要的转折？

答：从迁台之初到 1960 年代，史语所的这二十年，主要是在收拾残局，汇整资料。当时的经济情况并不好，但是相比抗战时那个兵荒马乱的年代，还是比较稳定的。所以，一些在大陆时未竟的事业，到台湾后得以延续下去。史语所的前辈们继续整理殷墟考古的资料，例如高去寻先生和石璋如先生，一位研究侯家庄，一位研究小屯，这些整理都很有成绩。

1960 年代以后，台湾学界受西方影响比较大。早在 1920 年代年史语所成立时，就曾有很多人提出不同的观点，认为史语所就是史料派；等到我们读书的 1960 年代，史语所在台湾一度成为被批评的对象。当时西方强势的学科，如社会学、心理学、人类学等都进入台湾，我们这一代人，同史语所之前的老传统，就隔了一个世代。

1955 年民族所从史语所分离出去，1997 年又分出了语言所。语言所研究的是 linguistic，我们史语所的招牌是 history 和 philology，philology 在大陆的翻译是"语文学"。linguistic 是 19 世纪末才建立的新学科，两者很不一样，到最后，这些同事讲的我们听不懂，我们讲的他们也没兴趣，所以他们在 1997 年就自立门户。当然，在 philology 方面，史语所目前又找到一位语文学专家，这是一个变化。

问：史语所现在还是世界汉学的重镇。

答：现在史语所还保留着四个重要学科：历史学、考古学、人类学和古文字学。现在，研究考古学的同事大部分都是做台湾的考古，甚至是东南亚的考古；只有一两位还在整理以前殷墟留下来的材料。我们也在尝试和大陆的考古学者合作，我们在硬件方面还是很不错的，双方合作会相得益彰。

现在的史语所和以前最大的不同是历史学，它又走出了一条新的路。在史学上，陈寅恪代表了一个大师的时代，但是现在，整个史语所概括来讲已经没有大师。那么，为什么史语所还能在世界汉学界占据一席之地？它靠的是每一个人研究成绩的累积。像前任所长杜正胜，做了新社会史研究。我这一代人慢慢做出思想史、宗教文化史，李孝悌做新文化史等等。我们还会研究环境史，这样慢慢地走出自己的路来。以前傅斯年说史语所是一个学派，现在大家变成各有各的路数，比较多元。现在的史语所无法定义。

问：但方向还是一致的吧，例如对原始文本的重视，对新材料、新理论的运用。

答：史语所比较重视资料的应用，这个特色还在。有许多国外的专家来史语所演讲都很紧张，生怕被发现资料上的疏漏。包括我的老师史华慈，他生前来时也是如此。因为这里卧虎藏龙。

现在大陆也有很多人在研究史语所，甚至有时候比我们还要了解。最近十多年以来，两岸在学术文化和经济上的联系都比较密切，也有很多大陆学者来史语所访问。他们之所以想来看看，我想有两个原因：一是他们想着史语所在大陆的那个老招牌，二是史语所年轻一代的学术研究也还不错。

台湾学者相对少一些忧患意识

问：当年在大陆，阅读胡适是一种禁忌。据说在台湾，阅读鲁迅也曾是一种禁忌？

答：我们那时候都是偷偷地看。其实，不仅鲁迅的文章看不到，连金庸的武侠小说也看不到。绝对不敢看毛泽东、马克思，不然会坐牢。

我到美国留学时读到《资本论》，但是1983年回台湾时，还是不敢带这本书。

问：经过几十年的分化，台湾的学术和大陆的越来越不同了。

答：西方文化的变动，台湾感受很快。这有缺点也有优点，缺点是台湾会变成无根的浮萍，没有扎实深厚的基础。

现在大陆的情况，刚开放，要摆脱比较僵硬的教条，所以对一切新东西都有兴趣。但都会有一个调整期，慢慢调整，就会有自信。

在我和大陆的一些学者、艺术家的接触中，我发现，台湾学者相比来说少了一些忧患意识。我们在台湾做学问，好像是一种生活的品味，大家都受存在主义洗礼，比较个人主义倾向，比较小我。

像我的老师余英时这一辈，就不断地关怀传统文化、民族的未来这些命题；而我比较注重知识的唯美。

其实我从小就想做世界知识的公民。开始读书的时候想的是，西方最近两百年有很大的发展和突破，我在有生之年一定要了解这些事情，所以对各个学科都有兴趣，包括逻辑学、物理学都去念。我不知道这是不是比较接近我们那个年代的描述，我个人是这样的。我观察别人，似乎也很少有人嚷着要救国救民，都是有各自的追求。近代中国那种强烈的启蒙和救亡意识，在我们这一代人身上，不那么明显。会不会是因为台湾地处一隅，给了我们这样一个大环境？我不知道。

问：台湾和南宋是否在文化上有某些相似之处？

答：有没有那么好，我不敢讲。台湾是一个很奇怪的地方，它受到几条轴线的影响，最重要的是大陆，另一个是西方。它处在文化的交汇点上。台湾的文化因此有好几个层次，西班牙、荷兰统治时期留下过一些东西，日本统治的五十年更是如此。我母亲接受的就是日本的教育，她很喜欢法国文学，因为日本很喜欢法国的艺术和西餐。

只有原住民在不断地迁徙（但没有被改变）。原住民的历史是一段很悲惨的文化历程，他们从平地被赶到高地，但保留了自己的文化。

问：你早期研究西方的后现代思潮，后来是怎样转向中国研究的？

答：我们这一代人当时是想向西方求真理，认为最好的文化、科学、真理都在西方。去了以后，会有一些观察和体验，慢慢觉得并非想象的那样，也会有一些反思。我们即使学得和洋人一模一样，也只是二手的；我们要找出自己的文化独特性。

我真正的学问底子是西方的。我遇到余先生，和他四个小时的长谈后，觉得一味地向西方学习，事实上是有不足的地方。此后，我才转向对中国的研究，所以研究角度和方法跟传统的方式比较不同，以致有一些学社会科学的学者会说，你一定是受了西方解构的影响，我说没有。在意识上，我觉得确实没有，但是否是在无意识之中有潜移默化，我不否认。

我会转向中国学，史华慈先生的影响很关键。他找我去谈，说：你做西方的学术，其实我们西方并不缺你这样一个人；但是你有西方的底子，你可以研究中国，可以找到很多有趣的方向。我听了这句话，第一感觉当然很不舒服，感觉是在说，你在西方做下来也是个三流的人物，那你不如回去做你自己的东西。但是我又觉得这话好像有点道理。因为史华慈说我难得读了那么多书，对西方文化有一定程度的了解，这在中国比较少见，假如能利用对西方文化的了解，再回过头去做中国传统的内容，应该会看出点与众不同的东西。

我就打了个电话给余先生，他当时在耶鲁。后来余先生叫我去谈谈，他认为史华慈的这个建议是正确的，我应该这样做。我就问，我应该怎样开始。我以前也编过《中国史学史论文》，但是那些都是小和尚念经，有口无心，功夫不扎实。余先生建议我，博士论文可以从李绂开始。因为之前研究李绂的只有钱穆先生一个人，且只有一章，所以无所依傍。我只能把李绂的文章一本本地看完，写出自己的论述。

孔庙是文化的幽魂

问：孔庙在台湾的分布密度，超过了大陆。

答：台湾的孔庙，尤其是台北市的孔庙，有它的特殊性。在清朝以前，孔庙是官庙。1905 年，台湾被割让给日本，日本并不支持孔庙。孔庙本来是在现在的北一女中（台北市立第一女子高级中学），但是日本把它变成了一个高校。1930 年代兴建的大龙峒的台北孔庙，是民间士绅集资建起来的，它的独特意义在于，它是民间建立的孔庙。

现在台湾的大部分县市都有孔庙，那是"中华文化复兴运动"的结果。以前唐太宗贞观四年曾下令所有的州学、县学都要建孔庙，蒋介石也要求每个县、市都要建孔庙。

问：神灵之间会有一些相处的模式，各种信仰的共存也一定经历过一个相互磨合的过程。其他神灵和孔子是如何相处的？

答：很多华人认为，儒教或者儒家不是一个宗教。问题在于，为什么现在受到中国文化影响的人，不把儒家或者儒教当作一个宗教？在传统中国，它又是什么样的？

清末那些知识分子接触的西方的基督教，基本上有一种私人宗教（private religion）的性质。但是，当时的儒教在帝制中国是一种公共宗教（public religion）。

私人宗教和公共宗教的分歧在哪里？私人宗教就是说，你到一座庙或者福音堂，你是为自己祈求。孔庙是不能作这些私人的祈求的，它是给历代的统治阶级、士人阶层作一个集体的诉求：国泰民安，文治昌隆。所以，孔庙在中国的文庙系统里是最重要的，但是也是一般民众不能去的。它平常都是关起来的，只在重要节日才会开放。民众和它的距离很遥远。清代的礼学名家秦蕙田就认为，中国的老百姓与孔子的关系是"尊而不亲"。

中国历代皇帝登基做的第一件事情就是祭天，然后祭宗室，第三是祭孔，以此得到统治的正当性。异族的王朝对此更加敏感，他们进关以后，知道孔子的这一套理论主导了中原老百姓的想法，必须要靠这一套来统治。清王朝是最清楚这一点的，因此他们将孔庙的礼仪提升到无以复加的地步。

之所以会有那么多庙，因为儒教对统治者而言是一种经世之学，但是还需要很多其他的东西。道教负责了养生这一部分，而人的生老病死怎么办？佛教就扮演着这个角色。一个皇帝在内廷可以信道教，但是在朝廷就会换成信奉儒教的面目；清朝私下信喇嘛教，但是在治国时信奉儒教。信仰之间有公私之分，没有冲突。

问：儒家之所以能对意识形态产生持续的影响，源于背后有一个巨大的儒生集团作为支撑。现在，这个儒生集团已经不复存在，在儒教现代化的过程中，它又将走向何方？

答：现在确实很困难。以前讲儒家文化、儒家学说，都有一个实践的层面——礼和乐。现在再讲这个学说，则是一些抽象的东西，对社会和政治都没有指涉性，所以，整个儒家文化或者说孔庙，就变成一个文化的幽魂。除了像我这样对儒家文化有兴趣而去研究孔庙，已经没有其他的理由让人们去祭拜孔庙了。台北孔庙几乎门可罗雀，而它的对面就是保安宫——一个重要的道观，那里就一直香客不绝。

问：近年有报道说，台湾有意将傅斯年、胡适他们放进台北孔庙祭祀？

答：是有这样一件事情，是台北市政府的讨论。我的意见是，胡适和傅斯年，在某一个阶段（晚年姑且不论），是要打倒孔家店的。现在如果把他们搬进孔庙，是一件很尴尬的事情。

最后一次把伟大的儒生放进孔庙，是在1919年，颜元和李塨师徒两人。现在都停止了。没有儒生再从祀孔庙，孔庙就会像一个古埃及的博物馆，像木乃伊。但是要运作的话，又没有传统的机制，无法决定谁应该进去。这是孔庙现在的困境。

在韩国，以前是祭祀中国的先贤先儒，后来他们把自己的伟大儒者放进去了。越南和朝鲜也是如此。韩国一直很骄傲，认为真正继承中华文化的是他们，因为满人入关以后，文化就已经不纯粹了。韩国一直保存着明代的年号，他们没有奉清朝为正朔。

问：你的《优入圣域》对儒家的研究与众不同。

答：以前的学说都是从教义——从有神论或者无神论这些角度进行研究，我的研究焦点放在儒教的圣域孔庙，来看这个神圣空间和信仰之间的互动。以前对教义的研究有很大的缺点，都太远离事实，和实际的信仰实践相当隔阂。例如，有人在浙江灵隐寺跪拜，你问他有没有读过《大藏经》，绝大部分人没有读过。这说明宗教信仰并非建立在对经典了解的基础上。

我最近在做的研究是"从理学到伦理学"。大家都知道近代中国民主政治的变化，我想分析 19 世纪以来到 20 世纪初中国人道德意识的变化，传统中国人和现代中国人的不同。

问：新道德标准建立的过程中，也打破了很多旧的东西。

答：是的，因为其中有很多处理的角度。例如道德项目的更替，以前是义利之辨，传统儒家一定是主流，但我们现在变了。我想做的是更趋向于意识层面的内容，也是大家无意做的一个内容，跟理学家有很大的关系。希望最后有一点趣味。

我还要做一个"遗民的世界"。在清初，建立帝国的统治意识形态是程朱学派，它的对立学派是陆王。但是不管陆王还是程朱，事实上都臣服于清代的统治。而我想去勾勒那个时代遗民的心理世界是什么样的。不是用传统的方式来做。当然，像黄宗羲、顾炎武这些人物我都会提到，但我希望能慢慢摸索出一种不同的呈现方式。

采访时间：2011 年

启来轸以通途

林庆彰[*]

> 中国经学的研究，每经过几百年都会有回归原典的运动发生。不纯粹是文章学的问题，而是中华文化兴衰存亡的一个关键。

大多数时候，林庆彰沉默不语。他总是微微颔首，仿佛假寐，其实旁人的话他全都听得真切。那些历代鸿儒的名字，立刻就能唤醒他深藏于眼中的光亮。

这个下午悠长而缓慢，他平静地追忆着一些险些隐匿于历史深处的名字，因为他的辗转寻找，他们得以重现人间。

台湾前辈学者黄永武曾评价台湾有"南北两头牛"——"北牛林庆彰，南牛张高评，号为国学研究界的研究蛮牛。""北牛"的人生，颇有些曲折、传奇。他出身于农家，曾夜以继日如饥似渴地阅读，并依靠读书改变了命运。他就读于东吴大学，却因对学术的孜孜以求与创见，令国学名宿屈万里青眼相看，收为最后的弟子。他

---

* 林庆彰，1948 年生于台湾，东吴大学文学博士，台湾"中央研究院"中国文哲研究所研究员，东吴大学中国文学系兼任教授，香港中文大学中国文化研究所古籍研究中心学术顾问。专研经学、日本汉学、图书文献学。著有《明代考据研究》《清初的群经辨伪学》《清代经学研究论集》等。

的硕士论文被屈万里评价为"打破了三百年来的陈说"，博士论文则以洋洋五十万字，厘清了明代考据学的线索，"把考据学的历史向前推了一百多年"。

从 1987 年收集编录《经学研究论著目录》开始，林庆彰便一发不可收。时至今日，他辗转大陆、港台，以及日本等地辑录的资料集、目录已达数十种。清代学者王鸣盛认为："目录之学，学中第一要紧事。必从此问途，方能得其门而入。"林庆彰同样笃信："做一门学问之前要先整理资料、掌握现有的研究成果，最好的方法就是先编它的书目跟研究论著。"林庆彰的理想是为整个学界的研究打下更完善的基础，他也有他的野心——重写一部经学史，而这一切，都必须建立在充分研读历代著作的基础之上。

书生林庆彰同样有着社会活动家的天赋，兼任台湾《国文天地》杂志社社长的数年间，他让一家濒临绝境的出版社起死回生。1990 年他冒险从大陆引进十八万册图书，轰动台湾。尽管蒋经国在1987 年已经宣布台湾解除党禁报禁，然而，直到三年后林庆彰的大陆之行，才称得上真正破解书禁。这件开风气之先的事情，却是由一介书生完成的。

二十多年前，林庆彰在写作《清初的群经辨伪学》时发现，中国的学术存在一种微妙的轮回，每隔数百年就会发生一次回归原典的运动，学者们以"十三经"作为尊崇和效法的对象，寻求圣人之道；又以"十三经"作为检讨的对象，寻求典籍的本来面貌。

林庆彰认为，回归原典不仅是一种学术风气，其目的更在于复兴中华文化，重振国民的自信心，"是中华文化兴衰存亡的一个关键"。韩愈、柳宗元如此，黄宗羲、朱彝尊如此，胡适、顾颉刚是如此。林庆彰自己，其实亦是如此。

※

经学在台湾

问：你通过研究发现，台湾的经学在日本占领时期已经有了重要的发展。第二次世界大战后，台湾其实经历过一个"去日本化"的过程，你什么时候意识到这个时期特别重要？

答：我教中国经学史，教到清朝，就有学生问我，日本占领时期也是清朝，有没有经学啊？我说可能有，但是学者和书我都举不出例子来，我觉得很丢脸，所以花了整整五年时间来做这件事，找资料，写文章，从各种文集里找出符合儒学标准的文献收录进来。

但是研究台湾史的人并不重视这些工作。像许雪姬编《台湾历史辞典》，并没有参考《日据时期台湾儒学参考文献》，台湾只重视台湾文学，在之前几乎没有人讲过日据时期的台湾儒学，所以格局比较小。甚至有人还在斤斤计较研究台湾文学要不要修中国文学史，这很离谱啊。你不修中国文学史，台湾的很多诗话都是讨论陶渊明、李白、杜甫，你要研究台湾的诗话，不修中国文学史怎么认识这些人呢？

问：日本占领时期的台湾经学，经历过哪几个比较重要的发展阶段？

答：日本占领时期的前半期，经学不是很发达，大部分学者都是来台湾做官的。有一些单篇文章，但是基本上没有什么新的见解，主要是受乾嘉学风的影响，但是贡献很少。比较有创意的是后半期，从 1920 年代开始，有不少台湾的知识分子到日本早稻田大学留学，在津田左右吉门下读书，其中有一位郭明昆，用社会学的理论研究中国的经典，包括《仪礼》《尔雅》。他写的《丧服经传考》和《仪礼丧服考》，分析中国的家庭制度和礼仪，对经学的研究有新的贡献。后来他在日本任教，可惜 1943 年坐船回台湾时，在冲绳岛被美军的鱼雷击中去世了，这对台湾来讲是很大的损失。我是从陶希圣的论文里知道郭明昆的，我就请日本东京的琳琅阁书店帮忙购买他的书，后来买到了。

另外，板桥林家的林履信，是林尔嘉的第五个儿子，他留学东京帝国大学，也学社会学，是建部遯吾的弟子。他用现代社会学的观点研究《尚书·洪范》，研究古代的政治制度，很有创见。但是，他做了许多公益事业，开儒学社、医院、幼稚园，办报，在厦门做报社的副社长，他没有在大学里教书，所以他用社会学的观点来研究中国经学，没能产生太大的影响。林履信的资料很难找。我知道他一直待在厦门，板桥林家在厦门有一处菽庄花园，已经没有东西了，但是我觉得，厦门或者厦门大学的图书馆应该有他的书，就去找，终于找到两三种他的著作，叫《希庄学术论丛》。在市面上看到的《希庄学术论丛》，只是第一辑，一般人不知道还有第二辑，我也找到了。

另外还有一位廖文奎，在芝加哥大学获得博士学位，也是学社会学。他回国后到了南京，在中央政治学校任教，他写的《人生哲学之研究》，用现代观点研究《大学》里的道理——也就是所谓

"内圣外王"、"格致诚正，修齐治平"。我是从廖仁义的论文里知道廖文奎的，但他说这本书"迄今不易寻获"。但是我想，这本书既然是民国时期在上海出版的，我就去查北京图书馆编的《民国时期总书目》，里面果然收录了这本书，上海图书馆有收藏。我请复旦大学的王水照先生帮我影印，因为他有学生在上海图书馆工作，王先生说，复旦大学图书馆也收藏了这本书，就印了复旦大学的藏本。

研究日本占领时期台湾的儒学和经学，资料非常难找。比较受现代学术影响的儒学家的著作，大概找到七八种，其中有五六种都在大陆，台湾根本没有，因为日本占领时期禁用汉文，汉文图书是不能在台湾出版的，一些书就流落在大陆。我把这些书统统都找出来，又编了《日据时期台湾儒学参考文献》，成为研究日据时代台湾的经学和儒学的基本文献。

问：1920 年代，"古史辨派"兴起，崔述等人被重新发现，当时大陆的这种学风影响到了台湾吗？

答：应该说有影响，但是不明显。我觉得当时台湾的学风主要还存在于诗人酬唱这个层面。顾颉刚当年的考据的观念在日本也没有引起很大的回响，内藤湖南有一点跟他一样的观念，但没有形成一种学术的风气，在台湾产生的影响很小。

1920 年以后，社会学进来了，跟顾颉刚当年的学风就不一样了，倒是和李安宅的研究方法比较接近了，李安宅有《〈仪礼〉与〈礼记〉之社会学的研究》。

问：那么是受日本学风的影响更大一些？

答：当时日本有许多著名的汉学家，像京都大学的狩野直喜、东京大学的岛田篁村等等。但是当年台湾人留学日本主要学医学，不然就学时髦的社会学，几乎没有人学汉学。东京大学和京都大学的汉学学风并没有影响到台湾，这是很奇怪的事情。所以台湾没有接受乾嘉考据学风，也没有接受晚清"今文学"的学风，也没有接受日本汉学的学风，只是接受了日本社会学的一点影响。而这一点影响到国民党来台湾以后也统统消退了，因为日据时代的知识分子已然断裂，无法用中文阅读、写作，即使学有所长也很难发挥，何况国民党认为他们是亲日的，并不信任他们。

问：那段时间日本汉学其实也发生了不少变化，他们在大正至昭和初年受到西学影响比较大。

答：狩野直喜讲过一句话，我的职责就是考据学。他们当年的考据不输给中国的乾嘉时代。譬如当年为了推崇崔述，他编了《崔东壁遗书》，主要就是提倡考据，后来影响到顾颉刚，因为胡适要顾颉刚找《崔东壁遗书》重新点校，所以我们现在市面上看到的《崔东壁遗书》是从日本传入中国又由顾颉刚点校后出版的。

当时他们甚至还利用天文学的知识，像新城新藏，考证《尚书·尧典》里的天文问题，《诗经》里面涉天文的也都去做考证。他们的方法是比较新的。

问：在日据时期也有跟经学相关的课程吗？

答：文政学科里有中国文学这个领域。在日本，所谓中国文学包括经史子集。当时教中国文学的主任教授就是神田喜一郎。

神田喜一郎对台湾大学的贡献很大。他为了充实台大图书馆的藏书，晚上开船到福州买书，因为如果他白天去买，日本警察会干涉，他就晚上去。中国哲学方面的学者是后藤俊瑞和今村完道。他们当时所有的研究成果被我编进《日据时期台湾儒学参考文献》。

问：日据期间，有没有对中国文学、哲学的教材进行改动？

答：当时台湾人很少有机会读台大，台大主要是教日本的子弟，台湾人大多只能读农业学校和商业学校。

破冰与解禁

问：你研究经学有家学渊源吗？

答：我是农家子弟，家里没什么书，只有《三字经》《千金谱》《幼学琼林》这些读物，都是我二哥的私塾读本。我真正对学术有兴趣是在高中，台湾的高中都要读《中国文化基本教材》，就是把"四书"的一些内容分配到三年里面学习，还要考试。但是我觉得选得太少了，不能满足，就去买《新译四书读本》来读，读了觉得很有兴趣。

那时我就想将来读历史系或中文系，历史系的分数比较高，我就考上东吴大学中文系。黄永武老师教我们声韵学，他同时也在读博士，当时文学博士非常少，经常有报纸、电视的记者采访他，很风光。我觉得，做老师其实也不错。

到硕士班，屈万里先生成为我的指导老师，他本来是台大教授，后来退休到东吴大学教书。因为我觉得屈先生的学问很好，很崇拜他，我在读大学时就跑去台大旁听他的课，当时他在教《尚书》。我除了旁听，自己也读，一本《尚书》读了七遍，都读烂了。

我跟屈先生学了四年，四年后他就过世了。我和叶国良老师是同门，他在台大，我在东吴，我们是屈先生最后的两个学生。

问：屈先生对你的研究方向有哪些指引？

答：我在屈先生的指导下研究明代的经学，硕士论文主要是考辨几本明代伪造的《诗经》的著作，包括《子贡诗传》、《申培诗说》和《孟子外书》。我在三十年前提出的结论，到现在还没有人能够反驳。大家都认为《子贡诗传》是丰坊伪造的，我考证后发现，《子贡诗传》有两个系统，一个是抄本系统，是丰坊伪造的没有错，但是刊本的系统却有三十多种，是王文禄伪造的，《申培诗说》也是王文禄伪造的。我研究了以后拿给屈先生看，屈先生很高兴，他说你打破了四百年来的陈说。到现在大家几乎都采用我的说法。

当时为什么要伪造这些书呢？因为明朝中叶开始慢慢产生反宋学的情绪。宋人对汉人很不客气，像郑樵，说汉人传经而经亡，意思是说汉人传承经典，但是并没有把圣人之道传下来，经书等于跟亡佚差不多。明朝为汉人打抱不平，要证明汉人既传经又传道，怎么证明呢？申培上面是子贡，子贡上面是孔子，表示申培的学问是间接从孔子那里得来的，所以当然既传承了经又传承了道。伪造这个就是为了帮助汉人澄清宋人对汉人的污蔑。

屈先生去世时，我刚刚开始读博士。屈先生为我定下了博士论文的题目，希望我研究明代考据学，我从《四库提要》开始搜集资料，发现明代学者的著作非常多。我很想把题目缩小，但想到这是老师的遗言，就决定坚持下去，最终，论文写了五十多万字。这篇论文证明，在顾炎武以前，杨慎、焦竑、方以智等人早就做了很多考据工作，我等于是把考据学的历史向前推了一百多年。

我做了考辨又做了解释，所以想要读这些书的人还不少，华东师范大学出版社正在出版一套我的著作。

问：1989 年，你从大陆引进了十八万册图书到台湾，引起很大的轰动。

答：当时台湾社会的不公不义已经到了我们不能忍受的地步，我只要举一个例子，你就可以理解：大陆的书一本都不能看，大陆的论文一篇都不能印。我从大陆买了九千包的书到台湾，希望能帮助后辈解决研究上的种种困难。虽然当时已经宣布开放党禁、报禁，但是引进大陆的书还是可能会被抓起来，没有人愿意这样做，尤其学中文的人都很保守，当时很多朋友都为我捏了一把汗。

问：没有感到恐惧吗？

答：没有，我唯一的想法就是不要让《国文天地》垮掉，否则实在太可惜了。当时台湾师范大学有十几位教授都有意要把它接下来，但他们都是公立大学的老师，不能当杂志的发行人，只有我是东吴大学（私立大学）的老师，所以他们把社长的责任交给我。我当时并没有做这些工作的经验，而且台湾有一句话：要害谁，就请谁去办杂志。但是我想，如果这本杂志在我的手里停刊，我就变成历史罪人了。我觉得应该来大陆看看，1988 年到北京拜访了《文史知识》的柴剑虹先生。当时在大陆看到很多好书，我想，如果把这些书买到台湾去卖，应该能赚一些钱将《国文天地》维持下去。因为台湾的需求很高，而且当时大陆的书都是五毛、一块，到了台湾都要翻三十倍。1990 年，我向我们董事长借了三百万台币，请一家旅行社汇到香港，再从香港汇到汕头，找到一个可靠的大陆人办了存折，再请两个人坐飞机把存折带给我。我就去北京、上海、南京的书店买书，书店书架上的书都被我买光啦，相当于十个月的营业额。后来书店跟我说，台湾政治大学的一位教授去买书，看到书架都是空的，就问为什么，店员告诉他，都被你们台湾来的人买光了。他回到台湾就打电话给我，说你怎么把书都买光了！这怎么可以！

问：这些书分几批运回台湾？

答：我们是交给书店处理的，一个月之后就都到了，堆积到天花板，我们统统运回去了。1990 年 8 月 6 日，正式成立了万卷楼图书公司。当时万人空巷，九楼的《国文天地》杂志社挤满了人，可以看得出当时对大陆出版物的饥饿程度。

问：过海关时有没有受到阻力？

答：反正最后我们都收到啦。我不知道为什么海关没有查扣，或者为什么没有叫我去问话，都没有，就放行叫我去领啦。我说是有神在帮助，不然也不可能这样啊。我们进那一批书以前，台湾的硕士、博士论文，参考书目里面大陆的书只能有一两本，从那以后，大陆的参考书暴增了几十倍。书卖了一年后，新闻局才来查，罚款二十万。

问：1960 年代，蒋介石发起"中华文化复兴运动"，对你这一代人有什么影响？

答："中华文化复兴运动"也做了一些事情，譬如商务印书馆出版的"古籍今注今译"就是"中华文化复兴运动"的成果，直到现在还在出，大概有三十多种，大陆也有几个翻印本。虽然现在看来"中华文化复兴运动委员会"是一个官僚机构，但在当时对一些想要读古籍的年轻知识分子是有帮助的。

后来"中华文化复兴运动"就变质了，到李登辉，他不太注意这些，所以对古籍的今注今译也没有继续推动，只是把以前在做的事做完而已。我们"中央研究院"文哲所跟他合作办诸子学会议，发表了六十篇左右的论文，"中华文化复兴运动委员会"出了一两百万的资金支持。当时我是代理所长，代表与会学者去见李登辉。

"中华文化复兴运动委员会"现在改名为"文化复兴总会"，已经起不到多少作用了，很可惜。

采访时间：2012 年

重建礼教世界

叶国良 [*]

> 每个民族都有礼仪，但是就好像同一品种的花种在不同的
> 土壤里，长出来不太一样。

王国维在《宋代金文著录表》开篇所写的一句话，深深地刺激着叶国良："乾嘉以后，古文之学颇盛，辄鄙薄宋人之书，以为不屑道。"

在叶国良看来，乾嘉时代形成的偏见，其实是数典忘祖，因为宋朝金石学已经发出了清代金石学的先声，宋人"绘其形制、摹其纹饰、拓其铭刻，又录其尺度、著其出土发现之地、考其文字、断其时代、辨其真伪，其著述既颇合考古学之方法，复能与经史小学等相结合，实清代及近世金石学之所自出"。

1982 年，叶国良完成《宋代金石学研究》，为一个被忽略的时代正名招魂。这部作品来自两位学界名宿的指点：老师屈万里为叶国良定下题目后不久罹患癌症，便将这位得意门生托付给多年的至

---

[*] 叶国良，1949 年生于台湾，台湾大学文学博士，台湾大学中文系教授、文学院院长。学术专长为经学和金石学，主要著作有《宋人疑经改经考》《宋代金石学研究》《古代礼制与风俗》《经学侧论》等十余种。

交、孔子第七十七代嫡长孙、末代"衍圣公"孔德成。令叶国良耳濡目染、倍受教诲的，不仅是前辈学人的学识与严谨，更是他们的气节与风骨。

在叶国良的记忆里，老师孔德成"望之俨然，即之却温"。有时老师正讲着经，会突然停住，叫起一个学生，让他到书架上找出他正讲的内容，很多学生找不出来，老师便叹口气说，过去我若是这样，是要挨板子的。学生们心中惭愧，也不由得开始刻苦用功。

身为孔子嫡传长孙，孔德成身上背负着沉重的文化基因，蒋介石前往台湾，特别嘱意带上孔德成。到台湾后，孔德成在台湾大学任教，兼任"故宫博物院"主任委员，后来又担任"考试院"院长，但他却坚持常年坐公共汽车上下班。时至今日，叶国良依然记得老师在台北周山路 254 路车站等车的背影。

1993 年，七十三岁高龄的孔德成给远在北京的姐姐孔德懋寄了一封信，信中是他手书的条幅："风雨一杯酒，江山万里心。"短短十字，如同他面前那一湾浅浅的海峡，却终究跨不过去。2008 年，孔德成在台湾去世，有生之年，他再未回过大陆。那道海峡搁浅的，不仅是两地相思，更是两个时代。

多年以来，孔德成的弟子叶国良却往来于海峡之间，成为两岸学术交流的摆渡人。作为经学研究界的权威，年过花甲的叶国良仍然惦念着老师当年未能完成的凤愿。

1967 年，孔德成曾与台静农自费拍摄纪录片《仪礼·士昏礼》，从服装、器物到仪节，都经过长期研究考证。作为儒家"十三经"之一，《仪礼》行文过于简练，读之极为艰涩，孔德成和台静农此举，是为了帮助后辈更直观地解读《仪礼》。尽管由于条件所限，这部纪录片留有瑕疵，但已经足以令学界为之瞠目。人们意识到，原来可以用一种新的形式来呈现消散的传统、逝去的时代。此后，《仪礼·士昏礼》的胶卷在台湾各学校、研究机构辗转，不断磨损。2000 年，叶国良用三维动画重新制作了《仪礼·士昏礼》，并进行了新的学术修订，在学界有颇多称许。然而，《仪礼》中剩余的篇章士冠礼、士丧礼、燕礼、射礼……当年孔德成虽然作出全面的研究，却未能拍摄。

叶国良希望，在自己的时代，可以完成老师的夙愿，更留住那些业已消失的礼教传统、文化记忆。他相信，华夏文明昨日的来历，也将对明日有所裨益。

※

江山万里心

问：你既是屈万里先生的弟子，又是孔德成先生的弟子，其间有什么因缘吗？

答：过去的皇帝、贵族、亲王小时候都有伴读，孔先生是"衍圣公"，屈先生其实相当于孔先生的伴读。屈先生长孔先生几岁，小时候比较懂事，从地位上讲，他是伴读，孔先生为尊，但从年纪上讲，孔先生称之为兄，在学问上，则是一起受益，又像同门师兄弟，所以他们一直维持着很好的关系。在台湾大学中文系，他们的研究室也是在一起的。我进入台湾大学研究所学习时，被派到屈万里先生和孔德成先生的研究室担任助教，协助、照顾他们，也上他们的课，跟他们学习。

我跟屈先生学《尚书》，屈先生指导我的硕士论文，题目是《宋人疑经改经考》。后来屈先生得了癌症，我升入博士班之后，他就指示我跟孔先生继续研究。我跟随孔先生长期学青铜器上的铭文，最主要的是学习礼。博士论文写的是屈先生给的题目——《宋代金石学研究》。毕业以后，我主要研究两个方向：石刻学和经学，经学中以礼学为主。

问：屈先生和孔先生的研究方法有什么差异？

答：当然每个人的兴趣会有不同。屈先生非常勤于著述，孔先生虽然很有学问，但不太愿意动笔，所以我们看不到太多孔先生的文章，他有些文章也是让学生写，培养后来人嘛。

问：孔先生是怎么教你读书的？

答：一篇一篇，从第一页开始读，有时一篇读一年。

孔先生讲得很细，有时会用动作比画，有时会用棋盘的概念，用东西替代人来移动。《仪礼》的书非常难读，孔先生这样不断演示，学生才明白是怎么回事。

孔先生严肃的时候很严肃，但他喜欢喝酒，私下里会带我们去喝酒，东谈西谈。这时候他就非常开朗，很爱说笑话。他的酒量特别好。

问：和孔先生喝酒也会有一些礼仪上的规矩吗？

答：通常是这样，男生喝酒，举杯就要干，所谓"卒爵"，按照现在的话来说就是干杯。当然，对女生是优待的。

问：孔先生是世袭"衍圣公"，他和蒋介石的关系如何？

答：他始终无党无派，但是他在台湾很受尊重。此前，他除了奉祀官以外，没有行政职位，到台湾后，有几年他担任台北故宫博物院的主任委员，那时很多文物藏在台中。

孔先生晚年时，政府任命他做"考试院"院长。孙中山先生主张"五权宪法"，所以台湾是五院，还有"监察院"和"考试院"，"考试院"和"行政院"是平行的。一般推举"考试院"院长和"监察院"院长，都是找地方上有清望的人物，基本上不找行政官僚。"考试院"下面有两个部门，考选部和铨叙部。考选部专门负责选拔公务员，要做公务员都要通过各种考试；铨叙部则是考核这些公务员，他们的升迁、退休都要通过考核。孔先生做了八年"考试院"院长，此外，他一直在教书，做兼职教授。在台大，他教书教了五十三年，一直到他去世。

问：孔先生的学术思想受到傅斯年的影响大吗？

答：当然会受影响。当年大部分人都会受到傅斯年的一些影响，但不是完全如此。孔先生受教育的背景跟人家都不一样，他没有进过一天学校，都是家里请来有名的学者，一对一教的。他虽然受到最传统的教育，但也曾留学美国，也结交当代名流，因而他会吸收各种学术思想。

问：他讲过曲阜、故乡这类话题吗？

答：尽量不讲。

问：是因为当时的政治环境？

答：其实他不太愿意讲。如果我们设身处地想一想，故乡啊，回家啊。他怎么回家？如何回家？他家旁边就是孔庙，回家要不要祭祖？以怎样的身份去祭？

不过，他去世以后，奉祀官由他的孙子继承（他的长子比他先去世），叫孔垂长，是第七十九代。他倒是 2011 年回到曲阜祭孔，我也参加了。因为他是孙子，比较好回来。孔先生不同啊，他出生在孔府，长大、结婚都在孔府，二十岁那年去美国留学，抗战以后到了四川，抗战结束又回到孔府，后来去了台湾。

问：孔先生到台湾继续扩建孔庙了吗？

答：台湾各地本来就有孔庙，其实孔先生哪有财力去建呢？作为奉祀官，他除了祭孔之外，主要接待一些侨胞和外国人士，他们对孔学很崇仰，到台北都会要求拜访孔先生，特别是韩国、日本、越南……很多儒学的崇拜者，对他非常景仰，因为他是一个象征。

问：有一种说法认为，中国历代"衍圣公"的制度，如果和西方进行类比，类似于贵族世袭，甚至有些教皇的意味。当然，这种类比也不完全恰当。你怎么看？

答：首先，儒学不是个宗教，不具有宗教的特征。衍圣公也不像教皇，他没有教士，没有教团，孔庙里也没有和尚、道士、尼姑、神父。它不是一个宗教，不能这样类比。

至于说"衍圣公"是贵族世袭的象征，应该回溯一下历史。孔先生是民国九年（1920 年）出生，仍然世袭"衍圣公"，但是到他快要结婚、成人时，国民政府就需要解决这个问题——民国时代怎能还有世袭？作为文化象征，应该怎么办？于是，1935 年就改为"大成至圣先师奉祀官"。奉祀官是特任官，是政府任命的，将来也是如此，既然是任命，就不是世袭了。

问：你有一段时间是将经学和文化人类学相结合进行研究的。

答：读礼书读多了以后，我就发现，有些问题可能不能从前人的解释中找到答案，应该想出其他办法来获得答案。某些问题，尤其是某些礼仪，如果追根溯源的话，往往不是传统经学能解决的，特别是没有文字记载的远古时代，这时候就要利用人类学、民俗学的方式来探讨。这种尝试未必总会成功，但如果你得到一个假说，能经得起方法的考验、经得起论证，不妨试试看。因为这基本上是古代经学家没尝试过的方法，他们不了解。

这种方法也不是全都能用得到，某些问题就不见得要这样做。比如，有一些礼仪规范是比较晚才形成的，当时已经脱离了巫术思维的时代，就很难再用那种思维来看这种问题，可能会有偏差、失实。所以还是因问题来选择方法，而不是用一套方法来解决所有问题。

问：1949 年后，包括李济、董作宾在内的一批人类学家迁台，你的这种文化人类学的思维和他们有关联吗？

答：现在社会上常常是隔行如隔山，相互之间不相通气。但是做学者不能局限于自己的见闻，而不采纳其他学说。我们上大学时要求必须上社会学的课，那时的社会学里有很多人类学的内容。我受过那样的教育，因而产生这样的思维，觉得不妨用这种方法试试看。

现在台湾大学非常提倡通识教育，不能一旦进了某个专业，就对专业以外的其他知识一无所知，这会导致未来无法突破。所以现在强调，大学不一定要太专精，要尽量多接触一些理论，将来可能会发生化学作用。

还原《士昏礼》

问：1967 年，孔德成先生和台静农先生拍摄了《士昏礼》。

答：《仪礼》记载了许多仪节动作以及仪节动作背后的含义。人们怎样通过行礼来表达心情、态度，促进和谐的人际关系。但是《仪礼》非常难读，行文很简略，古人的办法是把它画成一张一张图来表达，但它们是不连贯的。孔先生就想，让这些画面连贯起来。

另外，当时许多考古资料出现，对于涉及礼的很多器物，孔先生讲了半天，学生还是不太懂，所以他就组织了一个项目（台湾叫"计划"），找许多研究生结合出土文物和文献资料，分门别类地做综合研究，在台湾出版了一套《仪礼复原丛刊》。

但这还是无法解决画面不连贯和看得不真切的问题，所以在研究计划的尾声，孔先生督导这些研究生自拍、自导、自演了一个黑白的仪礼式婚礼。

问：拍这个片子与当时蒋介石在台湾发起的"中华文化复兴运

动"有关系吗?

答:倒是没有关系。当时有个从美国来的东亚学术基金会（这个基金会后来不在了），由他们提供经费来做研究，并完成这套丛书。但是，这个黑白片却是孔先生自己出钱拍的，当时跟着他做这套丛书的很多研究生，大家自拍、自导、自演。

那时我还是大学生，没有参加，参加的是研究生，但是我看见他们在做这些事情。

当时在学校操场上划出一块地，临时搭建起比较简陋的建筑，后来用完就拆掉了。衣服是专门做的，衣服的式样都经过考证，而且是有颜色的。器物也是如此，甚至马车都是根据大陆当时的考古发现，即上村岭虢国墓地发现的马车的原始尺寸制作。马是临时租的，都不听话，片子里马是乱窜的。所以，当时也有一些不恰当的状况。

马车还保留在台大文学院，轮子还在，本来应该是铜器，但是用木头替代的，现在还陈列着，给学生们看一看。

当时的摄影技术是 8 厘米胶卷，用特殊的机器放映。拍完很轰动，许多学术机构借去播放，可是在借出的过程中，胶卷有的断掉、坏掉了。更重要的是，后来放映机器渐渐没有了，胶卷也慢慢地模糊掉了。后来我们想办法，把它转成卡带，但卡带的问题也一样，放久了，影片还是会越来越模糊。另外，当初拍的时候是黑白片，但器物的色彩本身就是有含义的，黑白根本显示不出来。这是当初没有克服的问题。

问:所以后来你进行了重拍。

答：是的。最初我想做七十分钟左右，但我没有经验，只是知道，如果像孔先生那样重新拍一遍是做不到的，经费、场地、衣服、演员训练等等，耗费太大，就想到用三维动画来制作。1998年，我询问做电子科技的朋友有没有这个可能，他们说可以，我就申请了一笔经费。本以为三维动画都是虚拟的，没想到还是很贵，我申请的经费远远不够。所幸中文输入法的发明人朱邦复先生施以援手，几乎是打了三折来做，前后用了一年时间。

孔先生当年的成果有保留，但是也做了一些改进。当年拍完以后就发现一些考虑不周的问题，比如盖个房子应该有门扇，当初都忘了，我们做了弥补。此外就是色彩复原，这很费事。这个项目是在2000年完成的，那时的技术不如现在，有些动作比较僵硬，还是有些缺点的，不过比原来的有若干进步。

问：当年孔先生是系统地做过研究，但是拍片只是拍了婚礼？

答：是的，首选拍摄婚礼是因为比较喜庆。拍摄太花钱了，而且当时的环境下，不可能由政府机关来赞助你从事这种学术活动、拍一部这样的片子，他们不认为这是学术活动。一直到我申请时，他们还是这样的观念，这不像是写书、写论文，拍片子他们会说这是商品。我很幸运，刚好有机缘，还有赞助，才能完成。历尽千辛万苦，跟拍电影是一样的过程，要全面考虑场地、演员、定妆等各种烦琐的问题。

问：最大的价值是经过了严谨的学术考证。

答：对，等于是读完了其中第二篇。如果由老师来教，读完一篇要一年。这一部拍完之后，很多人都问怎么不做第二部，但是，经费是一个问题，还需要学术界进行很好的考证。此外，演员也需要特别的训练，不仅训练礼仪，还要学习射箭等等，需要很多领域通力合作。

问：现在大陆的婚礼经常寻求创新，复古的也不少。

答：几年前在上海也有婚纱公司的表演，夹带古礼的那种，但有时候有些不伦不类。因为他们不懂，礼的精神不在于你穿上怎样的服装，而在于整个过程中你表现出来的动作的含义，那才是重点。他们通常穿的是明代的衣服，但为什么一定要是明代，他们也说不上来。他们也没受过训练，跪拜礼不标准，仪态也欠端庄，新郎、新娘也不懂，硬要这样复古，反而不伦不类。不见得好。

问：2008 年北京奥运会开幕式上，也有一些涉及礼的元素。它们标准吗？

答：我没有注意看。不过我们觉得，讲礼不必都要回到古代。每个时代都有礼啊，现在就看怎么表达它，这就像绘画有印象派有抽象画一样，不一定非得画得像照相那样。同理，做表演时也可以吸取概念和精华，但是表现手法不一定非得是古代的。表演和研究是两回事。我们是研究者，研究仪礼，仪礼就是那个时代的，因此一定要恢复那个时代的本貌，但作为表演艺术，有时候是需要象征的。古代是农业社会，节奏缓慢，一些仪式就会比较沉闷，所以现在来表演就应该经过策划、提炼，做一些转化，不一定非要完全合乎某一个时代的面貌。

问：中国传统的"礼仪"和现代西方的"礼节"，二者有冲突吗？

答：我个人认为没有冲突。每个民族都有礼仪，但是就好像同一品种的花种在不同的土壤里，长出来不太一样。我们是礼仪之邦，是因为在我们的文化里特别强调礼仪，希望礼仪内化到人心，能自动自发地成为一个社会上的正常的人，让人际关系保持和谐。如果不行，才会应用到法律。这是我们民族的基本思维。

有的民族是在最开始就强调法典的完备，不太强调礼。这是因为每个民族的文化不一样。我们民族不同，特别我们自古就是人口大国，没有办法什么都用法，一定要人们懂得自律，礼的目的就是这样。如果一开始就用法，很难管理，秦始皇就是失败的例证。

法家不提倡礼，《史记·商君列传》讲得最清楚。韩非子就提出，不管你有没有道德，只管你犯不犯法。你不道德但是你都符合我的要求，我就把你看作好国民，这是法家的想法，也是秦始皇的想法，但它显然是失败的。

失落的士绅社会

问：在西方是绅士，中国则是士绅阶层。晚清、民国国家变动时，士绅阶层起到了比较大的作用。

答：现在在马来西亚会颁发一个类似乡绅这样的称号，谁得到这个称号，就会自觉地在地方上表现得特别好，特别关心公益。

问：士绅阶层的缺失会让社会变得不健全。

答：那是一定的。在古代，朝廷中央当然是靠官僚体系来维持，但地方上不完全靠官僚，也依靠士绅的力量，你也可以把它看成是自治。地方政府也有官僚，但很少，派一个县官、县丞、县尉，三人做官，而其他的都是他们地方上的人，由乡绅共同管理。不像现在，一个县，干部好几百人。

问：在台湾，这个乡绅社会还存在吗？

答：以前的乡绅没有正式的名义，有的人是秀才、举人，或者做过官退休下来，现在在台湾，由民意代表、里长、村长来扮演这样的角色，略微像是过去的乡绅。现在大陆没有里长，台湾有，也是选举出来的。里不会太大，几千户人而已，由里长来了解这个"里"的需求，向民意代表争取，反映"里"的人民的需求。

在台湾，譬如地方上，政府和乡绅是合力出钱，比如造桥，政府和乡绅各拿一部分钱来。共同策划，完成。

有的里长非常好，他觉得某个地方可以修葺一下，变成一个小花园，他就每天自己去劳动，做几年，做得很好，没有花政府的钱，也没有花百姓的钱。

不过也有一些里长热衷于选举，台湾选举的基本单位就是一个"里"，他就通过"里"来拉票、买票。

问：台湾的士绅社会在日本占领时期还存在吗？

答：从郑成功到台湾去就逐渐形成了，一直到日本占领时期，台湾的士绅社会还非常明显。因为被殖民了嘛，就是这些士绅替老百姓跟日本人打交道。

问：这个社会在什么时候发生了比较大的变化?

答：我觉得和选举有关。台湾社会出现了一些选举世家，选举变成他们的职业，从父母到儿女，变成一个政客家庭，我觉得这是一个改变。士绅的特性变得淡薄了，有人不仅不会造福于地方，反而会利用包工程来赚钱，很难说他们是士绅了。

采访时间：2012 年

Ⅲ

跨文化想象

从相对论到现代化

陈方正 *

在进化过程中，不同种类的生命通过竞争会互相淘汰；然而，它们亦往往由于竞争而导致在同一生命形式，即同一细胞里面出现"内共生"（endosymbiosis）现象。诸如高等生物细胞内的线粒体（mitochondria）、植物细胞中的叶绿素等，最初都是由于不同的单细胞微生物之相互俘获然后形成"内共生"而来的；而且，这些共生体都还各自保持本身的独立基因。生命如是，文化可能也一样。

一

陈方正几乎听不懂那个戴黑框眼镜的老人所讲的无锡话。

十几岁的陈方正坐在大礼堂的前排，颇为吃力地做着记录。他应该在父亲的书房里见过这位名叫钱穆的教授，只是实在记不清对

* 陈方正，1939 年生于重庆，1949 年随家人赴香港，1958 年赴美留学获得物理学博士学位。曾在日内瓦欧洲核子研究中心、牛津大学、哈佛大学费正清中心访问研究。曾任香港中文大学物理系名誉教授、中国文化研究所所长及中国科学院自然科学史研究所竺可桢科学史讲席教授。他也是《二十一世纪》双月刊创办人，著有《站在美妙新世纪的门槛上》《在自由与平等之外》《继承与叛逆——现代科学为何出现于西方》等。

方的长相。他对那些盘桓在父亲书房里的文化大师缺乏了解也毫无兴趣，要到十几年后，他才会意识到自己究竟错失了什么。

陈方正那时还在读中学，父亲陈克文曾任国民政府要员，1949年携全家南渡香港，后半生以教书、办杂志为业。在父母的熏陶下，陈方正从小就对历史很感兴趣，不过，更吸引他的是数学和物理学。他从高二开始自学微积分，后来又浸淫在相对论、数理哲学、原子与宇宙中无法自拔。

懵懂的陈方正就这样与1950年代香港的思想文化高潮擦肩而过。《自由学人》《现代学术季刊》相继创刊，父亲也在孜孜不倦地操办《自由人》周刊，书斋里总是徘徊着从大陆南下的文化界同仁，十几岁的陈方正却根本无意结识他们。

1957年，陈方正高中毕业，考入哈佛大学物理系。华人杨振宁与李政道获得诺贝尔物理学奖的新闻，让他深受激励，这则新闻支撑着他一直在美国拿到物理学博士学位，他的同学中就有后来"超弦"理论的创始人约翰·施瓦茨和"邮弹杀手"卡辛斯基。

人文学者余英时所发现的，却是一个截然不同的陈方正。有位朋友建议余英时去跟这个当时在哈佛物理系读大二的小朋友聊聊，已经成名的余英时感到不可思议。不料两人一见，陈方正对中国传统文化的深刻理解就让余英时大加赞叹，很快引为知己。不过，与余英时的友谊并不能动摇陈方正多年来对物理学的热忱，他忙着设想自己的未来，申请到日内瓦欧洲核子研究中心和牛津大学工学院访学，与众多科学界的大师一道谈论微观世界的隐秘。

博士毕业后，陈方正回到香港，任教于香港中文大学物理系。1985年，由于一个偶然的机会，他出任中国文化研究所所长，随即投身于中国思想史和现代化问题研究，完成了人生的一场重大转型。此时他已经四十六岁。

1990 年，陈方正在香港创办《二十一世纪》双月刊，点燃了一片思想的篝火。

二

陈方正满足了我们对那个传奇年代的揣测与想象——为钱穆做讲座记录；在家中与香港最重要的知识界前辈邂逅，并对他们了无兴趣；这个不知天高地厚的年轻人后来到了美国，与费正清一起喝下午茶，与格拉肖（Sheldon L. Glashow）一起在实验室里百无聊赖地下围棋……点睛之笔在于，他根本不知道，前者是声名显赫的"头号中国通"、"哈佛学派"创始人，而后者则将在 1979 年斩获诺贝尔物理学奖。

半个世纪后，陈方正与杨振宁、余英时都成为挚友。他也在钱穆之后继续扛起香港思想文化的旗帜。这位跨时代的知识分子，并没有拘泥于实验室里的无穷推理，也没有被书斋所困，而是通过主持研究所，创办《二十一世纪》，让思想与学术得以薪火相传，并为更多的学者提供公共的平台，为思想发声，对社会发言。

初次见面，恐怕没人相信陈方正已经年届古稀，他说这是每日煲汤的功效。或许，多元复杂的思想使得他的年龄更加扑朔迷离。他仍然是爱因斯坦的信徒，而中国思想史与现代化的进程同样让他为之着迷。他惜字如金，思路缜密，却也不乏感性，言谈举止间，有着仿若民国知识分子的优雅与从容。

※

我的人生转变，既偶然又幸运

问：你的斋名叫"用庐"，有什么典故吗？

答：我父亲有个笔名叫"用五"，他排行第五。他在 1898 年出生，中学毕业就是"五四"的年份。他读大学后，有种很强烈的学以致用、注重实际的观念，所以给自己起个笔名叫"用五"。我母亲姓卢，我就把卢加个框，合起来叫"用庐"，是纪念他们两位老人家。

问：你的父亲陈克文先生是文化人。你读大学时学物理，是父母的意愿，还是自己的选择？

答：我自己。他们倒是没有企图怎么影响我。我父亲 1920 年代毕业于广东高等师范，也就是中山大学的前身。他是从农村出来的，很穷苦，一个小地主家庭，考进高师，因为不用钱，而且还有生活费。他毕业后加入国民党，那时正是 1924 年国民党改组，他就在国民政府里做事，一直到 1949 年离开国民政府。等于前二十五年在政府里，后二十五年教书。

问：1959 年，余英时和你第一次见面时，你只是哈佛的本科生，并且是学物理学的。但是他却意外地发现，你对中国传统文化已经有很深的见解。

答：我父亲教中文和历史，我在中学时对中国的历史文化就很感兴趣。香港老一代学人，像钱穆、唐君毅、牟润孙、牟宗三，很多人对我都有影响。这些知识分子从内地到香港，对香港本地的文化起了很大的作用。

但是我从初三开始，又对数学产生了兴趣。到高二，我自学微积分，有些问题解决不了。我有个同学认识陈匡武（他现在在英国，是一位物理学家），他那时在香港大学教书，就介绍我去跟他学。陈匡武就劝我学物理。1957年夏天，我高中毕业，杨振宁和李政道那时得了诺贝尔物理学奖，对我刺激很大，所以大学决定念物理。而且那时觉得，学物理必须在大学里学，否则以后就进不了这个门了。文科的话，以后自修还是可以的。

问：你从事物理专业近三十年后，转到了中国现代化的研究，这么大的转型是怎么完成的？

答：确实不太容易。我很幸运。我在香港中文大学物理系教书时，校长比较欣赏我，拼命拉我离开物理系，做学校的秘书长。我做了几年后，觉得这不是我的事业，很想离开。可是，那时离开物理系已经好几年，再想回去也有点困难。

恰好1984年，我说服了学校，给巴金颁发一个名誉博士学位。时间很紧迫，我就决定自己来写赞词。

到那时为止，我也没做过真正的文字工作。不过，我还是很用心地写了赞词——当然，不但是巴金一个人，还有很多人。大家都觉得写得不错，认为我的中文还是可以的。1985年，中国文化研究所当时的所长中风，不能继续工作，我就要求调到研究所。学校考虑了一阵子，答应了。

我到了研究所以后，才慢慢地对历史、科学、哲学以及中国的现代化问题，陆续做研究，写文章。这种转变的过程，可以说有些偶然的因素，也是比较幸运的。

问：你在 1990 年创办《二十一世纪》，产生了非常大的影响。而现在，真的已经进入"二十一世纪"了……

答：其实，有几位同仁一直对《二十一世纪》支持很大。一是余英时，虽然他在美国，但我们邀他写文章，或者帮忙做什么事情，从没推辞过；一是杨振宁，他第一期就给我们写文章，但是他一直不愿意做编委，直到杂志办了三年后，他看这本杂志还像样子，才答应做编委。大家可能不知道，余英时和杨振宁，这两个人意见很不一样，但他们两个都很支持《二十一世纪》。还有金耀基，他也做过我们的校长。这三位，在幕后也做了很多工作，使得这本杂志很早就站稳了。

问：《二十一世纪》刚创办时，何炳棣主动写了一篇文章，和杜维明商榷，后来又引起刘述先的争论。你说过，这可能是《二十一世纪》崛起的一个契机吧。

答：这是其中一个吧。大家认识一本杂志，使它 popular 一点，都是和一些争论有关系，这是我们引起的第一个大争论。

有很多现在年富力强，很重要的学术界的人，像汪晖、崔之元、王绍光，包括自由主义跟所谓的"新左派"，都是在《二十一世纪》最先发表文章出来的。1994 年，王绍光和崔之元批评国家吸取社会资源能力下降的文章，最先就是我们那儿发表的。现在这当然已经不是问题了。

我们办《二十一世纪》有几个指导思想：一，不要拘泥于哪个学校、哪个门派的人，无论和我们认识不认识，都要尽量吸收他们的文章；二，不管他们思想的倾向如何，只要言之成理，就要采用；三，要不同学科的结合；四，坚持思想性和原创性。

知识分子与时代危机

问：现在一直在讲中国特色，中国的现代化之路其实很长时间里都在模仿西方。

答：这个话不完全对。中国真正现代化从什么时候算起，这是个有争论的事情。

问：宋朝？

答：我们姑且不谈这个，我们就从 1979 年谈起吧。1979 年后确实吸收了很多西方的制度和思想，包括思想机制、对外开放的国家商业体系、对外吸收人才和思想、改革开放等等。可这些都是在缺乏强有力的监督的情况下完成的。现在整个社会的动力，当然和 1980 年代初已经不一样了，社会自己的能量和动力变大了，但是就比例而言，显然还是不大。

你说应该朝什么方向走？我想，所有人都应该会同意，必须朝改革的方向走。问题只是如何改革，突破口在哪里，步伐应该怎样迈。

问：困难在哪里？

答：其实有很多历史的先例。比如公元 16 世纪，西班牙是西方最先进的国家，刚刚把伊斯兰教徒从西班牙赶走，发现并征服了新大陆，从 1492 年到 1530 年，西班牙积累了大量财富，西班牙国王还成为神圣罗马帝国的皇帝。16 世纪是西班牙的世纪。那时英国还是个贫弱的国家，法国还被人两面夹攻。可是，西班牙转眼间就没落了。没落的原因，最主要是因为历史的缘故，他们坚持罗马天主教，坚持宗教统一，与宗教改革直接对立。在这种形势下，荷兰爆发独立战争，英国也和西班牙发生冲突，结果，荷兰虽然很弱小，连国家都不是，却通过独立战争把这个巨人打败了，荷兰还自己发展出一种新的体制。这是个很好的例子。现在这个世界是进步的，改变很快的。如果不向前看，没有体系上、思想上的优势的话，一时的进步、强大、富裕是不可持续的。

美国是第二个很好的例子。在二三十年前，比如 1991 年 12 月苏联解体之后，美国好像把全世界都踩在脚下。可是今天大家看美国，都认为中国在崛起，美国快要没落了。且不说美国会不会没落，可是至少美国的光环已经没有了。这是什么道理？就是他们把资本主义的那一套太过神化了。他们认为，人的自私和贪欲就可以成为世界经济进步的动力，是不应该阻止、不应该管制的。现在大家都看到，这是明显的错误。这也正是美国金融体系崩溃、把世界推向深渊的基本原因。

我们在过去三十年里谨小慎微，犯的错误比较少，所以还比较稳当。可是不要忘记，我们现在整体的国家的力量（更不要说人均力量），还是比先进国家差不少，你要赶上去，人家已经渡过的难关，你还要一个一个去克服，在追赶的过程中，整个国家就会遇到巨大的压力。就像一辆车，慢慢开，车牢固不牢固或许不是大问题；如果要开到每小时一百公里就不一样了，车必须牢固；假如开到每小时三百公里，如果不是非常牢固，路上有点小石子、有点颠簸，车就要散架。可持续发展的观念很重要，但是，不要只是说绿色环保，在人文领域、思想领域也要合理，也要环保。

问：你曾说过，21世纪是知识分子引退的世纪。虽然知识分子批判的责任很重要，但更重要的是长远、深刻和超越当前现象的研究与思考。这和我们从前对知识分子的判断，比如萨义德的"向权力说真话"，有很大差别。

答：凡是在一个危机的时代，知识分子总要扮演很重要的角色。因为，危机到来就证明了社会现有的体制和思想应对不了新的局势，就需要知识分子站出来发言，为未来指明方向。也就是说，危机不是知识分子制造的，反而是危机制造了知识分子。

但是，假如不是在一个充满危机的时代，那么，社会上一般的事情，各有专人去做，特别在一个民主社会里，政治可以由专业的政治家去打理，社会上的问题，也是由社会评论家来评判——社会评论家和知识分子不一样，他们直接关心民生疾苦，直接跟弱势群体有交往，直接做调查，才能被称为社会评论家；而知识分子们是坐在书斋里面，凭原则来讲话。

现在是一个没有危机的时代，知识分子一般就去做自己学术上的专业了。当然，什么时候是危机的时代？这个谁也说不清楚。比如现在，在西方人看来，就是一个危机的时代。《纽约时报》有一位非常著名的评论家叫保罗·克鲁格曼，他是一位得过诺贝尔奖的经济学家，可他现在的身份，就变成了公共知识分子。他写的是最通俗的事情，批评布什、批评奥巴马在哪些地方出卖了他竞选时的诺言。他从专业的经济学家，变成了公共知识分子。他之所以会这样做，跟现在的金融风暴造成的深刻危机有着密切关系。

采访时间：2009 年

古今中西，一场精神的漫游

[美国] 巫鸿 *

　　我曾经谈到过每个历史研究者都面对着"两个历史"：一个是他研究的过去的历史，是他希望重构和解释的对象；另一个是他所属于的学术史，他所作的历史重构和解释不可避免地是这个还在延续着的历史的一部分。一个有价值的历史研究应该对这两个历史都作出贡献。同时，这两个历史也都永远不会结束：正如学术研究将不断深入，人们对已经消失了的历史的重构和理解也将更细致具体。

一

　　钟鼎文拓在粗粝的纸上，有如天书。夏，商，周，秦，汉……传说中的古老王朝，循着五百一十一件金石铭文次第绽开。南宋薛

* 巫鸿，生于1945年，1963年考入中央美术学院美术史系。1972年至1978年任职于故宫博物院书画组、金石组。1980年至1987年就读于美国哈佛大学，获美术史与人类学双重博士学位，并在哈佛大学任教。1994年受聘于芝加哥大学，任范德本特殊贡献中国艺术史讲席教授。2002年建立芝加哥大学东亚艺术研究中心并任主任。著作包括对中国古代、现代艺术及美术史理论和方法论的多项研究，其中《武梁祠：中国古代画像艺术的思想性》获全美亚洲学年会最佳著作奖，《中国古代艺术与建筑中的"纪念碑性"》被《艺术论坛》列为1990年代最有意义的艺术学著作之一，《重屏：中国绘画中的媒材与再现》获全美最佳美术史著作提名。

尚功辑录的《历代钟鼎彝器款识法帖》已然在旧书店里尘封多年，等待再度被翻开。

"文革"中的琉璃厂无比萧条，许多商店门前挂着令人费解的招牌——"内部营业，接待外宾"。巫鸿在游荡中发现了这部古书的石印本，不假思索地买下来。究竟是被这些古老而神秘的符号蛊惑，还是实在太渴望阅读，他自己也没有答案。

对于一个二十岁出头的年轻人，金石学是个过于陌生的领域。倘是从前，或许可以问问父亲的老友陈梦家，他常到家中盘桓，可惜已然不在人间。

此时，巫鸿刚刚获得了一点象征性的自由。他挺过了"反革命"的指控与隔离审查，与中央美术学院的同学们一起下放农村，两年后才终于获得准许，回北京探亲，但他仍是"反革命"，"划而不戴，帽子拿在群众手中"。

带着两部"天书"——《历代钟鼎彝器款识法帖》和一本《英汉词典》，巫鸿悄然回到下放地宣化。对照释文辨别钟鼎文字，就像依靠音标记诵英文单词一样令人困惑，古代中国与西方世界同样遥不可及，只能咬着牙生吞硬咽。许多年后，巫鸿才意识到，这两本书竟在冥冥之中预言了他的未来。

二

知识分子的家庭出身曾是巫鸿的荣耀，后来成为他的伤疤。巫鸿的父母早年都留学美国，父亲巫宝三是经济学家，在哈佛大学获得博士学位，母亲孙家琇则是莎士比亚研究专家。

陈梦家、胡厚宣等考古学名家时常到家中闲谈，少年巫鸿偶尔会陪在一旁，但他无心与他们结交。他不想通过父母的关系而获得前辈的青睐，何况那时他踌躇满志地想当画家，在图画本上一遍遍地临摹帕特农神庙中残损的雕像。

起初，阅读并非禁忌。他的青春期先是被约翰·克里斯朵夫激励，后来是凯鲁亚克和塞林格的小说。"文革"开始后，庄子、屈原和司马迁又开始占据他的精神世界。高中的语文老师从北大中文系毕业，开办课外小组讲《左传》，只有两个学生报名，他们在教师宿舍里一字一句地读这本古书。没过多久，就只剩巫鸿一人与老师对坐。

有时候，巫鸿像他的语文老师一样特立独行。在北京 101 中学读书期间，他时常逃课，翻墙出校，沿着圆明园的断瓦残垣，钻进海淀新华书店，寻找一切可以公开阅读的书，在冰冷的水泥地上坐一个下午。人体解剖与动物、星象图籍，消解着令人绝望的精神饥饿。

巫鸿终究没能成为画家。1963 年高三毕业，艺术系都不招生，他考入中央美术学院，读了美术史系。不过画笔并未搁下，大一时，美术史系每周有四个上午可以在画室写生。画家之梦真正遇到挫折，是因为米开朗琪罗。他在一本书中读到，米开朗琪罗给教皇画像，教皇不喜欢袍子的颜色，米开朗琪罗只好重新着色。艺术大师连袍子的颜色都无法决定，这让巫鸿开始重新审视那些传说中的名作，它们究竟是如何诞生的，一幅画的背后究竟隐藏着怎样的时代风貌与社会风情，他试图去了解那些画外之意。

爱好西方文艺，又不通世事，直言快语，"文革"期间，巫鸿曾遭到隔离审查，成为美院牛棚里最年轻的一员。关押地点时常更换，偶尔能捡到前一个囚禁者留下的书。精神的高度紧张让他有了过目不忘的本领，鲁迅的整本《野草》就是在一天之内全部记下来的。

重获自由后，他随中央美术学院的同学一起下放到宣化。每晚完成政治学习，他就像被热那亚人囚禁的马可·波罗那样讲述记忆里的小说情节，有个同学则像鲁思悌谦那样不停地记录，翌日再到隔壁房间宣讲。一部《基督山恩仇记》就这样在年轻人中间添油加醋地传播着，直到《历代钟鼎彝器款识法帖》和《英汉词典》开始重新占据巫鸿的黑夜。

巫鸿与他的同代人有着相仿的经历与相似的阅读，后来却形成了自己独特的学术风格，或许正是因为那个饥不择食的年代，侵蚀着他，也成全了他。

三

1972 年，阴差阳错之间，巫鸿被分配到故宫工作。他和同事们住在宫中，入夜宫门关闭，虫鸣雀唳，诡秘寂寥。窗外荒草丛生，纸糊的窗被风鼓动，飒飒作响，前朝的传说如同潮汐，夜以继日地袭来。时常有人信誓旦旦地宣称看见前朝宫女面无表情地走过，或者一只狐狸在门前遁形。振衣而起，窗外依然荒草蔓蔓。

沿着无边的宫墙漫步，仿佛随时会失足踏进明朝的黑夜，巫鸿并没有遇见前朝的幽魂，却在宫墙尽头走向更为久远的中国，那些消逝的时代令他着迷。

第一年在刚刚重新开门的绘画馆"站殿"，不停地擦拭游客们留在玻璃上的手印与唇印。越过这些斑驳的印痕，目光却始终被柜中的古画牵引。终日与它们相处，前朝的墨色竟像印在脑海中一般。

次年他被安排到书画组，后来又到金石组。摩挲着三千年前钟鼎上的冰冷纹路，那本没能完全读懂的《历代钟鼎彝器款识法帖》，终于找到了开启的密码。

1978 年恢复高考，巫鸿重返中央美术学院攻读硕士研究生，继续师从金维诺教授。又过了一年，他终于获得批准，可以用真实姓名发表文章。他开始孜孜不倦地在《故宫月刊》《文物》《美术研究》上撰文，探讨秦始皇与秦二世时秦权的异同，研究河北平山中山国墓葬的造型与装饰，推断一组奇特的早期中国玉石雕刻背后的秘密。他带着论文《商代的人像考》闯进夏鼐的办公室，夏鼐并没有拒绝这个冒失的年轻人，接过论文，却径直翻到最后一页，去看巫鸿的注释和参考文献。

这些论文最终竟引起了来自大洋彼岸的关注，改变了巫鸿一生的命运。

1980 年，一个在美国留学的中学同学鼓励巫鸿申请攻读哈佛大学的博士学位，并将他的论文带给考古学与人类学名宿张光直教授。那篇研究秦权量值的文章让张光直大为赞赏。不久，巫鸿收到了录取通知书，成为张光直招收的第一个来自中国大陆的学生。

漂洋过海而来的哈佛大学录取通知书，让饱经风浪的父亲比巫鸿还要激动，他拼命掩饰自己的情绪，又忍不住不厌其烦地告诉儿子他记忆里的哈佛，该去哪里买书，去哪里吃饭。父亲离开哈佛已经四十多年，巫鸿不相信那些餐厅还开着。不料，后来在哈佛广场上，他发现有一家居然真的还在。他在信中回应父亲心中的哈佛地图，仿佛他要代替父亲，继续走一场未竟的旅程。

四

那本囫囵吞枣记诵的《英汉词典》，很快无法支撑巫鸿的生活。

哈佛的第一学期，他选了四门课——"考古学方法论"、"中国考古学概论"、"玛雅象形文学"和"印度宗教"，领域跨度之大，是因为接受了导师张光直的建议，尽量选修一些相对陌生的课程。

他开始用蹩脚的英语参与课堂讨论。为了读完教授们布置的书，动辄通宵达旦。他提前将观点用英文写出来，到课堂上念，然而讨论时仍然有些狼狈。这样过去了几个月，一位教授告诉张光直，巫鸿的英语糟透了，但他是个学者。

来自中国的年轻人让哈佛的教授们眼前一亮。后来，另一位教授贝格利（Robert Bagley）看了巫鸿在《美术研究》上发表的论文，也大加赞赏，说它"简直不像中国人写的"。这个评价让巫鸿不知该欣喜还是该悲哀。

"考古学方法论"这门课难度最大，对巫鸿的影响却可能是终生的。两位教授与七八个学生围坐，阅读不同时代、不同地域的考古学经典，上课时讨论作者的调查和研究方法。课前课后，巫鸿还会与张光直再聊几个小时。从前写论文大多出于学术直觉，哈佛的训练则让他意识到方法论的重要性。

一代人有一代人的洞察，也有一代人的使命。

1925 年，随着中国现代考古学的初步发展，考古发掘逐渐步入正轨，大量文物重现人间，王国维欣喜地发现了学术研究的另一条线索，据此提出"二重证据法"——"吾辈生于今日，幸于纸上之材料外，更得地下之新材料。"

半个世纪后，张光直在《商代文明》的绪言中，阐释了"通往商代历史的五种途径"——传统历史文献、青铜器、卜甲与卜骨、考古学以及理论模式。如果说前四条途径是对王国维的继承和细化，最后一条"理论模式"则是一种更加"现代"的学术研究方法："我们也需要具体的、特有的、可靠的方法在特定的层次上重建我们这些史料间的复杂关系。有些方法是不言自明的：考古学的年代序列，从空间上排列这些因素之间的复杂关系；还有文献描述。但其他的就不那么明显，也就是说，那些中介理论模式。"如何将不同的素材进行有序整合，转化为系统的历史或文化叙事，决定着一个学者究竟能走多远。

张光直的言传身教，让巫鸿对方法论愈发执着。此后，巫鸿又修了语言学、美术史、神话学……他发现，尽管不同学科关注不同的问题，但是基本解释框架是相通的。多学科的学术背景不仅积累了知识，更拓展了视野。此时，从方法论上理清头绪，建立系统，进行跨时代与跨领域的研究，已是水到渠成的事情，甚至是唯一的选择。巫鸿将社会学、人类学、思想史、美术史等方法融会贯通，形成独具一格的"开放的美术史"。正是在他这一代人的努力下，美术史研究得以跨越时代与学科的限制，不断汲取来自其他学科的养分，如同频频凭风借力，迅猛攀升。

不过时隔多年，回望重构美术史的历程，巫鸿也保持着警觉与忧患，新的发现固然振奋人心，其实又危机重重，"其结果既是这个学科影响力的增长和对一般性人文学科和社会科学的积极介入，也是它不断模糊的面貌和日益尖锐的身份危机"。

五

完成方法论的构建，巫鸿野心勃勃地试图写一部与众不同的学术专著。他选择了一条险径，将视线投向武梁祠。

武梁祠位于山东嘉祥，建于公元 151 年，以精美绝伦的石刻著称于世。它一度被历史湮没，近代以来，世界各地的学者纷至沓来，千年古迹重获新生。巫鸿动笔之前，武梁祠已经被几位声名显赫的学者踏勘、研究了一个世纪，从法国汉学家沙畹到日本学者关野贞、大村西崖，以及巫鸿父母的老友、费正清的夫人费慰梅。

面对前人缜密的学术网络，巫鸿还是找到了突破口。他不像一般中国研究那样囿于图像认定，也不像西方研究那样注重分析艺术风格，而是找到了一条中间的路，他将之命名为"中层研究"。他不仅进行详细的个案排查与分析，也不仅阐释背后的社会背景与历史演变，更将武梁祠作为一个整体的空间作品来解读，探讨其社会、历史、思想、礼仪等内涵。《武梁祠：中国古代画像艺术的思想性》是巫鸿的第一部学术专著，1989 年荣获全美亚洲学年会最佳著作奖，让他对自己独创的"中层路线"充满信心。

六年后出版的《中国古代艺术与建筑中的"纪念碑性"》是"中层研究"的一次扩大尝试，他试图提供理解中国美术史的另一个更宏观的角度。这本书被《选择》（Choice）杂志评为 1996 年杰出学术出版物，又被《艺术论坛》(*Art Forum*) 列为 1990 年代最有意义的艺术学著作之一。曾担任哈佛大学美术史与建筑史系主任的伊万兰·卜阿教授更是盛赞"此书完全可以与福柯的《词与物》比肩"。

不过，这本书却也引发了一场轩然大波。"纪念碑性"(monumentality) 在西方往往体现为巨型建筑，融汇绘画、雕塑、建筑于一体，具有宗教内涵和政治意义。巫鸿却提出，对纪念碑的迷恋并非西方独有，中国小小的玉器、铜器、陶器，与埃及金字塔、古希腊雅典卫城、罗马万神殿、中世纪教堂这样巨型建筑一样，承载着同等的宗教、政治和美学涵义。小大之辩，实则殊途同归。

曾经夸赞巫鸿写文章"简直不像中国人"的哈佛教授贝格利大发雷霆，在《哈佛大学东亚学集刊》上撰文，逐章批判，认为巫鸿以"文化当局者"自居，将西方学者视为"文化局外人"。巫鸿不得不在杂志上回应贝格利的误读和曲解。此后，罗泰 (Lothar von Falkenhausen)、夏含夷 (Edward L. Shaughnessy)、杜德兰 (Alain Thote)、田晓菲、李零等一大批研究中国历史、文化与艺术的学者卷入这场论战。

"中国"究竟是什么？考古学与文献学应该在研究中处于什么位置？有的问题似乎越辩越明，有的问题却依然在傲慢与偏见中淤积。

六

此后的二十年间，巫鸿循着"中层研究"的方法，涉足领域逐渐贯通整个中国美术史，跨越不同的门类，如同桥梁最终合龙。

　　苏立文（Michael Sullivan）将手卷、壁画和屏风视为宋代以前中国最重要的三种绘画形式，巫鸿则更进一步，在《重屏：中国绘画中的媒材与再现》中将美术史与物质文化研究结合，希望人们重新反思中国传统绘画的物质内涵："不仅把一幅画看作是画出来的画像，而且将其视为图像的载体。正是这两个方面的融合和张力才使得一件人工制品成了一幅'画'。"

　　2010 年出版的《黄泉下的美术》，是对"中层研究"的又一次典型的实践。此前对墓葬的研究大多聚焦于出土文物个体，如玉器、青铜器、画像砖石，巫鸿却将墓葬作为一个整体空间结构来观察和分析，从空间性、物质性、时间性出发，阐释中国墓葬艺术的嬗变，寻找背后隐藏的社会、历史与宗教内涵。

　　两年后，《废墟的故事：中国美术和视觉文化中的"在场"与"缺席"》则对"废墟"的各种载体或变体进行考察，试图从全球的废墟话语与想象中，探索中国的废墟观念，"为审视中西文化在历史上的互动提供一个起点"。无论是丘与墟，还是碑与枯树，作为"废墟的替身"的拓片，各种"迹"的形态（神迹、古迹、遗迹、胜迹），及至"如画废墟"、"战争废墟"、《小城之春》的老宅、圆明园的前卫艺术、都市拆迁对当代艺术的吸引力……从古代到当代，巫鸿给出的是一份如翁贝托·艾柯那样的"无限的清单"，却又展现出清晰而统一的中国轨迹的变迁。

　　几十年来，他对武梁祠石刻的神话世界和人类历史中的诸多元素、人物都作了具体深入的分析，解读了带有"纪念碑性"的各种载体个案、各种"废墟"的象征，在《重屏》中对《韩熙载夜宴图》《重屏会棋图》《十二美人屏风》《平安春信图》等或显赫或无名的画作进行了扫雷般的图像考察，但他从未放弃对个案背后社会空间与历史演变的追问。

他一直在侧耳搜寻一条隐藏于地下的河流，那些被人们有意无意忽略的涌动，时常让他惊喜、沉思。

七

时至今日，让人们津津乐道的，还有巫鸿作为学者的另外一面。

1982 年，巫鸿在纽约与陈丹青邂逅，陈丹青也是中央美术学院毕业生，比巫鸿小几岁，当时依靠《西藏组画》在中国声名鹊起，然而在纽约，仍是一个不为人知的游荡者。

经历了长达三十年的文化隔绝，西方世界对中国艺术的认知仍然停留在半个世纪以前，对中国美术史的研究也侧重于古代，巫鸿却对中国当代艺术产生了兴趣。那时他正像一块不知疲倦的海绵，吸收着来自不同领域、不同国家、不同时代的养分。他一边读博士，一边在亚当斯学院担任本科生的美术史辅导员。亚当斯学院是哈佛最古老的房子，美国总统富兰克林·罗斯福、国务卿亨利·基辛格、天才建筑师巴克敏斯特·富勒等人在哈佛读书时都曾住过这里。巫鸿突发奇想，要让这幢古色古香的建筑偶尔变成一座展示中国当代艺术的美术馆。这个设想获得了院长罗伯特·凯利的支持，陈丹青到美国后创作的一组西藏题材的画作，第一次在这里展出。

毫无经验的巫鸿开始笨拙地策划展览，没有经费，从与艺术家沟通到现场布展，所有环节都靠自己动手。他和陈丹青开着小车，往返于纽约和波士顿之间，在纽约的寓所里打地铺通宵聊天，将画框捆在车顶运往哈佛，有一次狂风大作，车顶上木心的画框被刮得无影无踪。

从陈丹青、木心到罗中立、张鸿图，初到美国的一批中国艺术家在哈佛大学亚当斯学院找回了久违的荣誉感。1990 年代，徐冰、刘小东、张大力、谷文达、宋冬等一批更加新锐的中国当代艺术家陆续抵达美国，那时，巫鸿为他们找到的，已经不只是哈佛大学亚当斯学院的方寸空间。

八

尽管策展人与学者是两种截然不同的身份，巫鸿却逐渐应对得游刃有余。

1987 年，他在哈佛大学获得人类学与美术史双重博士学位，留校任教，仅仅七年后就被授予终身教授教职，在大师云集的哈佛大学，这称得上是一个奇迹。然而此时，他却意外地接到了来自芝加哥大学的邀请。

芝加哥大学愿意在中国当代艺术研究方面提供更多的空间与支持，那里热烈的学术讨论氛围也让巫鸿神往，在经济学、人类学等领域，芝加哥大学都形成了享誉世界的重要学派。踌躇再三，巫鸿决定离开哈佛，受聘为芝加哥大学范德本特殊贡献教授，负责亚洲艺术的教学与研究项目，此后又创办东亚艺术研究中心，并为芝加哥大学斯马特美术馆担任顾问策展人。

到芝加哥大学后，展览逐渐进入正轨。《瞬间：20 世纪末的中国实验艺术》是巫鸿为中国当代艺术策划的第一个大型展览。通过长期的研究与访谈，他选择了二十一位中国当代艺术家，当时在美国艺术界，他们的名字还颇有些陌生，巫鸿却试图从他们的作品中发现实验性与创造力。这次展览在美国巡回展出，引起强烈反响，中国当代艺术家群体真正登上世界舞台。

这是一个新的起点。巫鸿策划的展览逐渐蔓延美国、中国及至全世界。多年来，他仍然保持着学者的习惯，策展前要与艺术家进行多次交流或者笔谈，了解他们艺术理念的来龙去脉，面对各种思潮时的抉择，判断与世界艺术史的关联及位置。他习惯于持续发问，一连串的问题滔滔不绝，那些对自己的艺术没有经过深入思考的人，很容易招架不住。

从哈佛大学亚当斯学院到芝加哥大学斯马特美术馆，再到遍布全球的重要美术馆和博物馆，巫鸿走出的每一小步，都是中国当代艺术迈出的一大步。一片荒原逐渐被耕耘成震撼世界的麦田。

渐渐地，有人愿意为中国当代艺术家提供资助，有人提出要收藏他们的画作，有人开始承办他们的展览。再后来，他们的作品在狂热的拍卖市场上屡现天价，甚至超越了他们所崇敬的达芬奇与毕加索。

改变仿佛突如其来，又漫长得令人窒息。

如今，有的人拥有了曾经无比渴慕的声名与财富，也有的人在时代的喧嚣面前拱手让出了从前的真诚与好奇心。有的人在开创自己的风格，有的人终究被生活吞噬。只有巫鸿依然在勤奋地写作，不知疲倦地发掘新锐，策划新的展览。他的样子都没有发生什么改变，以至让人们很难猜测他的年龄。其实他已经年过古稀，却仍然像个不知疲倦的年轻人，频繁地出入考古现场，出版学术专著，策划当代艺术展览，思路活跃而缜密。他甚至在豆瓣上注册了账号，每隔一段时间会现身，回答年轻读者的提问。他的书桌上有两台连在一起的电脑，一台用书垫得很高，坐累了可以站起来，换另一台继续工作，站累了再坐下，如此周而复始。

多年来，他从金石研究跨入书画研究，从古代祠墓进入中国当代艺术。他见证了时代的变迁，也是这场变迁的幕后推手。在学术研究与社会影响之间，一个学者怎样才能找到内心的平衡，既能潜心钻研，又能启蒙公众，巫鸿的探索或许是难得的例证。

当一个人孤独地面对瞬息万变的时代，他没有被摧毁，没有被吞噬，也没有被腐蚀，冥冥之中仿若天意，其实心中早有定数。

※

学科建设与知识建构

问：1994 年你在哈佛大学获得终身教授职位，后来却选择到芝加哥大学任教。这可能是你的研究历程中很重要的一个转折点。你曾提到，一个重要的原因是在美国汉学界待久了，不只是考虑自己的处境或者写作的问题，更多考虑的是学科的建设。

答：当时我刚刚在哈佛大学获得终身教授任职，这在哈佛是一件很难的事情。但是突然出现了一个情况，芝加哥大学得到一大笔赞助，赞助者希望请一位优秀的研究中国美术史的教授，组建一个学术班子，不仅是一个职位，而是一个项目、一个学科的建立，可以做很多事。

他们找了很多人，最后要把这个职位给我。我太太也在哈佛教书，他们也邀请她一块儿去芝加哥大学。

我把邀请信交给哈佛人文科学学院院长，一般来说，校方会进行一些协商挽留，但他看过以后，只说了一句"恭喜"。当时哈佛大学大概没有决心给中国艺术研究这么多的资助和支持，机缘还不存在。我就去了芝加哥。后来在芝加哥大学慢慢地做项目，自己也写作，还做了很多当代艺术的研究和展览。芝加哥大学斯马特美术馆馆长与我见面，谈得很好。她一下子提出很多可能性，可以一起组织中国当代艺术的展览，这在当时的美国并不多见。后来，耶鲁大学、加州大学伯克利分校也邀请过我和我太太去任教，我觉得还是芝加哥大学比较适合，就都没去。

问：你曾开玩笑说，把美国研究中国美术史最著名的三座大学都拒绝了，不知道以后该去哪里。当时对学科建设有什么构想？计划分几个阶段去实现？

答：美国大学里常常只有一位教授教中国美术史，做完整的研究实际上不太可能，可以说只是学科建设的初级阶段，在教学上只能是介绍性的。所以，第一步就是要做得面更多一些。在芝加哥大学的开始几年，我们邀请了世界上非常重要的中国美术史家，比如英国牛津大学的罗森（Jessica Rawson）、德国海德堡大学的雷德侯（Lothar Ledderose）等，每个人到芝加哥大学住半年或一年，他们自己提出课程内容，每周给研究生上课，把他们的专长和风气也带过来。陆续请了四五位教授来上课，也组织了一些跨国的活动和会议，比如"汉唐之间"的讨论会，我们办了三年。

2000 年，又建立了东亚艺术研究中心，聘请了蒋人和博士担任专职副主任来组织这些活动，她本人也是富有著述的学者，在佛教美术和陶瓷研究等方面尤为擅长。还有访问学者、博士后和多位研究生，最后形成在芝加哥大学有一群人在持续地做中国美术史方面的研究。

问：芝加哥大学吸引你的一个原因是有自由讨论的风气，在经济史、人类学领域都形成学派。美术史研究是否在慢慢形成学派？

答：是否形成学派，最好是由别人来评判。我们不一定是在做一个学派，而是在做一个理论的结构。这个结构不只是一个人的著书立说，也牵扯到教学的内容和方式，牵扯到如何引领领域内的新方向、新趋势、新解释。芝加哥大学在机制上可以说有这样的倾向，有很多讨论会、工作坊、讲座，特别鼓励交流，鼓励大家一起思考问题。但这不是集体写作，每个人还是独立的。别的大学当然也有这些，但是芝加哥大学在美国以此著称。

芝加哥大学的《批判探索》(*Critical Inquiry*) 围绕杂志做研究，也聚集了一批人，这本杂志我也参与了，《重屏》的前言部分理论性比较强，就是在那里先发表的。芝加哥比较有这种气氛。

问：费正清他们的中国学研究算是哈佛学派吧？后来一些汉学家对他们的"冲击-反应"模式批评很多。

答：基本上是以费正清为核心，在对华政策和东亚政策上影响很大，但在现代中国研究领域里是不是代表了一个方法和理论的学派？我不在那个领域里，不好加以评论。

学术往往如此，一代人总要对上一代人提出质疑。这种现象在西方学术界是经常的和正常的，往往并不完全是反对的态度，而是认为以往的研究有误区、有偏离，需要纠正，整体上还是一个发展的概念。因为时代不同了，事情发生了变化，知识的建构是一个发展的过程，而不是把之前的东西扔掉从头再来。

问：美术史研究有很强的跨学科意识，这种意识在人文学科里比较少。

答：由于各种因素，强大的学科可能比较难于自我更新。原先较偏门一些的学科，有时候却会一下变得比较活跃，甚至影响到别的学科的发展。美术史作为一个人文学科原本比较薄弱，所以新观念来了，就像新技术一样，很快能够吸收。

对身份认同保持警惕

问：当年围绕你的著作《中国古代艺术与建筑中的"纪念碑性"》，引起了学术争论，贝格利教授认为你持的是一种中国立场。

答：贝格利教授认为我有中国学者的"坏毛病"。他把我当成中国学术的代表，认为中国学者总是在叙述或者建构自己的历史。比如中国学者认为商代是中国的历史，他从西方学者的角度认为并非如此。

所谓"中国身份"，我有没有身份认同？当然是有的，但我比较希望能跳出去，保持警惕，不要无意之中就有了很多假设。

当时争论的一些问题确实也有道理，比如现在的中国和历史的中国的关系是怎样的？得找一些根据来说明，不能想当然地去说。我觉得这样讨论是有道理的。但是上来就把中国这个概念取消，那就没什么道理了。

问：身份认同是一个很复杂的命题。

答：很复杂，但却被贝格利教授简化为两种：本地的、外国的。这也太简单了。很多学者，比如霍米·巴巴（Homi K. Bhabha）等人，都提出现在的问题是很复杂的，后殖民主义造成很多复杂的身份，这是全球的问题。本地的未必就真的是本地的身体认同，外面的也不一定完全代表一种超越的身份。

问：中国人到美国留学，会面临一个问题，就是如何用一种非中国化的视角和方式来看问题、做研究。你当年在哈佛有没有遇到类似的问题？当然，你的导师是张光直先生，不太一样。

答：我倒确实没遇到这个问题，大概我的思考从来都有一点儿另类。我和贝格利教授其实还有过短暂的重合，他在哈佛大学教书时给我上过课。1979 年我出国之前，曾在《美术研究》上发表过一篇文章《一组早期的玉石雕刻》，对它们出现的时代——东夷的龙山文化——进行了分析。我把这篇文章给贝格利看，他非常欣赏，但是他的评价很奇怪，我一直都记得，他说这篇文章"简直不像中国人写的"。

我到美国后继续发表文章，1984 年在《亚洲艺术学刊》上发表了《三盘山车饰与西汉艺术的祥瑞纹样》，我认为这个车饰上的动物，比如麒麟、凤凰等等，表现的实际上是祥瑞，带有很强的政治宣传的意义。贝格利教授看完大怒，干脆就不理我了，在他看来这篇文章可能"太像是中国人写的"了。1979 年那篇文章完全是探讨形式的问题、分类、断代，1984 年那篇文章则讲意义、讲社会、讲政治和思想问题，他对此无法接受。

我觉得这种"中国"或"不中国"的判断代表了很强的个人看法，未必是美国学术界的集体认同。美国很多学者也在研究意义，纯粹做形式主义研究的只是西方学术中较特殊的，而且现在越来越边缘的一支。

如果是一个美国学者谈社会，讲政治和思想问题，反对者可能会说他太左派、太社会学、太马克思主义，但不会说他太"中国"。当然，因为我知道自己从前接受过的学术训练，所以我会告诉学生，国内习惯于做综合式、比较宏大的研究，常常是上下几百年，左右几千里，不太做专案、个案的研究。我一般鼓励他们先做个案研究，首先找到个案，又能深入分析，这就是本事。个案做深了，再继续展开。最好的学术训练是先做深，证明你能做得深，然后再去做广。当然，每个国家在教育上都会有长处和问题，现在中国也在变革，不能一言以蔽之。

"中层研究"的潜台词

问：在宏观研究与个案研究之间，你曾提到，自己比较喜欢做"中层研究"。

答："中层研究"实际上也是个案。首先，所谓个案，对"案"要有一个定义，并非什么都是"案"，比如一片画像石就不是个案，因为只是一片零散的材料。"案"是 case，就像做法律史有一个"案例"的概念，里面包括很多问题。所谓"中层"，实际就是内容比较复杂的个案，首先要把材料准备好，然后去做，这是训练的第一步。比如说敦煌石窟，只研究线条或单独形象当然也可以，但是对于说明一个洞窟没有太大用处。想要说明一个洞窟，要整个地看，是谁建造的，是怎样设计的、有什么独特的风格，所以一个窟就可以形成一个"案"。当然也可以扩大，比如一个人或者一个家族修了好几个窟，就可以放到一起来研究，因为它们彼此之间有联系。要说清做的这个"案"是什么，然后再去做分析，形成一个基础，再往大的方向做。

问：《武梁祠》就有大量具体形象的分析，也将祠本身作为一个整体来研究。

答：《武梁祠》是比较有意识地用这种方法去研究，不是把几个单独的形象挑出来，而是把祠作为一个整体来研究，但也不是拿它和当时的很多祠一起来比较，因为没法证明它们之间的关系，每个祠还是各自独立的，所以我只是有意识地研究武梁祠，别的就留待以后了。

问：这种"中层研究"的意识是什么时候产生的？

答：我到哈佛以后，大概在 1985 年以前，也受到过中国以外的一些学术研究的影响，比如研究欧洲中世纪的教堂，分析教堂和神学的关系，把教堂看成是对基督教神学的解释，天、地、镜像等，很有意思。还有一方面是我的人类学背景。人类学最强调人的问题，所以我的"中层研究"里总有一个潜台词，就是这个"案"里最核心的其实是人。武梁祠并不完全是客体，你会想到这是谁建造的、谁设计的、给谁看的，这都是人的问题。现在回想，我的所有作品都是这样的，不是对物、对形象的研究，而是通过形象来分析人的参与、思想与感情。发掘出这些，对物和形象也就理解了。

问：所以研究会渐渐讨论设计者、赞助人这些角度。

答：最近在研究内蒙古赤峰的宝山辽墓，我觉得这个案例特别有意思。它建于辽代初年，在那么遥远的北方，在契丹人的墓葬里，竟然出现了杨贵妃的形象，而且还发现了两种完全不同的风格，完全不同的内容。我就慢慢地研究、推论，墓主是契丹贵妇这是确凿无疑的，创作墓葬的匠人则肯定有两批，一批是契丹的画匠，另一批应该是被掳去的中原的画匠。他们用了不同的形象、不同的故事，表达不同的感情。中原风格的画里还故意改了情节，有一幅画描绘的是东晋苏若兰的故事，她的丈夫窦滔被发配到甘肃沙洲，苏若兰做了回文诗，绣了《璇玑图》思念他。而在宝山辽墓的壁画里，这个故事却被改成夫君去"征辽"，妾身在家里怀念，这就变得很复杂。妾身怀念丈夫征辽，壁画却是在辽地画的，而且是画在墓葬中心的石头棺室里面。墓已经在地下，棺室里更是黑得不能再黑，画匠在这里作画，究竟是谁在思念谁？而且这个题材，有中国女性形象，有诗，还有很漂亮的描金。这是一个跨民族的特殊现象，它所蕴含的丰富的历史文化和感情色彩，比它的线条、样式要有意思得多。这就是人类学和美术史的比较研究，不是用文本来证明，是把墓葬变成实际材料，像做访谈一样，要让它自己说话。

问：为什么在墓葬里面还有一个棺室？

答：这是一种特殊的丧俗，也不是辽代才流行的，这种建筑风格是比较早的北方的一种风格，像北魏时期，在大同一带也存在，过了四五百年再次出现，很可能是因为契丹人把鲜卑人视为祖先。契丹人有复古情结，又要综合南北各式各样的风格，借鉴南方的、唐代的元素，才做出这种新的墓葬建筑形态。

问：你曾提出，汉代以前墓室用石头比较少，一般是木质，后来开始用石头，宫室则一般用木。在木和石这两种介质的选择上，东西方很不同。

答：我在《中国古代艺术与建筑中的"纪念碑性"》里写了一章，题为"中国人发现石头"。西汉以前中国人没有把石头当作建筑和雕塑艺术材料的概念，中国人把玉叫玉，不叫石，和现在的科学分类不太一样。我觉得，从东周开始形成了很多概念和风俗，但是到汉代发生了改变。

第一大变化是西汉，诸侯王用石头在山上开墓。让我真正相信当时石头对他们有一种特殊意义的，是汉代中山王刘胜的墓，分为前墓和后墓，前墓是马厩、储藏室、主室，都是木构，但是墓室就是石门了，里面盖了石房子，甚至当时可能还不太会盖，是把石头做成薄片拼起来的。当时不会用石头，但是觉得石头重要，因为里面是放尸体的。石头里面是玉衣，这样的结构，明显让人感到石头对他们有特殊意义，就像璞玉，整个就是成仙的概念，有永恒的意义。

一个词可能没有意义，必须要找到一个句子，找到一个叙事才能确定意义。这就又回到"中层研究"了。光研究石室没有意义，要放到上下文（context）里面，形成整个表意。

在这个语境里，就会发现，石室和玉衣是表达死者的成仙的愿望的，木料是给活人用的，用来营造宫室或者庙宇，在汉代是有区分的，这是一个现象学的问题。当然，石头的思想从哪里来，又是另一个问题了。可能是受到西方影响，联系到汉代人对西方的想象，到西方找汗血宝马，找西王母。可能也听说西方还有洞窟、石庙，是通过口述传播的。

问：当时犍陀罗造像对中国的造像影响很大。

答：有些造像可以看出是有所本的，做的人可能看过原作。而有些所谓的佛像，做的人根本没看过原作，是道听途说的。比如沂南汉墓出的佛像，头上有个小帽，还打了结。可能当时听说过佛像头上的肉髻，想象不出来，以为是个小帽子。这是一个转译、翻译的问题。文化影响有很多种机制，是直接的还是间接的，是通过语言的媒介还是形象的媒介，都应该细分。

我们这一代人，往往是在主动地寻找

问：小时候，父母对你的教育或者读书有什么建议？

答：很少。我母亲研究莎士比亚，我父亲研究经济学，后来转到经济史，家里书很多。但是他们在 1957 年以后都受到冲击，自身难保，他们有压力，也不希望孩子重蹈覆辙，所以很少会特地让我读什么书。

我母亲的英文非常好，甚至可能比中文还好。她被打成"右派"，一条罪状是党政干部来做报告，她做笔记是用英文记的，因为写得快一点。有人就批判她把领导的报告翻译成帝国主义的文字。

他们是很复杂的一代人，对我的影响可能是潜移默化的，包括他们的一些朋友。我小时候，中国受苏联影响很大，母亲开始学俄文，她翻译过一个俄国的剧本，好像叫《雪球花》，我们帮着抄下来，后来出版了，还在国内演出过。

现在回想，我们这一代人，往往是在主动地寻找。比如没人告诉你要看什么书，但是你会自己偷偷地去这里拿一本、那里拿一本，偷偷拿是因为担心父母会紧张。他们实际上也希望你看，但又怕你会受西方的影响，很矛盾。所以最好自己暗地里看，不要让他们知道。

问：费慰梅说，你当年下放到农村去，带了一些书去，是怎么带的？

答：当时整个中央美术学院的学生都下放到宣化，学生连，在宣化的部队里接受再教育。

初到宣化时，什么书都没带，也不可能带。下放一两年以后，社会形势稍微放松了一点，后来终于准许我回北京探亲。

我爱逛书店，当时琉璃厂还开着，我买了宋代金石学家薛尚功的《历代钟鼎彝器款识法帖》，黑乎乎地用一些木板印的拓片。我也不知道当时为什么要买，对金石学并没有明确的兴趣，就是觉着有意思。我带回来的，除了这本书，还有一本《英汉词典》（以前我学的都是俄文，没学过英文，就是从那时候开始自己对着音标背单词）。后来阴错阳差地去了故宫金石组，再后来又到哈佛留学，好像冥冥之中自有天意。

问：范景中老师说他下放的时候，偷偷画了很多想象中的西方建筑，比如巴黎圣母院、圣彼得堡大教堂。

答：我们也画画，但是画的很多都是革命的内容，样板戏、部队的团史等等。美术学院画什么东西都比较敏感。但是有一件事情，让大家的艺术欲望得以发泄，那就是摄影。在张家口有很多特别棒的德国相机，是电影学院的学生先发现的。怎么回事呢？新中国成立之初，中国派工人去援助蒙古，发的钱不能带回中国，带回来也没有用，就在那里买东西。一种是社会主义国家造的大收音机，另一种就是东德造的单反照相机。张家口那一带的工人买了很多放在家里也不用，先是电影学院发现，后来别的艺术学院也发现了，星期天就去搜这些东西，跟人家买下来。我当时托了关系买了一个照相机，大家就开始拍照，当时拍的还是艺术摄影，风光为主。看上去没什么政治性，就变成一种风气。动手画西方体裁绘画的，据我所知不太多，大概被人发现不太好。当然藏着画也可能，但是蛮危险的。当时也偷偷写诗、写小说，但是大部分都散佚了。

问：你到哈佛留学，张光直先生主要教人类学，你还获得了美术史博士学位，对你影响比较大的教授有哪几位？

答：我在哈佛时，前两年主要研究人类学，后来基本转到美术史了。我去的时候，原来的中国美术史教授刚刚退休，他是德国人，叫罗樾（Max Loehr），是形式主义学派大师，在青铜器上创立了五种风格的学说，现在还影响很大，我也在《中国古代艺术与建筑中的"纪念碑性"》里用到了。他在书画领域也有不少研究，在上一代美国学者中影响非常大。当时他刚刚退休，随后换了好几位教授，也包括那位贝格利教授。研究日本美术的是一位很权威的教授罗森菲尔德（John Rosenfeld），他后来成为哈佛大学艺术馆的馆长。他对我影响比较大，是我做美术史研究的指导教授，后来又成为同事。我能在哈佛大学取得终身教授职位，没有他的推荐，是绝对不可能的。所以我离开哈佛他很接受不了。我非常惭愧，他人非常好。他完全不是做中国美术史研究的，但是对我还是有很大影响。我在美国发表的第二篇很长的文章《中国艺术中的早期佛教因素》，就是在他的课上写的学期论文。

问：你当年接受的教育跟国内其他学者差不多，为什么写的文章"简直不像中国人"？

答：这是一个谜。不是同样的条件就能产生同样的人和同样的思维。这是我没法回答的问题，但是我觉得这个问题很有意思。我跟徐冰谈过几次，"文革"以后，一大批人回到学校，虽然没经过学院的教育，但是各有一种特殊的创造力，而这种创造力很难用学院式的教育和影响来解释。这种创造力是从哪里来的？它的实质又是什么？这很值得思考。

采访时间：2015 年

跨越文化的边界

张隆溪 *

不仅在西方的逻各斯中，而且在中国的"道"中，都有一个词在力图为那些不可命名者命名，并试图勾勒出思想和语言之间那颇成问题的关系，即：一个单独的词，以其明显的双重意义，指示着内在现实和外在表达之间的等级关系。"道"和逻各斯这种明显的相似，显然激励着人们的进一步探索。

一

"上山下乡"出发前，张隆溪在成都街头遇到了英语老师潘森林。老师悄悄地告诉张隆溪，自己刚被抄家，却有两本书幸免于难。这两本书如果继续留在家里，只怕凶多吉少，不如送给张隆溪，带到乡下去。

潘森林没有教过张隆溪，他只是知道，这个学生喜欢英语。

---

* 张隆溪，1947年生于成都，1978年考入北京大学西语系，为"文革"后第一批研究生，1983年赴美留学，1989年在哈佛大学获得比较文学博士学位，同年受聘于加州大学河滨校区，任比较文学教授。1998年起，任香港城市大学比较文学与翻译系讲座教授兼跨文化研究中心主任，美国哈佛大学、耶鲁大学及卫斯理大学杰出学人讲座教授，瑞典皇家人文、历史及考古学院华裔院士。

这两本书，一本是希腊罗马文学的选本，另一本则是从莎士比亚到赫胥黎的英国文学作品选段。它们陪伴着张隆溪度过了在德昌山村里三年的寂寥时光，甚至也在冥冥中决定了他一生的方向。

自制的小煤油灯，灯火昏暗，两本书张隆溪反复读了三年。他始终记得俄狄浦斯王的最后一句话："在一个人生命尚未终结，没有最终摆脱痛苦和忧伤之前，不要说他是个有福的人。"在张隆溪的记忆里，那是一个被永久定格的时刻："我读完这最后一句的时候，正是午夜之后，四围是无边的暗夜，只有一灯如豆。灯下闪动着索福克勒斯悲剧那惊心动魄的文字，竹林里传来萧瑟的风声，河里远远传来潺潺的水声，我好像独自一人处在洪荒旷野之中，感受到天地自然那种原始、神秘而无可抗拒的力量。"

德昌的生产队有一台半导体收音机，农民们不会使用，就交给知青保管。每天晚上，张隆溪都会面向无边的星空寻找 BBC 的信号。他跟随着 BBC 的广播，练习英语口语。多年以后，张隆溪在美国加州大学任教，一个曾留学英国的美国同事好奇地问他，是从英国哪个大学毕业的。因为他的英国音极为标准。

二

离开德昌前，张隆溪取下自制的小书桌，第一次发现，油灯灰竟淤积了厚厚的一层。1972 年，他回到成都，进入成都市汽车运输公司车队做修理工。

一个朋友听说张隆溪英语不错，自告奋勇帮他借到一本英文版的莎士比亚的十四行诗。他告诉张隆溪，这是一位老人的藏书，老人说，如果看书的人能翻译出其中的任何一首诗，就愿意出借所有的藏书。张隆溪很快翻译出一首，这首诗就像一把钥匙，为他开启了一座尘封的精神宝库。

穿过曲折的街巷，走进破旧的小院子，再踏进逼仄的房间，就出现了一个魔法般的世界。简陋的书架上，密密麻麻堆满了各种英文原版书。书的主人，是欧阳子隽，1949 年前他曾在《中央日报》做记者，此时则是从百货公司退休的售货员。经历"文革"的浩劫，老人的藏书居然奇迹般地幸存下来。

在这间逼仄的小屋里，张隆溪第一次读到莎士比亚全集，从钦定版的《圣经》到乔叟的《坎特伯雷故事集》，从弥尔顿的《失乐园》到 19 世纪浪漫派作家，许多传说中的文学巨匠，在这昏暗的房间里穿梭往来。闹市的喧嚣、时代的惶恐，张隆溪充耳不闻。每天上班，他的包里都会塞满书。活干完了，在碱水缸里把手洗干净，转身便进入另一个世界。

帕格瑞夫（F. T. Palgrave）编的《金库英诗选》（*The Golden Treasury*），张隆溪翻译了三百首，他带着这些译诗去请教前辈——四川大学研究英美文学的谢文炳教授。老人哀叹道，年轻人啊，你看我学了一辈子，现在到了这个地步，你还要去学这些干什么呢？

读书还有什么用？黑夜仿佛永远没有尽头，然而，精神的火焰始终没有在那一代人心中彻底熄灭。

三

转机出现于 1975 年。

中国科学院成都分院生物研究所研制出一种治疗冠心病的药，为了参加广交会，要把药品说明书译成英文。翻译的结果总是无法让专家们满意，这个任务后来辗转交到张隆溪手上。

生物研究所的专家们没有想到，竟能在民间发现人才，他们决定把张隆溪调到研究所做翻译。当时，张隆溪只是汽车运输公司的学徒工，由劳动局分管，而翻译的上级主管部门则是人事局，调动工作花了两三年的时间。

如今的张隆溪学贯中西，著作等身。可谁又能想到，他最早出版的两部翻译作品，却和文学、文艺理论都没有关系——这两部作品，一部与蛇有关，另一部则关于大熊猫。

1977年，恢复高考的消息传到四川，张隆溪已届而立之年。尽管张隆溪只是高中毕业，谢文炳教授还是很快找到他，建议他在四川大学直接攻读硕士研究生。

面对这个难得的机会，张隆溪却犹豫了。四川大学外语系以研究语法和教学为主，张隆溪更感兴趣的却是文学。他发现，全国只有北京大学招收英美文学专业的研究生，而招生的三位教授都是学界权威——朱光潜、杨周翰和李赋宁。一个高中毕业生，是否能获得他们的青睐？

中国科学院成都分院院长马识途与北大历史系教授许师谦相熟，他要张隆溪写一篇论文，请许师谦转交给北大西语系的教授们。论文的角度，张隆溪考虑了很久。他没有评论英美文学，而是另辟蹊径，用英文写了一篇论文，分析英美人对李白和杜甫的翻译，尤其指出翻译中存在的一些问题。

研究生报名结束前夕，张隆溪收到了从北京发来的电报，许师谦教授的一封加急信件也随即到来。许师谦在信中说，自己与李赋宁做了多年同事，平时交往并不多，不料这一次，李赋宁看了张隆溪的论文，竟然亲自登门拜访，要他转告张隆溪，一定要报考北大。

原本还犹豫不决的张隆溪，终于下定决心。

初试的题目不难，复试对学识却是极大的考验，其中有一道题问：在莎士比亚的剧本里，有一个人物出现过两次，他是谁？为什么会出现两次？当年在汽车修理厂里苦读《莎士比亚全集》的往事，在这一刻被激活了。张隆溪知道，这个人名叫福斯塔夫，他在《亨利四世》出现后，英国女王伊丽莎白一世看了演出很喜欢，要求再写一个剧本，还要有这个人物，于是，莎士比亚在《温莎的风流娘儿们》里又写到了福斯塔夫。

多年的厚积薄发，让张隆溪在复试中跃居第一名，成为恢复高考后的第一届研究生，师从杨周翰教授。他也因机缘巧合，与两位学界前辈成为忘年交。

张隆溪对美学和文艺理论很感兴趣，经常向朱光潜请教，很快获得老人的认可。当时朱光潜已年过八十，张隆溪经常陪他在未名湖边散步，每个月帮老人代领工资送到家中。朱光潜晚年发表文章，往往先把文章交给张隆溪，请他进行一些技术性的勘误。《谈美书简》就是经过张隆溪通读后，才交给出版社的。

国际比较文学学会副会长佛克马（Douwe Fokkema）到北京访问，张隆溪陪同他做翻译。一天，佛克马要去拜访钱钟书，希望张隆溪继续担任翻译。当晚张隆溪就接到北大外事处的电话，提醒他，钱钟书学问很好，脾气很大，一旦发现钱钟书脸色不好，最好中途先行离开。到了钱钟书家中，老人那一口流利的英语，让张隆溪意识到，他根本不需要翻译，就坐在旁边，并不插话。钱钟书问佛克马，为什么在《20世纪文学批评理论》中没有提到加拿大文学理论家诺思罗普·弗莱（Northrop Frye）？佛克马解释说，弗莱的理论有太多心理学的成分。恰好张隆溪刚刚读过弗莱的名作《批评的解剖》，他不赞同佛克马的观点，于是当面提出。钱钟书这才注意到这个沉默的年轻人，大为赞赏。临别前，钱钟书留下了自己的电话，告诉张隆溪，有什么事情可以随时联络。就这样，钱钟书成为张隆溪人生和学术历程中又一位重要的前辈。

1982年，《读书》杂志希望邀请学者写文章介绍西方文艺理论，董秀玉找到钱钟书，希望他来撰写西欧的部分，钱钟书却推荐了张隆溪。

作为当年邹韬奋"三联"理想的核心之一，1979年复刊的《读书》杂志影响了一代人，《读书》复刊第一期即开宗明义——"读书无禁区"，直指"文革"期间流行的"读书无用论"，在思想界引发地震。张隆溪趁着到香港中文大学访学的机会，利用访学经费，在香港购买了一大批西方文艺理论的图书，这些资料在当时的内地很难见到。通过一系列介绍西方文艺理论的文章，张隆溪为读者们开启了一个全新的世界。这些文章风靡至今。

四

在《走出文化的封闭圈》中，张隆溪希望中国人能够"以谦卑的态度、开放的胸怀和远大的目光，去真正认识我们文化传统的价值"，他自己正是这种观念的表率。

1983 年，张隆溪前往美国哈佛大学攻读博士学位。三年后，他在哈佛大学见证了三百五十周年校庆，让他记忆犹新的，是一段令人感动的录音。1950 年代时，美国处于麦卡锡主义的高压政策之下，哈佛却仍然顽强地充当着左派思潮的堡垒。一次集会中，有人高呼："他们不是要抓红色分子吗？让他们到哈佛校园里来抓吧！"

张隆溪没有选择东亚系，他的专业是比较文学，毕业后，他先后在哈佛大学和加州大学执教。美国的大学里不乏教中文或者理工科的中国学者，然而在比较文学领域内，中国面孔很罕见。张隆溪第一次在哈佛给学生们上课时，学生们都以为他走错了教室，但他的谈吐与学识，很快让学生们接受了这个黄皮肤的老师。

多年来，张隆溪身处欧美学术界的前沿，一直用英文写作，《道与逻各斯》《强力的对峙》等一系列著作，让他在国际学界广受称誉。

香港回归一年后，张隆溪接受了香港城市大学的聘书。

2009 年，张隆溪当选瑞典皇家人文、历史及考古学院华裔外籍院士，成为继冯至、夏鼐之后第三位当选的华人，也是唯一一位健在的华裔院士。

尽管张隆溪将自己视为"一个身在汉学和东亚系之外的局外人"，但他从未放弃对中国的关注。多年间，他在东西方文化之间跋涉，秉承着钱钟书当年的理想——"东海西海，心理攸同；南学北学，道术未裂"。

东方与西方，是去路，也是归途。

※

在象牙塔和社会之间

问：你当年在《读书》上发表的一系列文章，本身出于学术的目的，但是经过《读书》的传播，也受到公众的欢迎。

答：《读书》复刊第一期就有李洪林写的《读书无禁区》，几乎是爆炸式的影响，它马上变成知识分子很重要的刊物。当时集合了一大批各种年龄的学者，我算是比较年轻的，那时我几乎把《读书》看成自己的杂志，真的有非常强烈的认同感。

在那之前，当时中国的闭塞是现在难以想象的。中国人完全不知道外面是什么样的……当时我介绍西方文艺理论的文章有那么大的影响力，到现在很多人还说是看这些文章长大的，我想原因是基于当时的情形，大家如饥似渴地想要了解外面的世界。

为什么1980年代能成为文化热的时代？因为知识分子和一般民众有一致的想法，对僵化的思想都极为反感，非常希望了解西方。《读书》起到了它的作用。

我还记得当时我写第一篇介绍西方文艺理论的文章时，还专门提到文化精神。我说，精神不是物质的火能毁灭的。这句话非常明显，是针对当时的情形，不只是纯粹地讲文艺理论。

问：在一个开放的时代，才会诞生《读书》这样的杂志。

答：《读书》承受过很大的压力。1983年10月，我离开北京去哈佛，三联书店的"范老板"范用要给我饯行。北大离市中心很远，他们专门派了一辆车来，接了朱光潜先生、我和我太太到燕京饭店。范用、沈昌文、董秀玉三位在座，他们明确地表现出希望改革、希望改变反智主义的倾向。《读书》把当时知识分子的心声讲出来了。

问：现在，我们在一定程度上进入了一个物质化、娱乐化的时代。

答：一个社会本来就应该是多元的。在美国，在欧洲，知识分子登高一呼、万众呼应的情形，也不太可能发生了。从某种意义上说，知识分子的寂寞，学术回到象牙塔，反而是正常的。把学术尤其是文学看得那么重要，可能是一件很可怕的事情。

魏晋时代，曹丕在《典论·论文》中说，"盖文章，经国之大业，不朽之盛事"。讲得很对，可是万一国家出了问题，是不是要怪文章呢？曹丕是当权者，他说得比较乐观，曹植却在《与杨德祖书》中讲到扬雄的话，文章只是雕虫小技，"壮夫不为"。我觉得，不能说一个国家的命运要取决于文学家，这是多么沉重的负担，但是，也不能说文章就完全不重要。在正常情况下，拥有更多的选择是对的。

当然，从知识分子的角度来看，现在的社会物质、享乐太多了，好像我们的民族失去了文化上的认同甚至关怀。我觉得，一方面可能是大势所趋，而另一方面，如果一个国家的经济生活能够真正繁荣和稳定，我相信大家会回到对文化的信仰。

比如，法国人和意大利人对美食很重视，但是，他们对文化也非常尊重。千禧年来临之前，意大利非常著名的文学理论家翁贝托·艾柯与卡罗·马蒂尼（Carlo Maria Martini）关于信仰问题的对话，在世界上引起强烈的反响。而在法国，他们的思想家和哲学家对整个社会依然有很大的影响，虽然这种影响不像政治家那样直接，但他们在精神上的感召力还是存在的。我希望等到中国发展到一定的阶段时，也能如此。中国本来就有着很深厚的文化传统，我不相信文化会在中国消亡。如今是物质的中国，但文化的中国依然会存在。

问：现在知识分子越来越专业化乃至职业化。这个时代，在象牙塔和社会之间，知识分子该如何抉择？

答：对文学和文化的研究越来越职业化，成为大学的一部分，这是有必要的，可以更深入地进行学理上的探索，对学术研究来说是一种进步和发展；但是，与此同时，知识分子是不是和现实越来越脱节了呢？确实存在这样的情形。两者之间应该有一个平衡的关系。

我很喜欢萨义德的《知识分子论》，他就说知识分子（public intellectual）应该是一个业余的（amateur）的活动，是在自己的专业之外去关怀社会的问题，关怀社会的弱势群体，说出自己反对的声音。专业人士和知识分子是两个概念，知识分子首先要有自己的职业，但是在关怀社会这一点上，应该站在知识分子的立场上。

历史的观念与文化的价值

问：你曾批评宇文所安对北岛诗歌的评价。

答：我批评宇文所安，是因为在他心目中，唐人写的诗才是中国的诗，现代诗人的诗不是。这当然和整个西方从18、19世纪以来流行的一种观念有关系，即把中国看作在时间上凝固的，一讲到中国就是孔夫子时代的中国、汉唐时期的中国，而对现在的中国，在历史中不断变化、不断发展的真正的中国，他们好像不愿意承认、不愿意去看，认为已经不纯粹了，但那只是他们想象中的纯粹。

换句话说，纯粹的西方文化又在哪里呢？就拿英语来讲，古英语属于条顿语系，和德语很近，语法很复杂，有很多变格，分阳性、阴性。11世纪时，诺曼底的威廉公爵成为英国国王，于是，贵族都讲法语，教堂里讲拉丁文，只有老百姓依然讲盎格鲁·撒克逊语。更重要的变化在词汇上，一套词汇是盎格鲁·撒克逊语，另一套词汇则吸收了法文和拉丁文。英语的变化，反映了社会历史的变化。哪个才是纯粹的英语？

当时差不多相当于中国的宋代，古英语乃至中古英语，绝大多数英国人却都不懂。而我们现在还可以看到孔子、老子和庄子的原文，我们在语言上还是有连贯性的。我们为什么能够从古代到现在基本上还是一个连绵的传统？我觉得，很重要的原因是因为中国没有一个唯一的非常强势的排他性的宗教，中国的文人可以同时信仰儒释道而绝不矛盾。这是中国文化里非常灵活的方面，因为灵活，在面对文化冲突时，就比较能够应变，吸收外来文化，变成中国文化的一部分，并且不断地丰富自己。

中国文化的生命力，就在于它有很强的应变能力。

问：最近一个多世纪以来，我们对中国传统和西方文化的态度，总是容易从一个极端滑向另一个极端。

答：如果没有中国的文化传统意识，没有真正的文化自信，就很容易追风，对西方盲目崇拜。而走向另一个极端以后，又可能变成狭隘的民族主义，觉得现在世界上的很多问题都是从西方出现的，所以中国文化是唯一可以解救全世界的文化，这也是一种局限的、狭隘的眼光。

真正有自尊、有自信的民族，应该保持开放的心态。汉唐时期的中国就拥有这样的心态。唐诗里有很多碧眼的胡人，当时的社会是非常多元的，某种意义上说甚至比我们现在更加多元。我们需要用开放的、平等的意识，来看待自己的文化、看待别人的文化。

问：可是现在大家都有很强烈的危机意识。

答：我来上海参加"解放论坛"时，也有人向我提问，他有一种危机意识，觉得中国现在在教育、文化、认同等方面存在很多问题。他讲的是一种悲观的看法，但是我觉得很好。有危机的意识，总比完全没有意识要好。

现在有多元的看法，有人满意，有人不满意，这反倒是比较正常的。如果一个社会总是一致的悲观或者一致的乐观，反而不正常。

我们现在有危机意识，能够提出问题，本身就是进步。在这一点上，我充满信心。也许我生性比较乐观……"文革"结束后，恢复高考，很快有一大批非常杰出的人才出现。我觉得，这是中国传统非常了不起的地方，是一种文化的底蕴。

中国是一个非常尊重知识和学习的国家，孔夫子就是老师，中国人知书识礼，非常注重学识和学习，在这个意义上，我们同古希腊的传统、犹太的传统是很相像的。

问：你们那一代年轻人迫切地希望改变世界，现在的年轻人却更多地在被世界改变。

答：很重要的一点是，对于文化价值，尤其是人文学科的价值，要有深入的认识。

从鸦片战争尤其是甲午海战以后，中国人有很强烈的危机意识，感到快要亡国亡种了，要改革，要富强。在这种情况下，当然会非常注重实用的东西，注重"中学为体，西学为用"，派到国外的留学生也是考察西方科技，所谓的"实学"。其实当时日本、韩国也曾非常注重实学。我想起《吴宓日记》里有一段记载，吴宓当时在哈佛见到陈寅恪，陈寅恪说，中国到外国留学的往往都学土木工程、理工化学这些实用的科学，却很少学西方的形而上的宗教、哲学、文化。也许将来中国会成为商业上很重要的国家，经济上很发达的国家，可是在文化上的重视不够。这句话带有很强的预言性。

我觉得我们的政府、教育界，乃至每一个普通民众，都应该有这种意识。中国在经济上越来越强大，外汇储备的数字很惊人，由于经济的发展，政治上的影响力也逐渐增加，但是如果不重视文化的价值，一个国家是不可能被尊重的。

当然，文化往往需要时间的积淀，它的成果不像经济和政治那么直接。我们也应该承认，现在的世界是不平衡的，西方文化依然是强势的文化。但我觉得，中国要有根本的改变。所谓的根本改变，并不是狭隘的民族主义，并不是说中国的文化是唯一好的，要让中国的文化去拯救世界，而是中国的文化能够在平等的地位上和西方沟通，在文化领域也能够为世界作出贡献。当然，这还需要很长的时间。

在这个时刻，怎样反思过去走过的历史，非常重要。没有历史的观念，对现在就不可能有很好的理解，对将来也不可能有很好的准备。

采访时间：2010 年

精神动荡的世纪

[美国] 费乐仁 *

      我不赞同用东西方这样的概念。什么是标准的中国人？是儒、释、道？是伊斯兰教？基督教？是科学化？什么又是西方人？现在的西方可以是美国，可以是欧洲，唐朝的西方可以是印度。事实上，我们都是多元的。21世纪每个国家都是不同的，了解各自的复杂性很重要。

一

      1843年，当二十八岁的苏格兰传教士理雅各（James Legge）将英华书院从马六甲迁到香港时，这座中国南方边陲的荒岛，还在进行漫无边际的初建工程，通过枪炮与不平等条约，英国刚刚将它据为己有。

      作为英华书院校长，理雅各主持书院的教学和管理，与此同

---

* 费乐仁（Lauren Pfister），1951年生于美国科罗拉多州丹佛市，1987年在夏威夷大学获得哲学博士学位，师从成中英，同年任教于香港浸会大学宗教及哲学系，担任资深教授。致力于西方传教士汉学研究，尤以研究汉籍欧译大师理雅各著称，著有 Striving for "The Whole Duty of Man": James Legge (1815-1897) and the Scottish Protestant Encounter with China 等专著。

时，他也在筹谋一个更具挑战性的计划——他试图把儒学经典都翻译成英文，因为"我们在人民中的传教工作应有足够的精神指导，以便能确保永久的结果"。

从利玛窦到汤若望，几个世纪以来，到中国的传教士都会自觉地披上儒生的装束。19世纪中叶，尽管英国是征服者，但如果理雅各希望影响中国，也仍需先将自己融入中国。理雅各迈出的这一步，比从前的任何一代传教士都更具想象力。他相信，这艰苦的工作，能够成为撬动中华文明的一个可靠的支点。

翻译的工作持续了二十多年，理雅各的中国合作者黄胜、王韬等人，都给予他极大的帮助。黄胜是曾和容闳一起前往美国的第一代中国留学生，王韬则是一位传奇的维新思想家、中国报业的先驱人物。

翻译的过程中，王韬和理雅各时常发生争执，但这个苏格兰人对中国经典的热忱与客观的态度，还是让王韬大为赞赏。他认为，理雅各"其言经也，不主一家，不专一说，博采旁涉，务极其通，大抵取材于孔、郑而折衷于程、朱，于汉、宋之学，两无偏袒"。

包括《四书》《五经》在内的中国重要典籍，共二十八卷陆续出版。这项划时代的翻译工程在西方世界影响深远，后世西方学者研究中国经典时，都会一次次重返理雅各铺设的这些桥梁。为了表彰理雅各的成就，1876年，法兰西学院将第一个"儒莲汉籍国际翻译奖"授予理雅各。尽管理雅各不是贵族出身，并非英国国教教徒，也不是牛津大学的毕业生，他还是因为杰出的学术成就，成为牛津大学历史上第一任汉学教授。多年后，在他去世时，"赴华传教士与牛津大学首任汉学教授"这双重身份，也永远地刻在他的墓碑上。

二

一个世纪以后，当费乐仁来到香港时，理雅各的名字已经被时光尘封。

费乐仁在美国出生，其家族则是瑞士移民。他有着惊人的语言天赋，精通中文普通话、粤语，英语，德语，法语，西班牙语，日语，古希腊文，希伯来文，菲律宾文……

和许多汉学家不同，学习中文时，费乐仁已经二十六岁。这是一段极为偶然的遭遇。1977 年前后，费乐仁在菲律宾教古希腊文和希伯来文，意外地发现华侨们对毛泽东十分崇敬。毛泽东的逝世，竟然从三千公里外的北京一直影响到菲律宾，这让费乐仁深感迷惑。他试图弄清其中的缘由，开始学习中文，并一发不可收。

1987 年，费乐仁在夏威夷大学哲学系获得比较哲学博士学位，师从"第三代新儒家"的代表学者成中英。费乐仁原本试图从政治哲学的角度解读毛泽东，却转而进入了中国古典的世界。在成中英的指导下，费乐仁阅读康有为的《大同书》，探索"四书五经"的深意。毕业后，他接受了香港浸会大学的聘书。

在研读西方翻译的中国经典时，理雅各是一个无法回避的名字，许多学者都在使用他的译本。然而，学术界对理雅各本人思想的研究，却始终是一个空白。勤奋的费乐仁为自己找到了这个极富挑战性的题目。

理雅各的译著与思想，远远超出费乐仁此前的知识积累。重新发现理雅各，更是重新发现中国儒学经典的价值。透过理雅各的眼睛，费乐仁发现了一个逝去的时代。

　　理雅各翻译中国经典，用了二十多年；而费乐仁从研究理雅各开始，到专著出版，同样用了二十年。*Striving for 'The Whole Duty of Man': James Legge (1815-1897) and the Scottish Protestant Encounter with China* 出版后，广受赞誉，当年就荣获美国 2004 年度传教研究杰出著作奖。

　　与中国朋友初次见面，费乐仁习惯于这样介绍自己的中文名字——"费乐仁，快乐的乐，仁爱的仁"。这次我们谈到理雅各、康有为、钱穆，也谈起成中英和费乐仁自己。有的人已经成为历史，有的人依然在影响着这个时代。

重新发现理雅各

　　问：你在夏威夷大学读博士的时候，师从成中英先生，他又被誉为"第三代新儒家"的代表人物。

　　答：成中英先生的学术思想，经历过一个变化的过程。当年方东美先生从南京到台湾，在大乘佛教等研究领域有着很高的学术成就，他曾对成先生的思想产生过很大的影响。后来成中英先生到美国留学，在华盛顿大学和哈佛大学获得学位，在哈佛大学的时候，他研究皮尔士（Charles S. Peirce），非常复杂的语言哲学和分析哲学。1965 年，成先生到夏威夷大学任教。1973 年，他在檀香山召开"国际中国哲学会"，并出版了英文的中国哲学季刊。他其实是先研究科学哲学、分析哲学。不过，1982 年我到夏威夷大学的时候，成先生已经转向中国哲学的研究，特别是以朱熹为主。

当时我是他的研究生，也帮助他做季刊的工作，因为这个机缘，我能看到很多新的资料。他教我读"四书五经"等经典，读朱熹的《近思录》，后来又为我分析清朝末年中国传统文化的变化。当时，成先生的管理哲学的思想其实也已经逐步形成了。

问：你当时学中文的契机是什么？

答：我去问成先生的意见，他思考了一个星期，告诉我，康有为写了《大同书》，你可以和哈贝马斯进行比较一下，试试看。

那是一个非常好的起点。我接触到了很多我没有了解到的资料，尤其是清朝末年的一些非常复杂的儒家的诠释学的问题。

1987年，我毕业离开夏威夷，9月来到香港。从那时起，我和成先生开始了新的合作阶段。我们有这么多年的对话，他让我的认识变得越来越丰富。

近年来，我在研究德国传教士卫礼贤。现在回想起来，我对卫礼贤的认识，也是基于成中英先生的帮助。正是在他的课程中，我买了第一本卫礼贤翻译的《易经》。

我在夏威夷大学找到了很多关于理雅各的资料，成中英先生非常肯定理雅各的价值。成先生说，他也用过理雅各的材料，但是对理雅各的背景并没有很深的了解。他说这值得做。他鼓励我研究理雅各。

问：理雅各和卫礼贤都主持书院，但是更多地基于宗教背景，与中国传统的书院相比有很大的不同。

答：英华书院是马礼逊（Robert Morrison）创立的，理雅各想进行创新，我用的提法是"儒家化的基督新教的书院"。理雅各传授的内容包括"四书"，也包括地理学、数学。这和理雅各的苏格兰常识哲学有关。

理雅各在那个时代是一位非常特别的传教士。他有两个学位，在阿伯丁英王学院学习哲学和宗教，在希伯利神学院学习神学，希腊文和拉丁文都非常好，而大部分传教士并非如此。

理雅各通过书院进行跨文化的教育，目标是培训牧师，但是只有三分之一的学生最终成为传教士，另外三分之二的学生转了行，因为他们的英文很好，在香港，一毕业就能获得很高的报酬，于是做了别的工作。到1856年，英华书院停办了很多年，理雅各就有时间来大规模地开展自己的研究和翻译工作，黄胜、王韬等人也来帮助他。

英华书院当然不是中国的传统书院，但是理雅各说，自己就是一个学者。王韬称他为"西儒"，我觉得非常准确。

问：研究"西儒"，本身就是很大的挑战。

答：我面对的理雅各的资料，是超过我之前的知识积累的。理雅各对中国经典的研究非常用功，他的涉猎面之广，超过我在夏威夷大学接受的教育。我必须继续学习，否则我就无法理解理雅各。

成中英先生是从台湾到美国的，他强调中国的传统，但是像我这样没有中国传统文化背景的人，该怎么样做？真的是不太容易。

1987年，我从夏威夷大学毕业后，到香港浸会大学任教。我觉得，在这个环境中，可以从成中英先生的角度来了解什么是传统儒家的思想和方法。以前我知道康有为是今文经学的角度，不是传统的儒学，甚至有很多方面还是和传统对立的。而我能够了解诠释的多样的问题，根据不同的资料找到合适的解释，这都是理雅各带给我的契机。

恪守谦卑的理性

问：晚清民国的中国思想家经历了很大的精神动荡。

答：当然。尤其是康有为和梁启超，他们发展的当然不是邪教，但也不是正统的儒家学说。康有为的方法是非常有创意的，他想改变传统对经典的解释，这和宗教、哲学的研究都有关系，他真的是一个天才。

我们在剑桥大学开过一个会议，其中有关于中国宗教与全球化的问题。我不认同全球化，我认为有国际化，没有全球化。全球化是一个资本主义的理想，但不是事实，我们有很多的限制，而国际化可以。

康有为就是一个非常国际化的人。康有为在"戊戌变法"失败后离开中国去日本，后来又去过三十多个不同的国家，在近代中国，很少有人有他那样的经历。我讨论《大同书》有人文宗教的精神，很多人不理解。有人认为，康有为是一个奇怪的儒家，没有基本的原则。我不这样认为。

问：康有为、梁启超师徒不太一样。梁启超宣扬"以今日之我攻昨日之我"，也有一些人因此批评他太容易改变，思想太过碎片化。

答：梁启超有革命性的一面，他想要改变，想要成为现代人。他面对中国人，就像鲁迅面对阿 Q 一样。梁启超曾给李提摩太（Timothy Richard）做过六个月的秘书，他们都在追求新的可能。

梁启超有许多创新，而康有为则在继续他的大同理想，但是，他们都是在忧患中寻找新的生活方式的儒家。

问：你怎么看"五四"那代人对儒家的态度？

答：胡适他们想要变成现代人，他们反对儒家，质疑传统文化的价值，带来的结果就像地震一样。所以，钱穆其实辛苦得很，陈寅恪也是，他们充满了忧患的意识。我能体会这种忧患的心态，传统儒家遭到破坏了，但依然有人坚信传统的价值。

问：钱穆在香港创办了新亚书院，你到香港任教时，他的影响还存在吗？

答：还有。当然，钱穆是历史学家，唐君毅、牟宗三、徐复观以哲学为主。我有很多同学和同事，曾做过他们的助手或学生。比如刘国强，他在香港中文大学，现在是唐君毅研究中心主任。唐君毅对德国哲学的见地很深，他开拓了很有创意的文化哲学，我认为很值得做。

问：传统文化遭到极大的破坏，保留下来的是什么？

答：成中英先生讨论 20 世纪儒家的问题时，有一个很有意思的比喻。他说，在文化中我们有三层皮（就像一个水果有三层不同的皮），首先是政治文明的皮，比较系统化的内在结构，它已经在辛亥革命以后被破坏掉了，因为儒家被认为支持封建专制，变成负面的东西，不允许存在；第二层皮，是内在的制度，但是你知道，在清朝末年废除科举，逐渐变成标准的现代化的教育，把寺庙、道观都变成小学、中学，这股风潮从清朝末年一直延续到民国，是非常大规模的破坏；第三层皮，是价值观。余英时先生说，价值观很重要，成先生也说，这个价值是最根本的，还没有破坏的，是可以继续论证的核心，现在在逐渐肯定中国传统文化的价值。

问题在于，宗教是否能够和儒家融合。马克斯·韦伯认为没有融合的可能，儒家是内在的，没有先知，但是在历史上，其实有过很多次融合，特别是儒耶对话。我们希望，不只是让这种价值继续存在，而且可以创立出新的文明。这个过程直到今天还在继续。

问：成中英先生早年研究西方哲学，后来回归了东方哲学；也有许多知识分子开始不信基督教，却又在晚年皈依基督教。东西方都会面临回归的问题吗？

答：是的，都有。可是我不赞同用东西方这样的概念。什么是标准的中国人？是儒、释、道？是伊斯兰教？基督教？是科学化？什么又是西方人？现在的西方可以是美国，可以是欧洲，唐朝的西方可以是印度。事实上，我们都是多元的。21世纪每个国家都是不同的，了解各自的复杂性很重要。

当然，不论是外国还是中国，我们面对的是同一个现代化的困境。人类达到了很高的科技化水平，生活质量有很大的提高，可是与此同时，也都在面对破坏的问题。我们很骄傲，可是我们也会看不清自己。这是一个特别具有反讽性的问题。

有一些普世性的概念，也存在着危险。比如法国启蒙的时代反对天主教，19世纪黑格尔要把德国的文化变成绝对的精神。人们时常宣扬自己是理性主义的，是代表全人类的，其实却是在进行破坏，理性地破坏。为什么理性可以变成恶性？我认为，我们需要一种"谦卑的理性"。

我们有各自的文化背景、知识和传统，但我们也可以接纳多样的文化，可以接触、分析、对话，乃至转化。我们不仅能聆听，也能对话，可以思考，可以回应，不只是为了个人，也是为了公共。我们需要达到一种平衡，自己的反省，就显得特别重要。

问：平衡往往最难达到。

答：所谓平衡，不是没有动力的。平衡是一种活着的、适时改变的、可以达到的稳定。

我们需要诚心地聆听，真诚地对话，才有机会超越我们所面对的内在的破坏性，给新一代的年轻人一个未来。

知识分子有的时候真的很奇怪，有时会脱离理性，因为我们自己绝望。可是，有时我们也必须经过绝望，才能了解到什么才是值得希望的。

采访时间：2012年

思想史的性别问题

[日本] 坂元弘子 *

> 在西方，女性可以非常自由地言说自己的问题，而在亚洲
> 却并非完全如此。女性主义和民族主义存在着非常复杂的关系。

一

知识分子的女性身份，有时会喧宾夺主，掩盖了她们所研究的内容本身。汉娜·阿伦特、西蒙·波伏瓦和苏珊·桑塔格无不直面过这样的误读或者被过度阐释。于是，性别往往成为一把双刃剑，会形成与生俱来的新视角，也可能被旁人过度阐释。

在日本特殊的社会环境中，坂元弘子面对的困境更加明显。和她一起长大的女性朋友们，很少有人上大学。长辈们有着更现实而迫切的希望，那时仍然认为高学历的女性很难找工作，婚姻也会因此被耽误下来。坂元弘子的父亲原本也非常保守，但是到大阪工作

---

* 坂元弘子（Hiroko Sakamoto），东京大学博士，一桥大学社会学研究科教授。1986 年作为首批中日高级交换生前往北京大学学习与研究。主要研究领域为现当代中国哲学史及性别思想史。曾任日本现代中国学会理事长、日本中国社会文化学会理事、荷兰国际亚洲研究所研究员等。

以后，他居然变得思想开放起来，不再干预女儿的选择。

坂元弘子是 1970 年代席卷东亚的学生运动的亲历者。回忆起那段时光，眼中仍然闪耀着光芒。当初和她一道振臂呼喊口号的人，有一些最终步入政坛，成为他们年轻时所反对的力量中的一员。坂元弘子却从街头回归象牙塔，她发现，自己对历史的热情，已经远远超过对当下得失的计较，并且希望通过对历史的回溯，为未来找到出路。

然而，那场学生运动对这一代人的影响却又如此显而易见。当他们从故事的主角最终成为自己的观众，能够更加平和冷静地反思曾经的激情，他们却又清楚地意识到，那些剧烈的精神动荡，在自己身上留下了难以磨灭的印痕，甚至影响着学术思想的形成。

二

坂元弘子最初钟情的是德国文化，为此孜孜不倦地学习德语，希望能读懂卡夫卡和马克思：前者的神秘气质和对生命的探索让她为之着迷，后者的思辨与论述，则为她开启了另一个理性的世界。

然而，伴随着日渐跌宕的时局，坂元弘子意识到，欧洲的思想终究难以解决亚洲的问题，还是需要从亚洲本身寻找答案。她的目光开始转向近代中国，考察谭嗣同和鲁迅曾面对的抉择以及提出的方案。她和同学们满怀热忱地自发组织"近现代中国的文学、思想和历史研究会"，希望通过讨论和相互之间的刺激、激励，更快地抵达亚洲的内心。

1986 年，坂元弘子作为首批中日交流高级进修生到北京大学留学，在张岱年和楼宇烈等中国前辈学人的引导下，开始进入熊十力的世界。由于曾深入研究过谭嗣同的佛学思想，她很快得到中国学人的垂青，而当时中国的新儒家研究刚刚起步，她也恰好赶上了这股潮流。

在与中日学者的交流中，坂元弘子逐渐形成自己的学术风格，国家认同和性别研究成为她的两个研究重心。在日本，从性别的角度观照思想史，坂元弘子是第一人。她考察清末民初的知识分子们在建构国民国家的理想中，民族认同和性别意识起到了怎样的作用。她也会具体聚焦于梁启超、谭嗣同的性别观念，在那个特殊的时代映下了怎样的精神投影。自然，她也关注优生学，或者把视角转向女性本身，民国的"摩登女郎"和女工们，各自面临过怎样的生存现实。

在坂元弘子读大学的年代，日本学界对中国思想史的研究仍然执着于古代。坂元弘子这一代人对近现代的关注与开拓，注定困难重重，却也因此有了更大的空间。一个个脚印叠加，最终延展为路。

※

这归根到底是亚洲人的问题

问：你从什么时候开始对中国学研究产生兴趣？

答：我本科时主要学习的外语是英语和德语，第三门外语是汉语，第四门外语是韩语。

当时我非常喜欢卡夫卡的作品，我上大学时刚好又处于学生运

动的时代，当然也对马克思等人的思想非常感兴趣，所以选择学习
德语。后来，面对日本政治方面的现实，感到这归根到底还是亚洲
人的问题，我意识到，光学习西欧的思想和文学是不够的，所以，
我特别想了解中国的历史与现实。我的老师也是从西欧哲学转向中
国哲学的，和那些专门研究中国哲学的日本学者不一样。我读了他
的论文，开始对中国哲学感兴趣，跟着他进行研究。我在一桥大学
的本科毕业论文研究的是鲁迅。我毕业后，老师退休了，我又到东
京大学读硕士和博士。刚刚考上博士生时，就有机会作为当时中日政
府交换的第一批高级进修生，到北大哲学系学习。那时候，楼宇烈
教授、张岱年教授、汤一介教授还在北大教书，他们对我影响也非
常大。

问：当时日本的汉学环境如何？

答：当时，如果在京都大学研究中国哲学，他们会认为，汉代
以后的中国哲学就不用再学了。而在东京大学的中国哲学科，也没
有专门研究中国近现代哲学的教授，文学部里面最初也没有。实际
上，我们并没有依靠老师。我们好几个人都想研究近现代中国的文
学和思想，就自己组织了一个研究会——"近现代中国的文学、思
想和历史研究会"，主要在研究会里学习。我们也出版了几份杂志。

我的硕士毕业论文是关于谭嗣同的，我在日本时就开始搜集有
关中国学的材料，当时主要是张岱年教授的研究成果。到了北大之
后，楼宇烈教授说他们刚开始对新儒家研究感兴趣，所以劝我研究
熊十力，我就开始搜集熊十力的资料。

问：研究熊十力，对当时的中国学者而言，也是一个非常有难度的课题。

答：可能因为我研究过谭嗣同和张岱年，有佛教研究的基础，否则是看不懂熊十力的。

在日本，以前也没有人研究过熊十力，相关的材料主要是到了北大之后才开始搜集的。不过，当时的书不全，不像现在，有很多全集、选集之类的素材，所以多亏有一些老教授向我提供了他们的藏书。如果不是他们的慷慨，我真的很难找到材料。我非常感谢这些老先生。

性别研究与国家认同

问：性别研究和国家认同是你的两个研究重心，它们是如何逐步确立起来的？

答：我经历过学生运动，学生运动内部男生比较多。当时很少有女生会上大学，读满四年毕业，因为父母不太愿意让女生上大学。他们觉得，高学历的女性不容易找到结婚对象，找工作也很麻烦，因为大公司不愿意找高学历的女生，也不可能让女性去当部长、课长。

我的父亲是在鹿儿岛出生的，那里非常保守，不过他到了大阪工作之后，思想就开放了，根本就没对我说过你是女孩子所以不能如何如何，一次都没有说过。我是比较幸运的。

当时，学生运动以男生为主，一桥大学和东京大学也是男生居多，但环境比较平等，我也没受到过什么特别的歧视。只是，毕业以后找工作就太麻烦了，东京大学向很多学校推荐我，对方通常都会反问一句：你们没有男生吗？然后对我说，你是女生，又是研究近现代的，太麻烦了。我觉得这很成问题。

研究谭嗣同的时候，我发现他也经常谈到男女平等的问题，我就开始展开相关研究，并出版了一本书，主旨是把思想史性别化，里面的文章也包括以前写的关于谭嗣同、张岱年、熊十力、梁漱溟和李叔同等人的性别观。

问：以女性的身份研究男性的性别观，是一个非常有意思的话题。

答：没办法。因为中国哲学史上很少看到女性自己写的文章，于是只好研究男性对女性的观念。

我在美国哈佛大学也待过一年多。1993 年，哈佛大学开了一个规模很大的讨论会，主题是"把中国性别化"（Gendering China），我也参加了，觉得很有意思。美国人在那个时候也开始对中国性别问题进行研究。

问：可能这也是一种对政治问题的缓冲，如果从性别角度切入，可以探讨得更加深入。有一种偏见认为，女性没办法研究女性问题，因为面临同性问题时会不甚冷静。

答：在日本的话，可能男性对女性问题不太感兴趣。照理说，他们在理论上应该考虑性别问题，但实际上没人研究这个（我说的是老一辈的学者，几乎没人做），所以只能由女性自己来做了。

问：在中国好像刚好相反，有不少男性在研究女性问题。

答：对，我在台北也深刻地感受到这一点。

问：那么你觉得，女性知识分子和男性知识分子各自承担的使命和各自的专长、优势有区别吗？

答：在日本，有一些女性学者成立了中国女性历史学研究会，她们对于性别问题的研究发生了很大的转变。我们一开始都有着担心和顾虑，因为舆论普遍认为，女性只能做单性问题的研究，不应该综合考虑两性的问题。但是，随着研究的慢慢深入，情况就渐渐好转了。不过，在思想史上，基本上没人关注过性别问题。

问：你是这方面研究的第一人了，开拓了一个很有潜力的领域。

答：可能女性历史学学者会觉得我是后来人吧。1998年有一次学术会议的主题，我提议的就是中国的性别问题，当时有不少年长的男教授极力反对，但是，在我的强烈支持下，还是开了这个会。与会的学者不多，而且很多是女性。我还为此挨了批评，领导说，在日本研究这个，还是太早了！哈哈！

问：你的另一个研究重心是国家认同，为什么又会转向这个方向？

答：我在参与学生运动时期，在日本遇到过被歧视的少数民族部落。有些日本学者提到，所谓国家认同的观念，是在排除了这个国家的一部分人的基础上形成的。我对此很感兴趣，所以我的研究起点是由日本国内被歧视的群体引发的。

到中国以后，当时中国和非洲交好，非洲来的留学生和中国人的生活习惯太不一样，有时候会闹事，在学生中口碑也不太好。后来，我也去过藏族人生活的地区，看到不同民族生活的差异。所以，我就开始萌生研究国家认同的想法，并进一步着手开始做。

现在我在和美国的学者合作，进行一些细节的研究，我们会出版一本名为《东亚的殖民性、现代性和摩登女郎》的专著，我正在研究20世纪二三十年代上海漫画中的摩登女郎。

问：你是怎样接触到优生学的？

答：总的来讲，女性主义研究的资源之一还是优生学。我所做的女性主义研究一开始也和优生学关系密切。在后现代性研究中，英国学者也开始关注优生学，而我觉得在日本、中国和韩国可以看到很多共通之处。摩登女郎的问题，也是和优生学联系在一起的。

问：你在一桥大学新开了思想史的课程，主题是关于1949年以后的中国知识分子，尤其是女性知识分子的命运。我看到，你为这门课程开的参考书目是戴锦华的《性别中国》、丁玲的自传和杨绛的《干校六记》，在文学领域为什么会选择丁玲和杨绛的书？

答：因为学生不太懂汉语，所以一定要有翻译成日语的书，选择的余地不大，就选丁玲和杨绛的。

问：你觉得东西方的女性知识分子有什么区别？东方女性研究者的优势在哪里？

答：2007年，我们邀请斯皮瓦克（Gayatri C. Spivak）到一桥大学演讲，我们根据演讲稿出版了一本书。我认为，如果说到东方的女性主义，斯皮瓦克的女性研究影响比较大，也有启发意义。虽然她在哥伦比亚大学教书，但她依然是印度籍，没有加入美国国籍。西方人也开始认识到，在西方，女性可以非常自由地言说自己的问题，而在亚洲却并非完全如此。斯皮瓦克注意到了这一点，也注意到女性主义和民族主义等存在着非常复杂的关系。

问：怎样才能结合东西方研究中国学的力量，形成合力，来影响整个世界？

答：如果是中国的话，还是应该认识到本土的历史资源、传统和力量。法国女性知识分子茱莉亚·克里斯蒂娃（Julia Kristeva）在"文革"时曾到过中国，她是一个充满革命激情的女性，她当时对中国的看法在西欧、日本都影响很大。她当时的观点显然是有局限的，并没有意识到那时是中国的特殊时期。我认为，还是应该追溯中国的历史进程，先了解历史，再结合现实，作出论断。

本尼迪克特·安德森（Benedict Anderson）说过，亚洲的近现代进程也是早期的全球化进程，他对中国的革命派和南美、菲律宾等国家的历史做过深入研究，日本学者也对印度、中国的革命家和日本的无政府主义者做过研究。那时的世界，算得上是一个真正的全球化的时代，跟现在的美国式的全球化不同。

采访时间：2009 年

不同文明间的关联

[日本] 板垣雄三 *

> 修复性的正义是认识到恶的存在有其本身的价值，承认恶
> 的存在，并依靠它来认识什么是善的。通过改造与非暴力的途
> 径，完成从恶向善的转换。

一

对大多数人来说，近现代历史是书页上密密麻麻的字句，对板
垣雄三而言，却是他一天一天踏出来的世界。

茨威格在《昨日的世界》中写道："在我开始长出胡须到胡须
开始灰白这样短短的时间跨度之内，亦即半个世纪之内所发生的急
剧变迁，大大超过了平常十代人的时间。我们中间的每个人都觉
得：变迁未免太多了一点！……在我们的今天和我们的昨天与前天

---

* 板垣雄三（Itagaki Yuzo），1931 年生于日本。东京大学和东京经济大学名誉教授，日本中东学
会（AFMA）会长，"日本学术会议"人文、社会学部委员长，日本外务省伊斯兰学术论坛专
家组主席，国际历史科学委员会（CISH）日本委员会会长，日本伊斯兰研究协会会长。2003
年荣获日本"文化功劳者"。他是日本学术思想界的代表性人物，一位将世界历史理论化的历
史学家，国际关系领域的政治学者，以及中东与伊斯兰研究专家。

之间的一切桥梁都已拆毁。连我自己今天也不得不对我们当年竟会把如此繁多庞杂的内容压缩在一代人生活的短促时间之内而感到惊异。"如果更换一下时代背景，这段话所描述的，未尝不是板垣雄三经历过和经历着的世界。

板垣雄三生于1931年，"九一八"事变爆发前七个月。1945年，漫长战争的结束，也意味着他少不更事的岁月的终结。面对周围人复杂的情绪，十四岁的少年希望做些什么，以改变他的国家。四年后，刚刚进入大学的板垣雄三听到了新中国成立的消息，和绝大多数同学一样，那时他也对共产主义抱有狂热的痴迷，对日本的政局与社会现实则愈发不满。此后的数年间，日本参与签订的每一个和约、条约、协定，都刺痛着年轻人的心。置身于喧嚣激愤的人潮中，有时他会猛然警醒，希望能站得更高一些，能换一种角度来观察时代的剧变。

他目睹了军国主义一次次回潮，人们在迷惘与绝望中徘徊挣扎。他见证了日本经济最繁荣、最显赫的时代，也直接感受着经济衰退带给人们的心理创伤。他不得不承认，自己终究很难改变国家的走向，但是至少可以选择自己要走的道路。

二

1951年，在关于《旧金山对日和平条约》的新闻广播中，板垣雄三无意中听到了埃及的名字。

条约的第三条是，美国要求继续托管冲绳。日本政府最终同意了。不料，埃及代表团却对这一条提出了保留意见。埃及方面认为，美国此举具有殖民倾向。这让板垣雄三顿生好奇。他对埃及其实并不陌生，他的家族都信仰基督教，只是从前埃及一度只存在于《圣经》中，存在于对古老世界的想象里。

在东京大学图书馆，板垣雄三再度与埃及相逢。当时他在研究19世纪英国劳工运动与美国南北战争，翻阅了海量的19世纪英国议会档案资料，埃及的名字又一次出现在他眼前。1860年代美国爆发南北战争，直接影响到英国的棉花进口，英国议会反复讨论寻找一个合适的替代国，最终选定埃及。他惊喜地发现，那些远隔着汪洋大海的国家之间，原来有着如此微妙而又迷人的关联。

翌年，也即1952年，以纳赛尔为首的"自由军官组织"发动革命，推翻了埃及法鲁克王朝，此后建立了共和国。学者们仍在讨论俄国革命和中国革命，板垣雄三却敏锐地意识到埃及革命的价值，他希望将这些发生在不同国度、不同时期的革命加以对比分析，以更加宏观的视野来追索世界变迁的轨迹。

板垣雄三开始进入被视为冷门的中东研究。几年后万隆会议召开，亚非国家展开全面合作，作为一股新的力量影响世界，这愈发坚定了他的研究信心。他也渐渐发现了一片逝去已久的波澜壮阔的世界——不仅因为中东世界本身包罗万象，既有历史渊源，又有现实意义；更在于中东研究其实曾是日本学术界的显学，其兴起和衰微，与日本的时局和国家政策密切相关，只是这些往事大多已被遗忘。

近六十年来，板垣雄三重新为人们描绘出被漠视的中东世界。他不仅深入历史，更直面现实，从学术的角度提出方案，试图化解这片土地上淤积千年的纷争与干戈。他也致力于发起"新市民运动"，在这个动荡的世界里寻求公正和秩序。

如今，他坐在我们面前，言词铿锵，思路敏捷而又逻辑清晰，完全看不出已是耄耋之年。世间能对抗时间流逝的，或许唯有思想，它是最伟大的雕刻家。

※

文明之间存在奥妙关联

问：中日两国的文化交流源远流长，但在最近一百多年以来发生了很大的变化。

答：在日本文化的根系处，吸收了众多如道家、佛家等中华文化的精髓。日本包括假名在内的整个书写系统也是从中国借用而来的。

在日本学习中国、发展自身的过程中，出现了一种基于了解而产生的膨胀，即认为自己甚至比同时代的某些中国人更了解中国文化，继而起念要建立一个以自己为中心的体系与中国相抗衡。

当然，这是一个过分的念头。

问：也许类似于某种弑父情结？

答：是的，这是一种自卑和傲慢纠结在一起的、非常矛盾的心理，这种心理存在于日本人心中。有时，过分的尊重会导致故意的轻蔑与无视；由于太爱了，恨和厌恶的感情才会如此强烈。

这可能也有点像欧洲和伊斯兰文明的关系。

现在欧洲经常强调自己是世界的中心，然而在这种强调的姿态背后，隐含着欧洲与伊斯兰文明的复杂关系。伊斯兰文明是欧洲的祖先、前辈和本家。欧洲文明对待伊斯兰文明的态度，与日本对待中国的态度，在结构的纠结与复杂性上有某种微妙的相似。反观基督教的历史，其源泉其实与东方的伊斯兰教一脉相承。

问：你讲到的这一点，对于一些熟悉西方历史的人而言，好像也是一个盲区。

答：因为随着历史的发展，西方基督教将这一部分历史渊源人为地视作异端，并排除在自己的正统教义之外。但我们其实可以注意到一个有趣的现象，那就是基督教正统教派所标定的5、6世纪建教时间点上，正是东方"一性论派"占统治地位的时期，而并不是他们所宣扬的"三位一体"。

欧洲文明从伊斯兰文明那里吸取了太多的东西，包括英文字母的来源、西方整个学术体系、医疗体系等等，都是由中东世界借鉴而来的。西方文明发展的时间线索，其实应该是希腊—伊斯兰—欧洲这样一个关系。欧洲启蒙所宣扬的"自由、平等、博爱"的理念，也绝非西方人的发明，在伊斯兰文化中都能找到非常成熟的阐述。

问：你刚才提到，日本对中国的态度，和欧洲对伊斯兰文明的态度，有很大的相似性。

答：明治维新为何发生在日本？这背后有其隐藏的合理性。在某些心态上，日本和欧洲是一拍即合，其内生的东西非常接近。在日本，几乎所有怀有良知的中东研究者早就注意到了这点。今年去世的埃及东方学者安瓦尔·马里克，曾在联合国大学任教，我们两人在新文明对古老文明态度的相似性上有着惊人的共识，这让我非常惊喜，因有殊途同归之感。

问：现在人们在谈论东方研究时，都会首先想起萨义德的《东方主义》。

答：这可能与他在哥伦比亚大学任教、处于一个主流学术圈中有关。萨义德的作品影响力很大，但他并不是东方主义批判的第一人，甚至并不是做得最好的。

当年看到《东方主义》出版时，其实我们也非常高兴，感觉又多了一位同道中人。结果到后来，我去各处讲学，大家都爱写上一笔，说我是萨义德《东方主义》日文版的翻译，真是让人哭笑不得啊。其实，这部作品在伊斯兰学术圈内并没有像在其他学术圈中那样引起激烈的讨论。因为书中的内容对于我们来讲，早已是共识。

我这样说，绝没有贬低萨义德作品的意思。我的观点是，我们应该将他的研究放到更广阔的历史背景中去，才能真正了解萨义德工作的意义。否则，可能即使是作者本人也会感到失望吧。

我与伊斯兰世界

问：日本和中东在地理位置上相距非常遥远，你为什么会对伊斯兰世界如此关注？

答：在日本，伊斯兰研究是近代以来学术界的一个非常重要的领域。日俄战争以后，有很多卡塔尔人、印度人、埃及人来到日本，融入日本社会，日本的政治家和知识分子重新认识到伊斯兰世界的广阔。

事实上，大亚洲主义思想的兴起，也是与这种社会发展趋势并行的。并且值得注意的一点是，这些对伊斯兰世界抱有浓厚兴趣的人物，其实也是支持中国辛亥革命的核心力量，也就是说，日本对伊斯兰世界的研究和对中国的研究，两者其实是密切相关的。

到了 1930 年代，尤其是 1930 年代后半段，随着日本军事扩张的加剧、国家政策的强力介入，对伊斯兰世界的研究也出现了更多的成果。

1937 年，日本建立大日本回教协会。当时伊斯兰世界有很多在地团体，成立了这个组织。这也是国家政治的需要，关于如何对中国和东南亚的穆斯林施加影响，在这个大的背景下展开了很多研究。

与政治军事的宣传有关联的，还有满铁调查部设置的东亚经济调查局，进行各种与政策相关的研究，其中有一部分也是伊斯兰研究。当时也有一些主张纯学术研究的团体，比如回教圈研究所。日本外务省也设立了回教班，出版了各种研究成果的小册子。其中也有一些非常有影响力的知识分子，有从事唯物主义哲学研究的学者，也有研究中国史的学者，比如野原四郎，还有中国文学研究学者竹内好等等。

1930 年代后期、1940 年代前期，日本左翼知识分子是以参与伊斯兰研究为盾牌，以减轻来自政治方面的压力和迫害。当然，也有野原四郎这样的情况，即便有了这个盾牌，还是会被逮捕。日本战败以后，他们终于有机会离开伊斯兰研究，去做自己想做的研究，于是在 1945 年后出现了一些分散。

问：你刚才提到，日本的大亚洲主义思想的兴起，也与此有关。

答："伪满洲国"建立后，日本还有一个很大的军事企图，想在"伪满洲国"以西，在中国的领土上，再建立一个独立的伊斯兰教的国家。而日本的这种企图，也在某种程度上影响了中国抗日战争的形势或者重点。

红军长征为什么要这样迂回？中共的目的地是中国的西北，西北是中国的回民势力非常强大的地区，为什么当时要选择这样一种战略性的道路？实际上也是对抗日本对回教世界的企图。

当时中国出于抗日战争的需要，要构筑民族统一战线，回民是非常重要的联合对象。其实当时中国也出现了不少对回民历史文化的研究，只是现在可能不为人所知而已。

1945 年后，原来非常兴盛的伊斯兰研究环境，一下子萎缩了。1949 年，我进入大学，伊斯兰研究已经陷入低谷。我是在后来的研究过程中才知道，原来就在数年之前，日本的伊斯兰研究成果其实非常之多。

问：你是在 1949 年进入大学的……

答：我进大学的那一年秋天，中华人民共和国成立了。日本大学的校园里弥漫着一种气氛，不管是学文科的还是学理科的，都以左翼思潮为主，人人都在谈论俄国革命与中国革命。

学生们感觉自己正处于战后日本社会最黑暗的深谷里，他们对战后还继续保留天皇制这样的政治决定表示了很大的失望。而不久后，朝鲜战争爆发，日本国内对共产主义分子又出现了迫害压制的潮流。在当时的历史背景之下，对体制的抗议和不满，在学生中是非常明显的。战后的宪法中已经规定了日本放弃战争，也不再装备军队，但是在朝鲜战争的过程中，日本隐形地又有向军事化发展的倾向。因此，学生中不满的情绪很严重，我也是其中的一员。但是，有时我也想，我们能不能超越这种气氛，从更广阔的视野来观察世界。

1951 年，在美国主导下召开了旧金山会议。当时有一个信息让我非常感兴趣。埃及代表团在签订和约时，对其中的第三条持保留意见——将冲绳划归美国管理。埃及代表团的理由是，埃及正要从英国殖民中解放出来，基于这样的立场，埃及不可能同意有着殖民倾向的第三条。得知这个消息，我觉得特别有意思。

我出生在一个信仰基督教的家庭，从小就对埃及和巴勒斯坦比较熟悉。当时我就想，为什么埃及会采取这样的立场和行为。因为当时缺乏对埃及足够的了解，所以产生了一种求知欲，想知道埃及产生这种态度的原因，包括他们做这个决定的背景和文化脉络，这个事实到底意味着什么。

当时我在东京大学学习西洋史，入校时给自己定的研究题目其实是 19 世纪英国劳工运动与美国的南北战争。我在东京大学图书馆里读关于英国议会的资料，实际上是英国议会每次开会的事宜速记。1861 年，美国爆发了南北战争，原来从美国运棉花到英国的这条运输线被切断了，英国棉花进口受到非常重大的打击。美国的南北战争和英国棉产业遭受重大打击、一蹶不振，这两个看起来相距非常遥远的事件，实际上关联紧密。我发现，1860 年代的英国议会都在讨论这些问题，而埃及经常出现在资料之中。因为美国的棉花无法进入英国，英国必须找一个可以替代的国家，而印度的棉花质量和英国的工业要求不太符合，于是最后选定了埃及。就这样，埃及又出现在我的视野里。

就在旧金山会议结束一年后，埃及就发生了革命，当时的媒体说是埃及的军事力量发动了政变。这个消息使我从更广阔的视野观察世界的愿望更加强烈。大家都在谈俄国革命和中国革命，我能不能对正在埃及发生的重大变化做一些比较，从中看出更大的问题来。

因为有这些经验和思考，当我到研究生院进行更深入的研究时，就希望通过对阿拉伯世界的研究，来研究英国历史。这时，亚洲的万隆会议又召开了，亚洲国家之间提出相互友好的原则，亚非国家的领导人聚在一起，作为一直被压迫的第三世界终于有了自己的声音。我感到，自己希望研究阿拉伯世界的愿望，同这个时代的特征非常吻合。

一旦决定以阿拉伯世界作为研究对象，首先要面对的就是语言问题，必须要学习阿拉伯语。当时日本大阪外国语大学，有阿拉伯语学科，但在东京并没有已经有规模、成系统的阿拉伯语或阿拉伯学的学科。当时还有少数阿拉伯研究学者分散在各个大学，我向他们请教学习语言和其他的方法，还和一些到日本的阿拉伯世界的留学生打交道，采取各种方式进行自学。在学习阿拉伯语的过程中，自然而然地，必须要面对伊斯兰宗教以及宗教背后非常庞大的文明，这是一个开端。就这样，经过很多年，就出现了这样一个我。

"新市民运动"

问：你曾在论文中提到，未来世界会形成三个世界性的焦点区域，即美洲化的美国、巴勒斯坦化的以色列，还有多民族融合的日本。

答：这三个国家（或者说地区），对我们现存的世界而言是最为棘手的。当今世界的许多麻烦都因它们而起，它们是日本、美国和以色列。我们的未来是好还是坏，是光明的还是黑暗的，就取决于这三个国家未来的走向，以及其他国家与它们的互动。

问：这三个国家需要面临的最大问题和考验是什么？

答：这三个国家或多或少都存在着殖民主义、种族主义以及军国主义的问题。日本在7世纪国家列岛框架形成之后，就一直存在着政权向四周扩散的现象。虽然美国与以色列都属于非常新型的国家，但其实这三个国家内部的殖民倾向和尚武思维都非常明显，如何克服将尤为关键。

问：在这个全球化的时代，面对国家之间的纠纷，在政府层面的沟通经常受到限制的情况下，不同国家的民众之间的互动，会起到怎样的作用？

答：其实从去年开始，就展开了一场全球规模的反对种族主义、殖民主义和军国主义的活动，我将其称作"新市民运动"。在确立术语时，我没有使用日语，而是选择了阿拉伯语中的"市民"。现在这样一个时期，人类正准备翻开新的一页。

我之所以回避使用日语的"市民"，是因为它会给我们造成一个错觉：仿佛市民单纯指城市当中的人，跟其他地区的人无关。我却认为，无论身处何地，只要在新环境中认识到自己活在全球的关联之中，并因此而产生了一份觉悟与责任感的人，都可被称作"市民"，无论其具体的生活形态是怎样的。

问：所以你主张以"新市民运动"来解决冲突与争端。

答：为了避免混淆，也可以这么说。这种运动的特点，我觉得也可以用另一个梵语Sattiyāgrah来表达，这与甘地所提出的"非暴力不合作"的含义非常类似。前边的Sattiyā，是梵语中的"真理"，而grah的含义则是"拥抱、紧贴、不离开"，在佛教中，有时将其翻译成"把持"。

我经常以"爱与勇气"对其进行说明——以非暴力的状态，但对于暴力又以行动来显示自己的态度。或者说，以非暴力的形式对压迫发出自己的声音。最重要的并非外在的行动，而是自身内部的改变。以改造自身作为媒介，进而改造世界。这里存在着一种张力——不改变自己是无法改变世界的，而不怀有改变世界的目的和目标就无法改变自己。

问："新市民运动"的具体特点是什么？

答：除了刚才提到的、作为理念的爱与勇气，它在行动方面的特点是网络化与合作精神。人类最根本的需要是公正、自由、安全、和平以及作为人的尊严。另一点是对于生活的自然环境的重视，即人与自然环境的共生关系。最后，是一种"修复性的正义"。什么叫修复性的正义呢？以前有这样一种看法：你是恶的，你的存在是不好的，消灭了你，问题就解决了。但这其实是个偏颇的看法。修复性的正义是认识到恶的存在有其本身的价值，承认恶的存在，并依靠它来认识什么是善的。通过改造与非暴力的途径，完成从恶向善的转换。这是当前"市民运动"的一个共识。我这里讲的，当然存在理想化的成分，但我认为，21世纪的"新市民运动"，应当走出以前的框架，以我刚才提到的几个理念为核心展开行动。在这样一个全球性的运动之下，我相信会有好的改变。

采访时间：2012 年

拓荒"华美文学"

单德兴 *

> 华美文学研究虽然在华文世界是模糊的一条路，但是在美
> 国多少看到了大的风向和气候，感觉它渐渐来临，我们在台湾作
> 出呼应，结果就这样走出来了。

一

1989 年，在加州大学欧文分校的海报栏上，单德兴发现了一个陌生的中国名字——谭恩美。

当时谭恩美正为她的第一部小说《喜福会》作巡回宣传，演讲的题目吸引了单德兴的注意——"在美国文学里寻找一个声音"（Finding a Voice in American Literature），他用七美元买了一张入场券。

那时，单德兴和绝大多数人一样未曾料到，谭恩美即将在美国

---

* 单德兴，1955 年生于台湾，台湾大学外文研究所博士，"中央研究院"欧美研究所特聘研究员。曾任台湾英美文学学会理事长、比较文学学会理事长。曾获得第六届梁实秋文学奖译文组首奖、第三十届金鼎奖最佳翻译人奖。著有《重建美国文学史》《铭刻与再现：华裔美国文学与文化论集》《"开疆"与"辟土"》《故事与新生：华美文学与文化研究》《越界与创新：亚美文学与文化研究》《翻译与脉络》等。研究领域包括美国文学史、华美文学、比较文学、文化研究、翻译研究。

掀起波澜，这本书将占据《纽约时报》畅销书榜长达九个月之久，而未来的几年间，任璧莲、李健孙、黄哲伦、谭恩美等华裔作家将在《时代周刊》《出版人周刊》《人物》等杂志上频繁现身。一股飓风正在美国文学界发酵，只是学界和民众同样浑然未觉。

这一年，单德兴以富布赖特博士后访问学者的身份在加州大学欧文分校访学，学术导师是"耶鲁学派"的代表人物希利斯·米勒。单德兴在台湾大学外文研究所获得博士学位，1983 年进入"中央研究院"美国文化研究所（1991 年改为欧美研究所）。他原本很可能沿着钻研多年的美国文学史学方向继续走下去，甚至在与米勒的切磋交流中成为解构批评界的后起之秀。美国之行，却让他开启了一场新的思想征程。

<h2 style="text-align:center">二</h2>

在美国文学里寻找一个声音——单德兴在仔细聆听、思索之后，发现问题颇为严重。

他猛然意识到，自己在台湾大学外文研究所读硕士、博士的十年间，阅读过大量的美国文学作品，其中竟只有一部出自少数族裔作家之手，是非洲裔作家拉尔夫·艾里森的《看不见的人》。至于华裔作家的作品，则从未完整地关注过。

他重新翻阅过去七十年间出版的三部最权威的美国文学史，从 1910 年代、1920 年代威廉·彼得菲尔德·特伦特主编的《剑桥美国文学史》，到 1948 年罗伯特·斯皮勒主编的《美国文学史》，及至 1988 年埃默里·埃利奥特主编的《哥伦比亚美国文学史》，三部不同时代的文学史，勾勒出美国文学的变迁轨迹。然而，他全面统计、分析作家出现的频率、占据的篇幅以及重要程度，发现他们几乎都是男性，而且大多数都是所谓的 WASP（白人、盎格鲁－撒克逊人、新教徒），很多少数族裔作家成为失语者甚至失踪者。显然，对少数族裔文学和女性文学有意无意的漠视，已经成为美国文学史沉重的传统负担。

而在中国的文学版图上，同样很难看到华裔美国作家的踪迹。此前的中国文学史通常都是"中国汉语文学史"，以中国大陆为中心和正宗，对中国台湾、香港、澳门等地的文学笔墨很少，遑论海外华人文学。

三

单德兴决定进入这片学术界的荒原。

尽管 1980 年代以来，随着"改写美国文学史""重建美国文学史"的呼声在美国学术界兴起，涌现出黄秀玲、麦礼谦、尹晓煌、张敬珏等华裔美国文学研究界的先驱，但是，没有人对华裔美国文学进行过系统、深入的研究，这个新生领域机遇无限，也挑战重重，新的学术规则和研究方法亟待建立，却又无可依凭。

几个月后，单德兴应邀在加州大学欧文校区英文暨比较文学系开设了一门课，讲授"中美叙事文学比较研究"。讲课的过程同样也是学习的过程，他尝试先从个案研究入手，分析华裔美国文学中出现的中国形象、典故，追踪作家们的创作方法和心路历程。

和绝大多数研究者一样，他也选择汤亭亭的成名作《女勇士》

作为个案研究的起点。在汤亭亭的小说中，单德兴锁定她对中国文学文本尤其是花木兰故事的再现，探索其间的因缘与嬗变。阅读、研究与讲授同步深入，帮助他逐渐理清了思路，既聚焦文学作品，进行文本细读，更观照文学史发展的脉络。

此前深厚的理论积淀，让研究倍添活力。单德兴从本尼迪克特·安德森的"想象的共同体"、艾瑞克·霍布斯鲍姆的"创造传统"、萨义德的"开端"（The Beginning）和米勒的"新开始"（New Starts）等理论中找到诸多共鸣和启迪，不断开拓出新的空间。

四

在美国文学的版图上，华裔文学几乎是盲区，单德兴决定另辟蹊径，直接面对作家，询问甚至盘问他们的人生经历与创作意图，在对话与交流中鼓励甚至迫使他们回忆、梳理并反思各自的创作。

几年前，他做过这样的尝试。

1983 年，他在台湾大学外文研究所读硕士时，两次采访他的老师、台湾具有划时代意义的作家王文兴，完成了三万多字的访谈。王文兴以小说《家变》成名，更以其独特的"打铁式"的写作方式著称，当初也是王文兴教单德兴学会做一个"合格的读者"——要欣赏、创作文学，必须不断地精读，先做一个"合格的读者"。

与王文兴的深度访谈，取法自《巴黎评论》。访谈沿用《巴黎评论》的模式，先是简短的作家小传和访问前记，然后是问答。单德兴很自然地决定将这种访谈与口述史的方法应用于新的研究领域，黄玉雪、汤亭亭、任璧莲，甚至是远在离岛夏威夷、更加边缘化的林永得等华裔作家，逐一进入他的视线。

单德兴与黄玉雪探讨为什么她在《华女阿五》之后不再沿用第三人称单数的称谓，而黄玉雪给出的答案，大约只有那一辈华人才能感同身受——父亲在世时，她必须自称"小女""小儿"，父亲去世后，她才可以说"我"；他向任璧莲询问她的小说中那些中国元素的渠道来源，并追踪这些元素在小说中的新意义；他与林永得谈论"华裔美国作家"（Chinese American writer）这个称谓对于身处美国大陆的作家和夏威夷的作家而言，是否具有相同的意义；他在研究的过程中注意到"影响的焦虑"的议题，便尝试与汤亭亭讨论，研究其传承与突破的内在因素……

一些访谈水到渠成，也有一些访谈几经波折。单德兴在哈佛大学旁听孔飞力教授的"华人移民史"课程时，遇到一位老人，竟是任璧莲的同学的母亲，但她并没有任璧莲的地址。他写信到出版社，不料出版社已经搬迁，信被退回。他再寄信到出版社的新地址，终于接到任璧莲的电话。两人约定见面才知道，其实彼此住处相距不过两百米。

在单德兴面前，这些处境微妙的华裔作家敞开了心扉。他们在写作之初就清醒地知道，自己或许永远无法被美国的主流出版社接受，永远无法登上《纽约客》和《大西洋月刊》。他们自幼就在双重文化之间徘徊，寻找文化归属，又试图发出自己独特的声音。所幸，他们一直坚持创作，以此来破解命运的诅咒。

作为研究者与访谈者，单德兴也与作家们相互激发。汤亭亭不喜欢 Chinese-American 这样的表述，更愿意使用 Chinese American，单德兴也倾向于这个表述。随着研究的深入，他对华裔美国文学的中文命名也有了自己独到的主张——"华美文学",他认为,这个命名不仅涵盖了"华裔文学"、"华人文学"与"华文文学",并且更加开放和多元。

将研究与访谈相结合,逐渐成为单德兴独特的研究方法,甚至是一种学术的自觉。他的专著通常分为两部分:论文和访谈,两者相辅相成。访谈让他了解更多事实,直面作家内心,论文则让逻辑更加清晰,访谈更有针对性,并在交流与碰撞中不断地修正与打磨。对话本身就是思想成长的过程。

五

单德兴的行动力,不仅表现在孜孜不倦的访谈方面。

回到台湾后,他与"中央研究院"欧美研究所的同事李有成、何文敬开始酝酿一个堪称野心的计划,他们决定发挥各自的学术专长,用十年时间,合力让华美文学研究在台湾落地生根。

从 1993 年开始,他们每隔两年举办一届学术会议,希望先用三届研讨会奠定台湾地区华美文学的研究基础,再辐射到全世界。他们为三届讨论会定下了渐进式的主题,先探讨华美文学的"文化属性"(cultural identity),继之观照其背后的"再现政治"(politics of representation),最后探讨其"创造传统"(invention of tradition)的种种方向。六年的积累,让华美文学研究在学界夯实了基础,与此同时,一批在美国留学的学者回归台湾,学术力量倍获充实。六年后,欧美研究所举办了第一场国际研讨会,题为"重绘华美图志:华裔美国文学国际学术研讨会",与会的学者们从族裔、阶级、性别、性取向等不同角度出发，探讨华美文学的发展与趋势，同时也反思华美文学与美国主流文学之间的关系。2003 年，他们又将视野从华美文学扩展到亚裔英美文学，举办"与过去协商：亚裔英美文学国际研讨会"。在 1993 年的第一届研讨会上，半数以上的论文都在研究汤亭亭，十年后，人们的研究已经非常丰富和多元，甚至开始影响西方学术界。积十年之功，华美文学研究终于成为台湾学术界的"显学"，汇入了"重建美国文学史"的潮流之中，"中央研究院"欧美研究所也成为亚太地区华美文学研究的重镇。

单德兴同样笔耕不辍，《铭刻与再现：华裔美国文学与文化论集》《反动与重演：美国文学史与文化批评》《重建美国文学史》《"开疆"与"辟土"——美国华裔文学与文化：作家访谈录与研究论文集》《越界与创新：亚美文学与文化研究》《故事与新生：华美文学与文化研究》等专著相继出版。他研究天使岛华人移民的诗歌，将它们视为华裔美国文学／历史的奠基文本（founding texts），从天使岛移民营的板壁、中英文对照的《埃仑诗集》、英文的《希斯文选》探讨不同的记忆场域中"铭刻"与"再现"如何被赋予不同的含义。他从华裔作家的作品中寻找中国形象，根据本尼迪克特·安德森的"想象的共同体"理论，发现作品中的"双重想象的故国"（doubly imagined homeland）。除了作家个案的分析，他甚至还将视线投向摄影、电影和图像学，进行更多的跨领域研究。

多年前他曾顾虑，自己身处中国台湾，尽管频繁访问美国，但是不在美国本土学术界，研究华美文学难免受到掣肘。时隔多年，他却意识到，身处后现代的当下，中心与边缘的界限早已模糊，甚至互为中心和边缘。在台湾学术界发起华美文学研究，远离了美国主流文坛及学界传统的干扰，反而能摆脱美国认知的负担，找到新的角度，并与美国学术界"重建美国文学史"的潮流汇合。时代与个体相互成就，看似偶然，实则皆在人为。

六

翻译家是单德兴的另一重身份。

随着学术研究的进展，他的翻译也逐渐从文学经典转入理论研究，翻译同样给他带来了人生中的许多不期而遇。

在华人世界，单德兴一度拥有一个更加广为人知的身份——萨义德的中文译者。

1997 年，他翻译的《知识分子论》是萨义德在中文世界问世的第一部著作。作为一位严谨而独特的译者，单德兴描述这次翻译，"除了正文外，还有绪论、译注、访谈录、书目提要，甚至增加了原文所没有的索引，我想这是《知识分子论》一书在全世界的译本中绝无仅有的"。繁体中文版在台湾出版前夕，单德兴到纽约访学，约请萨义德访谈，并希望萨义德能针对比巴勒斯坦更加东方的东方世界，提出新的观点。《知识分子论》的出版仿佛在台湾投下了一枚深水炸弹，这本书获得了当年的《联合报》"读书人"最佳书奖和《中国时报》十大好书，也激起了人们对知识分子的使命与前途的广泛争论。

此后，1998 年和 2001 年，单德兴两次重访萨义德，罹患白血病多年的萨义德一次比一次更加消瘦。萨义德的《权力、政治与文化：萨义德访谈录》刚刚在美国出版，即由单德兴译成中文，在这本书的原版扉页上，萨义德写下了对单德兴的评价——"博学之友，杰出译者，同志"（Learned friend, remarkable translator, comrade）。那是他们最后一次会面。

在萨义德的后殖民研究中，单德兴找到了许多理论的共鸣，他的华美文学研究也从中颇受启迪。

※

问：你投身华美文学研究之前，一直在研究美国文学史学，1989 年到加州大学欧文分校访学时，学术导师是"耶鲁学派"的代表人物米勒，当时拟定的访学计划是什么？

答：研究华美文学之前，我研究的是美国文学与美国文学史。硕士论文写的是 19 世纪美国作家赫尔曼·梅尔维尔，他早年很受欢迎，后来变得默默无闻，很多人都以为他早就去世了，以至于他真的去世时，有人看到讣告非常惊讶。第一次世界大战时，他又被重新认可，地位从此高居不下，成为美国文艺复兴时期的大家之一，从中可以看到不同时期文学评价标准的变化。我的博士论文则是研究伊泽尔（Wolfgang Iser）的"审美反应理论"。

当时的台湾，男生只有当完兵才能出去留学。我在台湾读完博士，一直希望有机会扩展视野。申请到富布赖特博士后研究员后，我和一些大学联系，同时也在询问有没有在该大学教书的可能性，因为我一家三口都要去美国，访问学者的费用比较紧张。有的信石沉大海，有些是简短的回音，而米勒回了很长一封信，单行间距写了满满两页，热诚地欢迎我去，他说教课也有可能。我很高兴，这样一位大师写了这么热情、诚恳的信。当然，决定去加州大学欧文分校也是因为这里的理论研究很强，除了米勒，还有莫瑞·克里格（Murray Krieger）。在米勒的信中还得知，原来伊泽尔每年也会去那里教一段时间书，此外，还有德里达和利奥塔。到欧文分校后，我继续加强美国文学史学的研究，同时也把自己当成一个学生。加州大学有一个人文研究所，就在欧文分校校园里。当时，《哥伦比亚美国文学史》的主编埃默里·埃利奥特也在那里。我还认识了萨克文·伯科维奇，他当时在主编《剑桥美国文学史》。虽然在台湾念的是外文，但毕竟不像美国资源那么丰富，是学术的大码头，对我来讲，这段经历是一个多方接触、开拓视野的过程。

问：是什么让你相信，华美文学是一个值得一直钻研的领域，并决定"半路出家"？

答：当时谭恩美的第一本书《喜福会》刚出版，在全美作巡回演讲，欧文市那一场是在加州大学欧文分校附近的一个教堂里举行的。我看到了消息，就买了一张票。我在加州那年很少晚上开车出去，但还是找了一张地图，开车去那里。那天的主持人是田长霖，他是"中研院"院士，当时是加州大学欧文分校的副校长，后来去了加州大学伯克利分校做校长。那天，谭恩美的演讲题目是 Finding a Voice in American Literature。听完演讲回去的路上，车爆胎了……

对我来讲，更重要的是，我当时在加州大学欧文分校教一门课，对西方和中国的叙事文学进行比较研究。每堂课一个主题，将一个西方文本和一个中国文本进行比较研究。当时，汤亭亭的《女勇士》很受欢迎，虽然在台湾时也知道这本书，但没有读过，为了上课才进行阅读和研究，发现了她是怎样改写花木兰的故事的，很有意思。

欧文市亚裔很多，班上有一半是在美国出生的华人，即所谓的ABC（American Born Chinese），他们不了解中国文学。在那种文化背景下教书，和在台湾不同。那门课上了春季的一个学季，每周三天，每次一个小时，教本科生，主要不是理论爬梳，而是文本的阅读分析。

加州比较开放，亚裔、非裔、西裔人都很多，族裔比较融合。现在回想很庆幸，如果最初去的是东岸，反而会比较保守封闭。后来，1994年我去哈佛访学，厚厚的一本课程设置中，和亚裔文学相关的只有一门课，而且是一位很年轻的女老师在教。我写信问她，能否去旁听，隔了几天，她回了一封邮件婉拒。

问：当时东岸只有纽约大学有亚裔文学研究？

答：那里的亚裔研究比较出名，这和唐德刚先生有关，他在那里大力提倡。在西岸，加州大学洛杉矶分校的成露茜教授也提倡亚裔文学研究，其实，她曾在1989年到我们"中研院"美国文化研究所座谈，希望双方合作，我们人文组曾为此开会。但是，1990年代初，当欧美所要展开华美文学和亚裔文学研究时，我已经把1989年那次见面的事完全忘了。一直到前两年，有一位研究生要写硕士论文，研究华美文学在台湾的发展，我的助理找资料，才发现人文组当年的会议记录。

1980年代，族裔研究在美国越来越受重视。比如《哥伦比亚美国文学史》中，有一章谈亚裔美国文学，撰稿人就是加州大学伯克利分校的韩裔女学者金惠经。我 1989 年去美国，多少是躬逢其盛。另外，我也在思考，如果研究美国文学，顶多做得和美国学者差不多，如果研究华美文学、亚美文学，我们可能会有不同的角度和见解，找到学术发言的位置，找到更有利的切入点。

问：你是新学术领域的拓荒者。从 1993 年到 2003 年，你与李有成、何文敬接连在台湾召开三次会议，又召开了两次国际会议，华美文学研究以前所未有的速度崛起，"中研院"欧美研究所也成为华美文学研究的重镇。在台湾建立一个新的学科的学术规范，这是否是典型的方式？

答：在华美文学研究方面，我们这几位台湾学者确实占得先机。不止一位大陆学者告诉我，在召开会议和出版专著两方面，台湾比大陆早了整整十年。至于我们决定在台湾推动华美文学研究，这也和"中研院"的角色相关：第一，我们可以全职做研究，当然，我也可以教书，但基本上一周不超过四小时；第二，"中研院"的预算比一般大学充裕；第三，我们本着资源共享的原则，引进一些内容，与大家分享，比如邀请学术大家来，往往会安排三四场讲座，除了台北，也会去中部、南部，讲座的内容也会在台湾发表成文章或出版成专著；第四，"中研院"还有一个重要的角色是带动研究风气，我们不敢以领导者自居，而是说既然有这么多资源，又不用教书，理应多做一点服务。"中研院"近史所资源雄厚，可以称为"南港学派"，我们欧美所毕竟是研究外国，人数也少，研究华美文学的，当时三人，现在四人，因此我们只是希望在有限的范围之内尽量带动风气。

这些年，华美文学研究从台湾的会议发展到国际会议，并出版了论文集，影响很明显。很高兴看到很多研究生参加，真正培养了一批有兴趣的学者。这是一个慢慢成长的过程。

问：与黄秀玲、麦礼谦、尹晓煌、张敬珏等较早进行华裔美国研究的学者相比，你这一代人有哪些突破？

答：不敢说是突破。如果放到台湾外文学科的建制来看，我们这一代的努力，是研究了美国文学的多样化，尤其是族裔化。另外，我们对萨义德的后殖民论述、弱势论述，特别留意。当时这些论述都是风潮，我也很高兴，我们不是为一时的风潮做一做，而是一直坚持下来。

麦礼谦在旧金山出生，做工程师，业余研究历史；黄秀玲和张敬珏都是香港出生，到美国学的都是英美主流文学。我是在哈佛结识的尹晓煌，他基本是站在比较历史的角度。这四位不管是在美国本土出生，还是从中国大陆、香港过去，基本都在美国发展，都通晓中文。

我的发言位置是在台湾，一个位于边缘的声音（voice from the margin），也会留意双文化、双语言的角度，来作为切入点。我和李欧梵教授对谈时，他说我的研究注意到了语言的部分，很多美国的学者中文不够好，无法像我们这样注意到语言的独特性。另外，我做翻译比做研究早，我也会留意翻译研究，也会做相关的访谈，一面加入国际社群，一面将国外的东西引进台湾。此外，1998年到1999年，我曾到英国伯明翰大学当代文化研究中心访学，那里是文化研究的发源地和大本营，所以，我除了研究文学、文本，也会讨论摄影、电影、纪念碑等和文化研究相关的命题。

问：你早年曾有疑虑，在台湾做研究，距离美国太远，很难发出声音。现在回想，其实反而是从边缘影响了中心。

答：边缘有没有影响中心我不晓得，至少我们从边缘开出了一条路。后来我发现，很多研究美国文学的日本学者转向研究日裔美国文学，韩国学者转向研究韩裔美国文学，他们用自己的双语言和双文化的背景，使得亚美文学更加丰富，在跨国研究中发现了更宽广的面向。

几年前，美国的美国研究学会特别提倡国际转向（international turn），他们也觉得，只做美国本土研究是有限的，何况，美国的影响力遍及世界，理应进行国际转向，扩大研究视野。

读书，知人，论事

问：访谈是你的学术研究的重要特点之一，你对华美文学作家的访谈是从 1994 年开始的吗？为什么当时觉得访谈非常必要？

答：访谈是很劳心劳力的工作，但是我个性单纯，而且健忘，事情过去就忘了辛苦。另外，我对人有兴趣，总是希望多了解对方一些，读其书就希望知其人其事。

我当研究生时，翻译《巴黎评论》的访谈，看他们采访罗伯特·弗罗斯特、T. S. 艾略特、海明威等作家，很佩服这种访问方式，并视为楷模。做一件事，入门眼界高，是蛮有帮助的，晓得高标准在哪里，做事就会审慎些。

我第一次访谈是 1983 年采访王文兴老师。当时台湾比较文学学会要办一次国际学术会议，我的论文研究王老师的作品。我上过他的课，写论文遇到一些问题，所以想当面向他请教。王老师也看过《巴黎评论》，评价很高，他欣然接受了采访。

1994 年，我在哈佛看到消息，说波士顿要演出舞台剧，是汤亭亭的《女勇士》。我特地买票去看。结束后，我和她讲了访谈的愿望，留了联络方式。后来我们进行了书面访谈，分期来，她一次只回答一页，很有意思。

问：从汤亭亭、黄玉雪，到辗转找到任璧莲的过程很有趣，后来又到夏威夷找林永得，都在 1994 年到 1995 年间，是一个连贯的过程吗？

答：1994 年到 1995 年间，我是哈佛燕京学社访问学者，得知任璧莲就在哈佛，好不容易联络上之后，才发现两人住得很近。1995 年采访黄玉雪，和尹晓煌先生有关系。黄玉雪是前辈作家，有机会采访就不要错过。其实她不太接受采访，因为尹晓煌教过她的小孩，所以在写信时提到，她就接受了。林永得则是 1997 年经过夏威夷时采访的，印象深刻的就是初次见面时，他特地穿了一件印有三国人物的 T 恤。

我在哈佛那一年上课写报告，写的是《埃仑诗集》，课堂上我用英文写，我们研究所的会议我用中文写，出版之前要送审，一位审查人的意见说：既然写天使岛，建议你有空的话去看一看。我当时想，美国那么大，难道每写一篇文章就要跑到那个地方去看吗？但那句话就像种下了一颗种子。那年在哈佛访学结束后，太太和孩子直接回台湾，我飞到西岸，到旧金山去看了天使岛。那次遇到了麦礼谦和张玉英夫妇、王灵智、黄秀玲、谭雅伦等人。那一周见到的亚美研究专家，比我在东岸一年见到的都多。

有时联络和采访是必需的。比如麦礼谦、林小琴、谭碧芳编《埃仑诗集》，不晓得他们三个人是怎么分工的。我写信给麦礼谦，他很坦诚地做了回答。我还提出一些问题，比如，为什么诗会分成两部分，前面的诗是英中对照，字号比较大，后面的字号比较小。他说，那些诗收集起来之后，他认为第一部分的诗品质比较好，所以进行比较大号的呈现，后面的诗品质比较差，本来不想收进去，但是又担心会失落，就放到后面，字号比较小。后来，《埃仑诗集》要出第二版时，麦礼谦已经生病了，谭碧芳去看他，说她在做这件事，问他有什么意见。麦礼谦说，两部分诗要合并到一起。也就是说，当年我的一个疑问，他一直放在心上。可惜，麦礼谦没能看到新版出版。

我很幸运，遇到麦礼谦这样温文儒雅、很坦诚、很热情的学者，后来的研究中，有些人名我不晓得的，就问他，他非常热心。

去年我到加州大学伯克利分校，他过世后，他的夫人把他的一百多箱档案、资料、剪报都捐给加州大学伯克利分校的族裔图书馆，还捐了十万美元，找人去整理。我真的非常佩服他们夫妇，毕生都在做这件事，甚至为此不生小孩。

我翻看他留下的资料，看到和埃仑相关的资料、底片，还看到我写给他的信，都完好地保留着。

访谈可以收集第一手资料，对我来讲，最重要的是读书、知人、论事。访谈的过程中能学到不少东西，有些也可以和有缘人分享。对文学学者来说，访谈不是非做不可，但对我来讲是个人兴趣。访谈是一个桥梁，一个传声筒，帮助作者和读者建立起关系。

问：在访谈中，除了对作家的生平与创作有了更直观和深入的了解，你是否获得过学术研究方面的启发？例如，你比较认同汤亭亭对 Chinese American 的论述，后来也与林永得探讨过这个词。

答：学术方面的启发是有的，另外也有一些从阅读文本、阅读理论获得的启发。比如关于 Chinese American 的论述，我先在汤亭亭的一篇文章中看到，她在谈一些文学批评家的文化误读（cultural misreading）时，提到 Chinese American 中间是否需要"-"这个符号。如果有，等于两者等量齐观、分庭抗礼；如果没有，Chinese 是形容词，American 才是身份，就是美国人，但来自中国。我在对林永得访谈时再问这个问题，已经知道他们心理上有这种分野，只是希望当面印证。因为这牵扯到他们不同的自我认同。

有趣的是，等到这些观念在我心中已经逐渐根深蒂固之后，我对李欧梵教授访谈时又提到了这一点。他则认为，应该有"-"，有人认为这样政治不正确，他说，最有趣的就是"-"这条线，你可以在这条线上跨来跨去。当然，这和他的成长背景、自我认同、文化素养等等有关。

两种文化，一代人

问：1980 年代后，一些中国作家如哈金、北岛、杨炼等等，因各种原因在海外写作，他们不像黄玉雪、汤亭亭、林永得等人那样在美国出生、在双重文化背景下长大，英语也并非他们的母语，他们为华美文学带来了什么？

答：当然，这和他们的时代背景有关。但是，从"流散"（diaspora）的角度，更能包涵这些人的情况。跨文化的经历会进入其作品中，对他们来讲也是一种成长，虽然代价不菲。值得注意的是，他们中的很多人是第一代移民。我在对哈金的访谈中特别提到他的《自由生活》，大部分写移民经验的作家，都是第三代移民，因为第一代忙于生存，第二代往往学习实用性的专业，第三代才有可能写作，但是在《自由生活》中，主角武男有写作的梦想，朋友劝他，你要在一代之间完成三代的梦想吗？其实，这个论断放在哈金身上也是适合的。当然，这很不简单，英文不是哈金的母语，他将近二十岁才开始学习英文，但在1980年代末，他想留在美国，又不想在中文世界发表作品，只能用英文创作。不过，他也劝告别人，如果能用第一语言写作，还是不要用第二语言，因为太辛苦了。

问：他说过，如果用中文写作，他也许会写得更好。

答：是的。除了从"流散"的角度，我觉得也可以从"英语语系文学"（Anglophone）的角度来谈，因为哈金主要以英文创作。现在流行一个词叫"华语语系文学"（Sinophone），王德威和史书美对此有不同的定义，但他们在谈"华语语系文学"的时候，都没有把翻译纳入，我觉得翻译很重要。我在最近有关哈金的论文中提到，哈金基本用英文写作，有的自己翻译成中文，或者和太太合译，别人翻译成中文的也经他过目。他介入翻译的程度比较深。我们也可以从这个角度来谈。不只是用中文原创的才是"华语语系文学",中文翻译也是其中的一部分。像古代中国,佛经的翻译也变成了我们文化经典的一部分。我们的视野可以更广阔。

问:你在 2001 年与哈金初次见面,2007 年在哈佛大学会议上有了更深入的交往,2008 年进行访谈。能否谈谈你研究哈金的过程,尤其是最新的发现与进展?

答:作为学者,我很佩服作家能够"无中生有"(这不是贬义),我很佩服他们的创意,能盖出空中楼阁。

哈金是位非常认真的作家,不断地向自己挑战,每次的题材和技巧都不一样。除了中国文学,他还读过不少俄国文学,像 19 世纪写实小说的大家托尔斯泰、陀思妥耶夫斯基等等。他在美国的大学教书,有安稳的收入,遇到过很好的老师,也带给他很高的眼界。比如有位老师告诉他,写作的时候,旁边要摆一部经典作品。他不必为了赶畅销而写作,他用非母语的英文写作,每篇作品改三四十遍,非常辛苦,因此他把写作视为"劳动"。

哈金也是一个很坦诚、热心的人,不管是交往还是访谈,都是如此。他最近的长篇小说《背叛指南》,英文版还没出版时,台湾就决定要同步出版中文版,出版社请我写序,我担心时间来不及,因此写信给哈金,他就把英文版的校样寄给我,他说这几乎是最后的版本了,但还不是最终的定稿,还会再改,但不会大改了。有机会看到这个版本,我更加了解他的写作方式,他的改动非常仔细。我看的时候有几个问题写信问他,每一个他都回答得很详细,还主动说明他写作时用的是出版社编辑常用的字典。另外,书中的某一年,他用了一个词"绝交信"(Dear John Letter),我当时在加州,没有带工具书，但是我看那个年代有点奇怪，因为我念大学时，流行一首英文歌，歌词是"Dear John, How I hate to write"，男朋友去当兵，女的在家里结婚了，嫁给他的兄弟，这首歌写爱情的转变，也是一首反战歌曲。我直觉判断，会不会有年代错误。他回信，又根据两部字典，找到两个出处，年代更早，所以那一年用那个词没问题。真的是无一字无来历。哈金很用心，很慷慨，乐于助人。

问：你刚才提到，李欧梵和你谈的时候讲到你特别注重语言的问题，对于哈金的语言，你有什么考量？

答：第一，他的英文的形式（style），早先比较简单，后来语言越来越讲究，当然，也视不同的文本而定。

第二，他有时把中文的成语或者表达方式直译成英文，比如"龟儿子"，反而会增加一些异国风味。当然，他的题材本身也有一些异国风味，比如20世纪六七十年代的一些光怪陆离的事情。每部小说的中文版他都自己写序言，提供了非常重要的资讯。

第三，哈金是英美文学科班出身，而且任教于美国大学。他探讨英文里非母语写作的传统时，特别提到两位作家——康拉德和纳博科夫，一个波兰裔，一个俄国裔。他在《在他乡写作》（The Writer as Migrant）中说，康拉德是比较中规中矩的写法，多少有点异国风味；纳博科夫则是拿着文字来做文字游戏。他认为，作为英文非母语写作的作家，他们两个是高峰，无法超越。他想做的是比较类似口语的探索，大家看得出来不是完全正统的英文，有点异域的色彩，但念出来还是蛮顺的。他想从汉语的角度来介入。

我在加州大学伯克利分校看完《背叛指南》，并且对照麦礼谦身后捐给族裔图书馆的资料，越看越觉得有意思。麦礼谦做了很多剪报，包括广告，他剪得最多的是张纯如。哈金的文学创作以它们为蓝图，但是推展开来，完全是另外的故事。晓得背景的话，更知道哪些是他的创意和添加。就像《南京安魂曲》，他一度不知道故事该怎样推展，因为南京大屠杀主要在六个星期里发生，之后没有很大的事件。后来，他想到找一个华人叙述者，于是很快写出来了。这次我到南京才发觉，哈金虚构出来的角色，其实在历史上有一个类似的人物存在，叫程瑞芳，就在金陵女子文理学院（今南京师范大学），在明妮·魏特琳身边。程瑞芳也留下了日记，前些日子刚以中、英、日三语出版，提供了重要的第一手史料。

我觉得，越是了解哈金所依据的内容，就越能理解他所创造出的内容。这有点像汤亭亭，我们了解了花木兰的故事，才会发现汤亭亭写的和原本不同的地方，这和她的族裔、性别、在美国的环境都有关系。有些人觉得她不忠于原著，对我来讲，有意思的地方却是她为什么以及怎样不忠于原著。

问：这是一个世界公民的时代，文学也不例外。对华美文学的发现与研究，在"重建美国文学史"的过程中影响深远，那么，对于当代中国文学的发展而言，华美文学能起到什么作用？

答：他山之石可以让华文文学与文化得到更多滋润。昨天我到南京邮电大学作讲座，讲作为译者的余光中。余老师翻译了那么多作品，每一部都发挥了特定的作用，只不过他诗名在外，反而掩盖了他作为译者的成就。我们这一代台湾人，看他的翻译，不知不觉中觉得，我们既然懂得两种语言，也应该为华文世界贡献一些心力，而不只是作为外文学者为外国文学研究作贡献。这是我多年来作为外文学者和双语知识分子对自己的期许。

至于当代中国文学的发展，华美文学能起到什么作用，这很难讲。我对当代中国文学不是那么熟，而且，华美文学译介进来、研究的时间不太长，在台湾也只有四分之一个世纪。同时，翻译的作品数量也比较有限，和所有翻译进来的外国文学放在一起，数量微乎其微，到底能产生什么作用，现在还很难讲。不过，我们不能因为好像看不出太明显的作用而不做。对一个研究者而言，专心钻研就是尽到责任，虽然未必皓首穷经，但是，就像萨义德讲的，大学就像一个乌托邦，可以做学术的探索、思想的思辨，我只能在个人的兴趣、能力、时间、体力范围之内，做一些自己有兴趣也希望能引起别人兴趣的事情。能发挥什么作用，就要看后人的评价了。

问：就像鲁迅说的，世上本没有路，走的人多了也就成了路。

答：其实华美文学研究未必本来没有路，只是比较模糊。这条在华文世界是模糊的路，在美国却多少能看到大的风向和气候，感觉它渐渐来临。我们在台湾作出呼应，结果就这样走出来了。

采访时间：2009 年、2015 年

零时差对话

王宁 *

中国也在经历一种变革，过去是一个文化理论的消费大国，现在我们要逐渐过渡到理论产出大国。这将在交流、对话和碰撞中实现。

一

十八个小时前，王宁从剑桥回到北京。"来不及倒时差"，他抱着三周内堆积的大捆信件和书走进办公室，房间中央又隆起一座山丘。书与信如同达利画中恣纵流淌的钟表，从桌子、柜子、沙发、椅子上涌向地面，蜿蜒成一座迷宫。你要走向他，就得踮起脚，左躲右避。只有他自己才熟知它们的位置，如同铸剑师能轻易嗅出每把剑迥异的杀气。他时常在言谈中信手抽出一本，翻向某页，分毫不差。

王宁在层叠的书中间坐下，更显得过分瘦削。他的声调不高，语速却极快，似乎是为了能跟上自己急速运转的思路。他时常大段

---

* 王宁，1955 年生于南京，现为清华大学外语系教授，国务院政府特殊津贴获得者。2010 年当选拉丁美洲科学院院士，2013 年当选欧洲科学院外籍院士，为中国首个获此殊荣的人文学者。

地用英文还原某一年与国际学术大师的对话，却又仍然习惯性地按照南京方言的发音，将后缀的"的"念成"di"。

我不知道日后的文学批评史会给予王宁怎样的身份定位，我揣着这个问题直到离开。早在十多年前，他就被视为后现代主义在中国的代言人，他将后现代、全球化、后殖民、文化翻译等诸多国际前沿理论引介到中国，而他自己亦始终置身于东西方文化对流的中心。

十几年前，王宁分析以萨义德、斯皮瓦克、霍米·巴巴为代表的西方后殖民主义研究的权威学者，批评的矛头直指他们的矛盾性。在王宁看来，他们拥有第三世界的血统，以后殖民主义理论安身立命并在西方顶级大学觅得教职，却对第三世界的知识分子充满傲慢与暧昧的情感，"他们对第一世界的文化霸权的批判，无法代表东方或第三世界知识分子的利益，因为他们对那些国家的实际状况（也许除了萨义德以外）缺乏足够的了解，或者曾经在青少年时代生活在那里（如斯皮瓦克），但离开本民族多年后，其自身的优越感便自然而然地流露出来，因而处处与第三世界国家的知识分子格格不入"。他尊重他们，也希望反思他们的学术与人生。于是，多年来，他游历于国外各重要大学与研究重镇，在国际权威期刊上不断发表论文，却始终将每一次行程的终点都放回北京。

他选择留在中国，站在中国与西方对话。

二

1986年春，王宁去见杨周翰，坦言已经报考了他的博士生。南京师范大学教公共英语的年轻教师与中国比较文学界的泰斗，有了平生的第一轮问答。

"你的硕士学位是在哪里读的？"

"我没读过硕士研究生，是 1975 年入学的工农兵大学生。"

"那你有没有在国外留过学？"

"没有。"

"你有没有发表过一些论文？"

"发表过十多篇，但都是用中文写的。"

"好，你给我拿三篇有代表性的论文看看。"

二十二年后，王宁仍然能不假思索地回忆起那三篇论文各自的主题和发表的刊物，这三篇如今看来或许并不成熟的论文，改变了王宁的命运。看完三篇论文后，杨周翰首次决定从同等学力者中招收博士生。三年后，癌症晚期的杨周翰抱病出席了王宁的博士论文答辩，看着弟子成为"文革"后中国英语语言文学界第一位博士学位获得者。

此后，杨周翰决定到西安治病，临行前，他在病床上拿着最新一期的国际权威期刊《批评探索》，对王宁说：

"不要忘记你是学英文出身的，你的视野应该开阔一些。对于学英文出身的学者来说，一定要充分掌握这个工具，写出扎实的、有理论深度的论文到国际权威刊物上去发表，直接和那些国际学术大师平等对话，甚至讨论和争论。这才是你应该做到的，同时也是我希望你能做到的。"

这是杨周翰留给王宁最后的嘱托，这段话也几乎预言了王宁在学界的未来。

三

王宁的出现像是一个"异数"。除了个人的勤奋、敏锐的洞察力，东西方文化渐融的时代，以及世界理论学界的转向与分化，共同成就了他。

1988 年，王宁开始翻译佛克马和伯顿斯主编的《走向后现代主义》，这本书和詹明信的《后现代主义与文化理论》合力掀起了1990 年代中国后现代主义的研究热潮。此后，王宁发表多篇长篇论文，对后现代主义进行系统讨论，特别关注其在中国的影响并用来分析中国问题，他的许多观点甚至对一些西方学者产生了影响，他也因此被认为是后现代主义在中国的代言人。

五年后，王宁在美国讲学期间买下萨义德刚刚出版的《文化与帝国主义》及其成名作《东方主义》。回到中国后，他发现，《读书》正在掀起关于后殖民主义的讨论，论述中却鲜见对具体著述的介绍。"国内的人还没了解作品就进入话语圈，这不太合理"，他遂以萨义德的两部作品为基础，结合国外学术期刊的最新论文，发表了一系列探讨萨义德及后殖民主义的论文。与萨义德的邂逅让他感到，一股更为强劲的学术飓风正在美国东海岸隐隐待发。

此后三年，王宁开始写作《后现代主义之后》，这是一次"蓄谋已久"的尝试，也是对自己的学术思想的一次阶段性总结。自从被定义为"后现代主义在中国的代言人"之后，王宁一度发誓再也不写关于后现代主义的文章，却又因为学术刊物与出版社的盛情邀请而一再食言。他在该书序言中写道，"要想告别后现代，最好的办法就是写出一本全面介绍后现代主义之后西方理论与思潮的书"。

这本书并非要终结后现代，而是意在阐明后现代主义之后，世界理论界的新动向与广袤前景，例如，来自后殖民主义的强悍冲击力。

王宁自此开始对后殖民主义"三剑客"的另外两位——斯皮瓦克和霍米·巴巴——进行系统的研究，并与他们建立起合作关系。从他的描述中，能清楚地感受到后殖民主义研究在中国的处境。与萨义德不同，在西方同为学术明星的斯皮瓦克和霍米·巴巴，因其理论多变或晦涩，一度不被中国学界广泛关注。斯皮瓦克在很长一段时间内只被看作德里达的译者和研究权威，而仅凭一本论文合集就在欧美学术界建立声名的霍米·巴巴，在中国则是一个异常陌生的名字。王宁在清华大学的盛情邀请，促成了他们的第一次中国大陆之行。

四

"理论已死。"

2003 年，曾因《文学理论导论》而在世界学界奠定权威地位的伊格尔顿，突然抛出上述"背叛"式的言论。在《理论之后》，伊格尔顿列举了一长串名单："文化理论的黄金时代早已过去，拉康、列维－斯特劳斯、路易·阿尔都塞、罗兰·巴特和福柯的开拓性著述已经远离我们几十年了。甚至雷蒙德·威廉斯、露丝·伊利格瑞、皮埃尔·布迪厄、克里斯蒂娃、德里达、埃莱娜·西苏、哈贝马斯、詹明信和萨义德早期的那些具有开拓意义的著述也远离我们多年了。"这个名单本身已经足以让人窒息，而这本书的出版与萨义德去世几乎同时。一年后，理论界又告别了德里达。大师们相继离世，后殖民主义跌入低谷，解构主义的时代走向终结，理论研究的危机汹涌袭来，加剧了学者的沮丧。伊格尔顿宣称，理论再也无法产生震撼人心的力量，并号召大家回到天真烂漫的"前理论时代"。

王宁却颇不以为然，他在国际学术期刊上撰文回应，认为种种迹象并非标志着理论的死亡，而是西方理论研究正在进入"后理论时代"，在理论的多元化时代，性别研究、图像研究、后殖民、文化身份、种族问题、流散现象、生态理论、文化翻译……不再有哪一种理论能长期占据主导地位，学界注定会异彩纷呈。王宁也正告中国学界，这恰是中国的机会，更多的新议题将同步在中国发生，中国学者将有更多机会直接加入讨论，不必再像从前那样，沿用西方既成的论述。

比较文学式微，后现代衰落，后殖民退潮，王宁不断地与之告别，也持续地探索新路，并在世界学术界渐渐建立起声名。他到耶鲁大学访学时，时任耶鲁比较文学系主任霍奎斯特（Michael Holquist）好奇地问他："你每天到底能睡几个小时？"王宁比霍奎斯特小二十岁，当年在国际权威期刊索引 A&HCI 和 SSCI 数据库收入的论文数量，却只比霍奎斯特少五篇。

于是，王宁的一些被旁人视为传奇的经历，都能够得以解释。他在北京大学任教，成为北大第一位做副教授不到一年即被破格评为教授的人文学者。在北京语言大学任教期间，他则以一人之力建立起该校的比较文学与世界文学专业博士点。如今在清华大学外语系，他担任学科带头人兼首席导师，主持比较文学与文化研究中心。他还创办并主编了国际文学理论学会的中文刊物《文学理论前沿》，被授权主编两大国际权威期刊《批评探索》与《新文学史》的中文版，并担任《视角》副主编，负责在亚洲地区组稿。他说："这些工作如果我不去做，以后恐怕不大会有第二个人来做。"

他选择留在中国，但是始终与西方世界保持着直接、平等的对话。他相信，中国终将从一个"理论消费大国"逐渐转变为"理论产出大国"，这应是几代人努力的方向。

※

后殖民主义的浮沉

问：你是从什么时候开始关注后殖民主义的？

答：1993 年，我在美国买了萨义德的《东方主义》和《文化与帝国主义》两本书。回到国内，《读书》发表了几篇关于后殖民主义的文章，没怎么介绍作品，就直接进入观点。我想，国内的人还没了解作品就进入话语圈，这不太合理，就下了些功夫把这两本书仔细看完，又看了些国外的论文，陆续写了一些文章。又过了几年，才逐步搜集了斯皮瓦克和霍米·巴巴的书，对后殖民主义才有了更全面的了解。

问：在此之前不了解斯皮瓦克和霍米·巴巴？

答：开始局限于萨义德。斯皮瓦克的两本书，一本 1989 年出版，一本 1993 年出版，我直到 1995 年才买到。虽然也在国外杂志上看过他们的文章，但缺乏系统认识。我 1997 年才开始写关于斯皮瓦克的长篇论文。而霍米·巴巴，我从 2000 年才开始对他进行系统研究，当时他只出版了一本论文集。

问：你和后殖民主义的三大理论家都有交往，对他们印象如何？

答：萨义德就见过一面，在一次会议上，他很客气。但听人讲，他对来自第三世界的学生很苛刻，特别是对中国的学生，认为他们英语不好，对西方理论不熟悉。据说，没有一个中国学生在他手下拿到博士学位。

而斯皮瓦克和霍米·巴巴，别人也说他们不好接触，相见之后才发现，他们还是很好相处的。

我第一次见斯皮瓦克是 2005 年，在美国《新文学史》杂志举办的会议上，当时有三个大会发言人，我第二个发言，斯皮瓦克作总结。她引用了我的很多话，并特别谈到中国在第三世界应该怎么样。结束时她跟我说，我们第三世界的学者不应该互相攻击，应该团结起来针对美国的霸权。大概是她看到了我批评她的文章。我告诉她，我下半年要到伊利诺伊大学访问讲学一学期。她说，到时候我请你来哥伦比亚大学演讲。后来演讲定在 9 月 23 日，她亲自为我主持讲座，送我回宾馆。我还和她讨论了她到中国访问的事情，谈到这件事她就不客气了。她说，我背不好，要坐头等舱。我说，头等舱太贵，但你是阿维龙基金会人文学科讲座教授，肯定可以报销，我给你一次性补助资金。她答应了。后来她告诉我为什么这么做，实在是因为邀请她的人太多，如果不拿头等舱机票来限制，她简直没有时间做自己的事情。

2002 年，霍米·巴巴在台湾演讲，我写了封电子邮件给他，邀请他来大陆。他也提出一系列条件。我当时恰好没那么多经费，于是就回复他，给他资金补助，并支付他在友谊宾馆下榻四天的住宿费。我在信中还特别提到，你的同事萨义德和斯皮瓦克在中国的影响很大，但是我们在讨论后殖民主义时很少提到你，这是一个损失。我希望中国的学者能更了解你。他来了之后，我特别为他准备了一个 presentation（介绍），他听完后紧紧地拥抱我，说："你不但指出了我过去做过什么，还预言了我未来将会做什么。"

问：你们之前从未联络过？

答：是的。不过，我当时已经在国外的权威刊物上用英文发表过一些文章，像《新文学史》《批评探索》《疆界 2》《国际英语文学评论》，都是发表后殖民观点比较集中的权威杂志。他们都看过我在前面三本刊物上发表的文章，也了解我。

问：前面的这三本国际权威刊物，区别在哪里？

答：《新文学史》主要发表两类文章：第一，从当今的视角对文学史上的老问题重新讨论，并提出新的观点；第二，对当下的理论思潮进行理论阐释和前瞻性描述，对文学现象进行跨学科研究，例如从生态、视觉艺术、伦理学的角度研究文学。不过，你还是可以清晰地看出，这些论文仍然以文学文本作为分析和阐释对象。

《批评探索》一般是跨学科的，带有犀利的批判性和冲击力，学术性不一定很强，但一定要有批判性的分析，而且有鲜明的政治性。比如最近几年，它的很多文章都有解构主义倾向和后殖民倾向，传统的内容、纯文学的内容比较少。

《疆界 2》早期是专门研究后现代主义的刊物，后来逐渐演变为文学与文化研究的综合类刊物，知名度没有前两者那么高，但是具有很强的先锋性，能引领文化潮流。

问：你是《批评探索》和《新文学史》的中文版主编。

答：是的。中文版的形式是把中国最需要的、带有整体性的、一般原理性的、思潮性的论文翻译过来，对个案的内容不一定翻译。

问：有没有想过直接做英文刊物？

答：我也是《视角》的副主编，负责亚洲地区的稿子。如果由我们自己创办英文刊物，这会很难，在中国出版不会有太多订户。而《视角》已经是在三大检索系统里的权威刊物，也是由知名出版社出版，不需要担心销路。我可以参与到西方的刊物中，利用担任编辑的机会，发表中国学者的论文，使中国学者的声音得以传达。

"后理论时代"

问：你在《后殖民主义的超越》中提到，后殖民主义已经式微。

答：后殖民主义作为一股大潮，已经式微，特别是被淹没在文化研究、全球化的汪洋大海之中，只不过是众多理论思潮中的一个，不再像 1980 年代和 1990 年代时那样具有冲击力，当时它大有替代后现代主义成为主导性潮流的趋势。因此，我们更不能总是纠缠于讨论后殖民，讨论中国是不是有殖民性之类的问题，而应该打开更广阔的视野，全球性的视野。

问：十几年前，你就曾用后殖民主义理论讨论过中国的电影和先锋派小说。此外，后殖民主义理论还可以应用于哪些现实问题？

答：我最近在讨论翻译问题。很多人认为，中国的文学话语被殖民化了，我就提出，文化翻译具有双重性。如果翻译确实使中国话语被殖民化了，那么，翻译也可以使中国话语非殖民化。我们把西方的文学作品和文学理论翻译成中文，中国的文学和文化中充满了西方的术语和概念；同样的，我们如果把中文翻译成外文，等于也在输出中国的观点和思想——当然，这样的翻译不一定是直接的一对一的翻译，因为当前这在国外没有市场。我们用英文写论文实际上也是一种翻译，这种翻译是文化上的翻译，即用西方的语言来讨论中国的问题和文化现象，而不是传统的逐字逐句的翻译。我用中文写的很多观点，西方学者并不知道，我就用英文重写一遍。但我不会一字不漏地翻译过去，因为面对的读者不同。我认为翻译本身也是一种改写和创作。

问：十多年过去了，现在回顾当年对后殖民的理解，是否有新的感受？

答：当然。例如对斯皮瓦克，在早期的论文中，我指出斯皮瓦克主要是从马克思主义、女权主义和解构主义这三种理论思潮中获取学术资源的。现在看来基本还是正确的，但是，问题在于：第一，我当时没有注意到她对底层问题的研究，以及对印度的后殖民地的底层研究小组的参与；第二，没有特别关注斯皮瓦克应对文化翻译问题的策略，实际上她把翻译看作文化变革的重要工具，她从事两个领域的翻译，其一是把德里达的法文著作翻译成英文，其二是把一位印度的女作家马哈斯威塔·德维（Mahasweta Devi）用孟加拉语写的小说翻译成英文。她在翻译时用了两种英文，一种完全是在西方学术圈里使用的英文，另一种则介于印度式英语和英式英语之间。当然，她的代价在于，有人攻击她，说她的法文和英文都不如德里达，并没有把德里达想要表达的东西忠实地转达出来。她则回应道，为什么要那么忠实地转达？我是一个主体。所以，她其实是把翻译本身也当作一种文化建构。

问：她在学术领域的多变也引起了不少争议吧？《斯皮瓦克读本》中也说，她有着"复杂的知识轨迹"。

答：她也要不断地进取嘛。她不愿意总是研究一个人。其实她这一点也是效法了德里达。德里达当年翻译胡塞尔《几何学的起源》时，写了一篇长篇导言，这篇导言被很多人认为不亚于胡塞尔著作本身的价值。斯皮瓦克翻译德里达时也写了一篇导言，她表面上谈翻译，实际上在谈她对德里达的理解，以及和德里达的商榷、讨论。因此，斯皮瓦克翻译的英译本具有和法文原作同等的价值，甚至在某些方面比原作更好理解。很多既懂法文又懂英文的学者觉得德里达的法文原作很难理解，就找了英文版来看，一下就能理解了。

问：似乎不仅后殖民式微，伊格尔顿说，理论已死，应该回到"前理论时代"。你则认为现在是"后理论时代"。

答：不能把理论当作放诸四海皆准、可以解决一切问题的灵丹妙药。理论也有其局限性，尤其是文化理论和文学理论，它们应该放在特定的语境下用来阐释和解决文化与文学问题，而不能用它们去解决政治问题，否则就会显得苍白无力。难怪伊格尔顿说，理论已经再也产生不了震撼人心的作用，应该回到天真烂漫的"前理论时代"。

问："后理论时代"的特征是多元化？

答：性别研究、图像研究、后殖民、文化身份、种族问题、流散现象、生态理论、文化翻译……没有一种理论可以永远独占鳌头。大家都只是多声部之一，不可能是唯一的。不像过去，现实主义、现代主义、后现代主义依次独领风骚。到后现代主义之后，基本都散掉了，成为碎片——当然，很多理论中都能看出德里达的解构主义的印记。

问：这对中国理论界来说，应是一个机会吧。

答：对。既然全球化把欧洲中心主义解体了——当然，一方面出现了美国中心式的全球主义，另一方面也出现了一些第三世界国家由边缘到中心的变化——这就使得中国有了一个千载难逢的机会。我觉得，中国是全球化过程中受益最大的少数国家之一，除了美国，就应该算中国了。在中国的经济受益匪浅的同时，我们也要把中国的文化观念和文学作品介绍到西方去。

问：你刚才提到"流散现象"。它和后殖民究竟有什么关系？萨义德就一直强调自己的"流亡者"身份。

答：它与后殖民关系很密切。因为"流散"的很多现象是从殖民地引发出来的。例如霍米·巴巴，他从印度到英国读书，又到美国工作，他现在的身份是英国公民，祖籍在印度，教职在美国，而他甚至还有一些波斯血统。他本身就是一个世界公民。所以，流散者往往有一种世界主义的意识，四海为家，但又有一点 homeless（无根）感。这既是一个人的辛酸经历，又是他的 privilege（特权），让他不局限于某一个视角，可以有不同的视角来看问题。

平等对话的可能性

问：据说你的一些见解曾对西方学术大师产生过影响，比如佛克马和詹明信。

答：佛克马当时在编撰《国际后现代主义：理论与文学实践》，我写信告诉他，后现代主义在中国已经成为新一代作家和批评家关注的热点问题，但很多人对后现代本身的理论、思潮和文学运动并不了解，我想在这方面做一些更深入的研究。他非常支持我就此问题到荷兰做博士后研究，他当时也感觉到后现代主义可能不仅仅是西方的事件，希望我写一篇后现代主义在中国的接受和演变的论文。1990 年我到荷兰待了一年，其间与他不断切磋交流。他后来编撰的这本书，不仅有中国的后现代主义，还有俄罗斯、日本、欧洲其他国家后现代主义的发展流变。佛克马后来比我走得还超前，今年我为《现代语言季刊》主编的"20 世纪的中国"专辑中，就请佛克马撰写了一篇文章，他的文章题目是《中国的后现代主义文学》，其中提到马原、莫言、余华、王安忆等人。他的中文很好，可以直接阅读原文，比一般的欧洲文学史专家要高明，很多引文也直接引自中文原作。

1996年，我到杜克大学演讲，作了题为《中国的后现代性的发展轨迹》的报告。詹明信总结时说，听了你的报告，我感觉到后现代主义在中国的接受主要有三个因素：资本的运作、跨国公司的运作以及计算机时代的来临。当年年底，我们一起在澳大利亚出席国际会议，他应邀专门作了一个题为《重访后现代主义》的报告，在回答我的提问时，他说，"我越来越感到，我们今天描述的这一现象，应当用'后现代'，而不是'后现代主义'，因为在我看来，它已经成了一个全球性的现象"。

问：除了语言之外，要和西方平等对话，需要哪些条件？

答：主要是思想和话题。我们用同一种语言讨论共同的问题，可以有不同的见解。例如我们讨论后殖民问题，他的视角可能来自印度或巴勒斯坦，我则从中国的视角出发。此外，我们在交流之前读过彼此的著作，知道彼此的观点，平等对话就可以有效地进行。甚至，如果你写文章时对他的观点进行商榷和批评，他如果觉得你切中要害，尽管他心里可能不高兴，但他还是觉得你是真懂，这样，平等交流就有了可能。如果你批评的东西，根本就不是他的真实观点，他就会哈哈大笑。几年前，希利斯·米勒在中国作了个报告，叫《全球化时代文学研究还会继续存在吗？》。他从讨论德里达的明信片中的观点出发，想说明的是，文学不会消亡，虽然文学不可能再产生轰动效应，但文学仍有其发挥作用的地方。结果国内有些人看到标题就误解了，以为米勒是鼓吹文学消亡论，就跟他商榷，他们对米勒玩弄的解构式文字游戏完全没搞清楚。

问：你一直在抨击国内学界滥用西方的术语和概念。

答：很多人并没有把它们语境化。比如，后殖民理论本来是对前殖民地出现的状况的批判，或者是针对西方对第三世界国家的殖民化、殖民统治进行的反叛，但是，把它挪用到中国就必须将其语境化。近代中国本身并不是完全的殖民地国家，充其量只是半殖民地半封建国家。中国是有一些被殖民的倾向，但并不像国外那么彻底，还保留有更多中国本土的东西。比如有人讲，中国的文学语言、批评话语被殖民了。这是不是真正的殖民呢？它有欧化的倾向，但这些西方术语在中国经过翻译之后，已经本土化了，再用中国的语言表达出来，已经与原来的意义大不相同，产生了某种变形。这种变形使中国的独特的话语可以和西方对话，同时也可以和过去的传统对话。有人说中国现代文学是殖民地文学，它确实有很多东西是从西方引进的，但它是以中文白话文这一特定的形式来表达的，表达的又是地道的中国社会的现实，既不是传统中国文学的自然延续，也不是完全从西方借鉴过来的话语，而是介于两者之间，处在一个中间地带，这就形成了中国现代文学的新的经典。

问：你曾谈到，中国理论界仅是有些"失语"，而非患上"失语症"。"失语"现象是未来进行平等对话的代价。那么，平等对话后，理论的未来在哪里？尤其对中国而言，是中国的研究者用西方的理论来阐释中国问题，还是中国也可以对西方的观念进行批判和完善？

答：第一步，可以先用西方的理论来阐释中国的问题和中国的现实，在阐释的过程中，对西方理论进行改造和重构。第二步是从中国的理论视角来对西方的现实问题进行阐释。

举个例子。我们研究全球化、后现代性和新儒学，一方面，我们把儒学后现代化，把儒学放在全球性的语境之下，使它作为一个与现代性相对应的（东方）话语。另一方面，我们又可以从儒学的视角来阐释西方的全球化和后现代性。这样就真正达到了平等的对话。一开始我们需要用西方的理论来阐释，但是，通过东西方的交流，理论本身已经没有什么人为的界限，已经具有了某种普适性。

我在很多大学演讲，讲到重建新儒学，曾引起很大争议。斯皮瓦克就质疑，儒学是不是代表一种中国中心主义。我说，传统的儒学是有这种倾向，因为儒学具有积极进取的特征，非此即彼的特征。但我们讲的新儒学完全是一种经历了"后现代化"的新儒学，加入了"既"和"又"的因素：既加入了一些道家的宽容精神，摈弃它的专断的、独裁的礼教和仁义，又强调它的人文精神和诗性感受。它已经与传统的儒学甚至海外学者发展的"新儒学"有了很大差别，只是冠以新儒学之名。这个新儒学不同于宋明时代的新儒学，也不同于海外的新儒学，而是全球化世界格局中的一种话语，它不是唯一的，而是在与西方的现代性话语进行对话，以打破实际上存在的西方中心主义。这就标志着中国也在经历一种变革，过去是一个文化理论的消费大国，现在我们要逐渐过渡到理论产出大国。这将在交流、对话和碰撞中实现。

采访时间：2008 年

后记

这本书的种子或许是在十六年前埋下的，今天终于破土而出。

我仍记得"五教"的午后，秋阳排山倒海而来，但那些或熟悉或陌生的名字，却总能让人陡然振奋。我的导师陈引驰先生为我们讲述海外汉学的演进，那些来自"他者"的视角、深邃的洞察力、迷人的叙事，以及跌宕的人生，都让我对学术史心生好奇。

当时我在一本杂志兼职，常在校外奔波。有时老师问起上回交代的书读得如何，我就不得不尝试着转移话题，讲些为了准备杂志选题而四处搜罗的怪书，声称自己最近在研究它们。有些领域当然不是老师的专长，但他常会表示赞许，随即认真地追问：关于这个题目，某某书你看过吗？哦，还有一本也不错……对了，某教授和某教授的研究也很有意思，要不要帮你介绍一下？

可惜我终究没能沿着学术之路走下去，但一直追随着兴趣，庞杂地读着书。我曾为之工作十年的《生活月刊》杂志，也给了我足够自由的空间，让我可以时常在不同的领域之间穿梭，尽管辛苦，却乐在其中。而在采访、编辑与写作时，我则总是提醒自己尽可能地保持某些不合时宜的审慎与执拗，它们来自那些年的学术训练，亦是我心中弥足珍贵的品质。

毕业后，我仍会不时叨扰老师，请他帮忙引荐前辈学者，让我不时能有机会游离于学术边缘。而我能够侥幸完成这一系列涉及不同领域的访谈，得益于在老师指点下读过的书、习得的方法与思考过的问题。当然，如果这本书在提问与写作时存在谬误，则应完全归咎于我自己。

我要特别感谢接受采访的每一位学者，他们都耐心而慷慨地分享自己的学识与思想，甚至热情地为我的访谈计划牵线搭桥。尤其要感谢这些前辈的引荐与帮助：美国卫斯理大学历史系与东亚系的舒衡哲先生、哈佛大学东亚系的田晓菲先生、澳大利亚国立大学中华全球研究中心的白杰明先生、北京大学中文系的乐黛云先生、香港城市大学跨文化研究中心的张隆溪先生、台湾"中研院"的黄进兴先生和单德兴先生、复旦大学文史研究院的葛兆光先生、华东师范大学中文系的范劲先生、浙江大学外语学院的沈弘先生、清华大学中国礼学研究中心的彭林先生、清华大学敦煌研究院的樊锦诗先生和赵声良先生、中国社会科学院近代史研究所的陈于武先生。

还要感谢张秀芬女士、陈昀秀女士、Peggy Tse 女士、陈韵女士、彭嫣函女士曾经的周到安排与帮助。在我采访板垣雄三先生时，感谢王京先生精彩的翻译。2011 年，我第一次造访台湾"中央研究院"，有幸在阮义忠先生的关渡山居盘桓半月之久，阮玺则连续多日不辞辛苦地陪同，我一直铭记于心。

需要特别说明的是，这本书中有几个采访，是与朋友或从前的同事共同完成的。于丹和我一起完成了对巫鸿先生的第一次采访，吴晓初和我一起采访了板垣雄三先生，我的太太孙敏和我一起采访了舒衡哲先生、史华罗先生和坂元弘子先生。

也要感谢曾与我一起前往现场拍摄的摄影师——马岭、钱东升、何政东、李冰、黄浩良、杨镇豪、邸晋军、吴俊杰、邬珺琦、何子丰。部分访谈在《生活月刊》刊发时，曾邀请插画师阿涩为其中几位学者画过肖像。因本书体例，这些照片与插画不会再刊登，但容我在此表达诚挚的谢意。

此外，部分访谈的整理工作，曾得到孙程、李文培、朱颖婕、李敏的协助，在此一并感谢。

这本访谈录中的大部分内容，曾刊登在《生活月刊》上。感谢邵忠先生，曾经支持我们做一本充满理想主义精神与文化担当的杂志。感谢令狐磊，是他十四年前的邀约，让我得以进入《生活月刊》，并从此改变人生的轨迹。他也是最早鼓励我推进学者访谈计划的朋友之一。感谢他曾给予我的创作空间、宽容与激励。

也要感谢诸多旧日同事的通力合作，尤其是曾经为这些访谈专题规划排版的设计师——冯鹏、李炜平、刘丽萍、吴雪霁、伍子健、木西、何思佳、曹丹。《生活月刊》开本大，对文、图品质都有苛刻的要求，而学者访谈文字量大，合适的图片却很少，每次排版都让他们愁眉不展，但他们总能创造出独到而有力量感的视觉表达。

这本书能够出版，离不开范新兄多年以来的支持。2013 年，他创办品牌"新民说"，几年间便在学术出版领域举足轻重。2019 年，他又创办"一頁"。如今依然有人试图通过出版"重新解释中国及世界"，无疑是这个时代的幸事。感谢他仍惦念着这本访谈录，能够由他操刀，无疑是这本书最合适的归宿。

最后要感谢我的太太孙敏，如果没有她多年来的鼓励、帮助与督促，许多对话与相遇或许不会发生。

一页 folio

始于一页，抵达世界

Humanities · History · Literature · Arts

出品人　范　新

品牌总监　恰　恰

营销总监　张　延

版权总监　吴攀君

印制总监　刘玲玲

装帧设计　陈威伸

内文制作　常　亭

Folio (Beijing) Culture & Media Co., Ltd.
Bldg. 16-C, Jingyuan Art Center,
Chaoyang, Beijing, China 100124

一页 folio
微信公众号

官方微博：@一页 folio ｜官方豆瓣：一页 ｜联系我们：rights@foliobook.com.cn